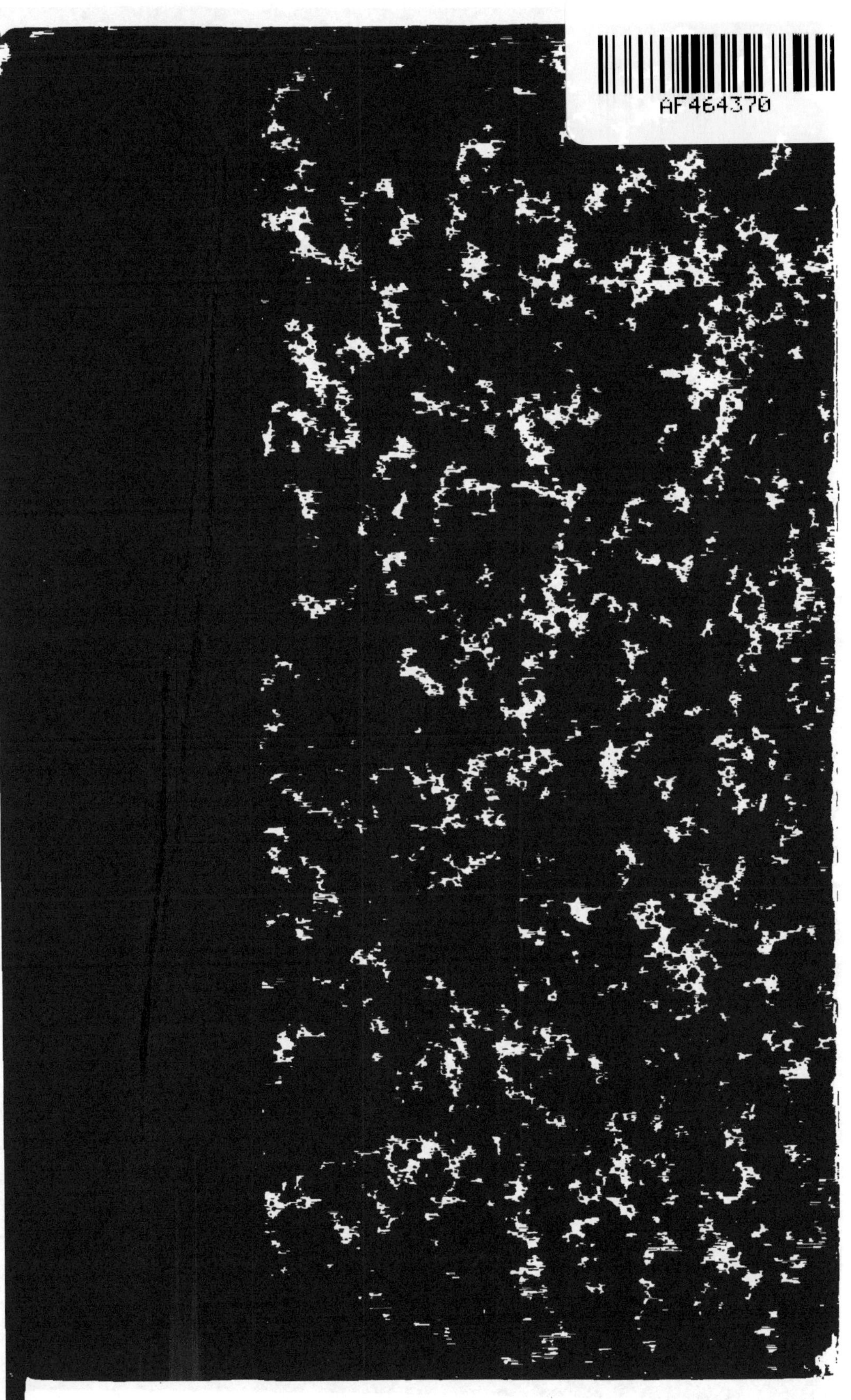

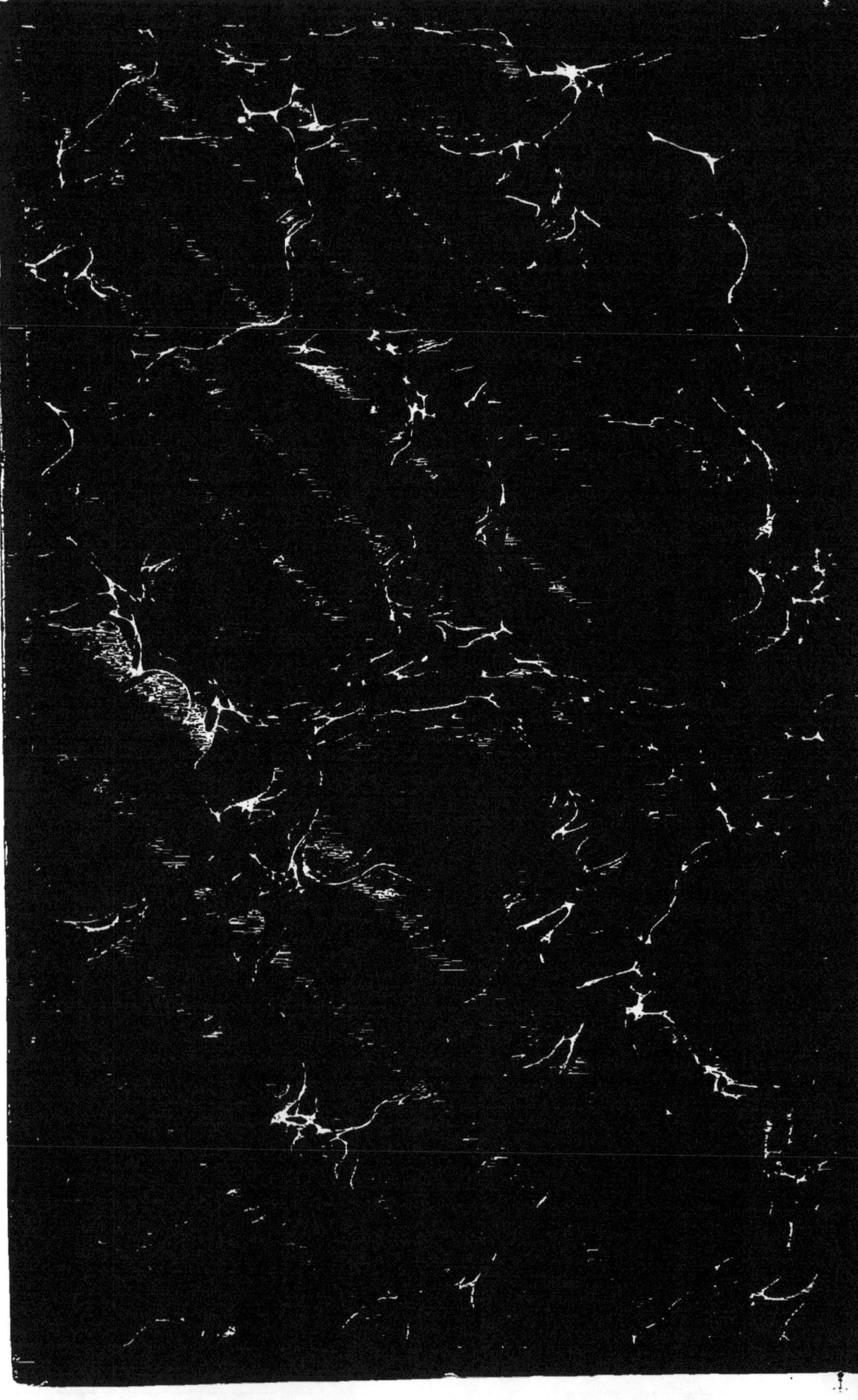

LA PAROLE

PARIS. — IMPRIMERIE DE E. DONNAUD, RUE CASSETTE

H. BALLANDE.

LA PAROLE

OU

L'ART DE DIRE ET D'EXPRIMER

APPLIQUÉ

A LA CAUSERIE, AU PROFESSORAT,
A LA LECTURE A HAUTE VOIX, AU BARREAU, A LA SCÈNE,
A LA TRIBUNE ET A LA CHAIRE SACRÉE.

PARIS
E. DENTU, ÉDITEUR
LIBRAIRE DE LA SOCIÉTÉ DES GENS DE LETTRES
PALAIS-ROYAL, 17 ET 19, GALERIE D'ORLÉANS
1868

A MONSIEUR

ALFRED MAGNE

AVANT-PROPOS.

C'est le succès d'une brochure, intitulée, comme ce livre, *La Parole*, et dans laquelle l'idée mère de cette étude n'était qu'exposée, qui nous détermine à publier cet ouvrage où elle est complétement développée. Ce développement embrasse la partie philosophique, scientifique et mécanique de l'art de rendre les pensées et d'exprimer les sentiments, soit d'autrui, soit personnels ; art si négligé, si peu connu, si intéressant, utile à tout le monde, indispensable à ceux qui se destinent à parler en public, et que, faute d'un nom consacré pour le désigner dans son ensemble, nous nommerons l'art de l'interprétation.

Nous donnons à cette étude la forme d'entretiens, parce que cette forme nous semble avoir trois avantages sur celle que l'on donne ordinairement au livre.

Le premier, c'est qu'elle accuse bien plus nettement la division des parties ; le second, c'est que le rapport constant du professeur avec son auditoire (rapport que cette forme suppose) le contraint au fréquent emploi de l'apostrophe, de cette figure de rhétorique qui a l'heureux privilége de tenir en éveil l'attention de celui qui écoute aussi bien que de celui qui parle; le troisième avantage, c'est que le ton qui lui est propre, exige, presque toujours, une simplicité qui n'est pas sans charme, et permet l'usage de mouvements oratoires qui détruisent la monotonie du ton familier, trop longtemps prolongé.

LA PAROLE.

PREMIER ENTRETIEN.

DE L'UTILITÉ POUR TOUT LE MONDE DE SAVOIR DIRE ET EXPRIMER. — DE L'ÉTAT DE L'ART DE L'INTERPRÉTATION, ET DE LA MANIÈRE DONT IL EST ENSEIGNÉ.

MESDAMES, MESSIEURS,

Nous croyons que l'art dont nous allons nous occuper, réunit les deux conditions d'utilité et d'agrément exigées par le poëte ; dès ce premier entretien nous allons nous efforcer de le prouver ; nous courrons ainsi au devant de négations que notre affirmation pourrait suggérer.

Comme tous les beaux-arts, le nôtre a pour but l'imitation de la nature ; comme tous les autres aussi, il semble n'être, tout d'abord, qu'un luxe de l'esprit, qu'une distraction d'élite, surtout dans le milieu qui lui est plus particulièrement propre, le théâtre.

Mais l'éloquence étant le plus utile de tous les arts, et celui de *l'interprétation* pouvant lui être d'un immense secours, pouvant en grandir, en doubler, en centupler la puissance, il acquiert, mis à son service, une importance réelle, une utilité incontestable ; de plus, comme il embrasse tous les détails de l'action orale et de l'action physique, dans tout ce qu'elles ont de plus intime et de plus familier, aussi bien que dans ce qu'elles ont de plus passionné, de plus véhément et de plus pathétique, il s'ensuit qu'il est appelé à nous rendre de nombreux et fréquents services auxquels il paraît, à première vue, devoir rester complétement étranger.

La voix, l'articulation, la prononciation, le ton, les inflexions, le mouvement du débit, l'attitude, les mouvements du corps, les gestes et la physionomie composent l'art de l'interprétation, appliqué à la conversation, à la lecture à haute voix, au professorat, au barreau, à la scène, à la tribune et à la chaire sacrée; mais ne fait-on pas usage constamment de toutes les parties de cet art? — Si; donc son étude, laquelle a pour but d'apprendre à tirer le meilleur parti possible de sa voix, d'acquérir une bonne articulation, une exacte prononciation, une juste expression, peut nous être d'un précieux concours pour ajouter de la précision et de la force aux choses utiles que l'on dit, ou de la grâce, du charme aux bons sentiments que l'on désire exprimer.

Ainsi, y a-t-il au monde une musique plus agréable à entendre que celle d'une aimable pensée, rendue par une charmante femme, avec une douce voix et toutes les grâces d'une parfaite interprétation? — Connaissez-vous une impression plus pénible que celle qui résulte du contraste d'une voix rauque, glapissante ou par trop voilée, s'échappant de la fraîche et gracieuse bouche d'une jolie femme? ou bien du contraste qui résulte encore de cette beauté et du bredouillement, du sifflement, du chuintement ou du bégayement, surtout lorsque le bégayement; entraîné par un hasard malheureux de la conversation, s'acharne en vain à l'articulation de quelque syllabe rebelle, dont la fastidieuse répétition n'est pas toujours sans danger pour le sens général de la phrase ou pour la chasteté de certaines oreilles ?

N'est-on pas tenté de prier la seconde de ces deux femmes de vouloir bien se taire ? et, après avoir entendu la première, n'est-on pas disposé à l'écouter encore, à l'écouter toujours, et à dire d'elle ce qu'Emile Deschamps dit de l'une de ses pareilles, dans ces vers charmants :

Chaque fois que l'on voit sa bouche s'entrouvrir,
Elle en laisse tomber les plus divines choses ;
Comme un jeune rosier, qui, sûr de refleurir,
Prodigue à tous les vents, ses roses !

Nous ne comprenons pas comment il se fait que nos dames françaises si distinguées, si exquises dans leurs manières ; inimitables dans l'art infini qu'elles ont de se mettre, de se parer, de plaire aux yeux, négligent, autant qu'elles le font, l'art non moins puissant et plus solide de charmer l'oreille ; le premier séduit et attire lorsqu'il est accompagné encore du charme ou de la beauté ; le second captive, retient et survit à ces mille et indescriptibles agréments de la jeunesse dont la perte est quelquefois notre premier, notre croissant et éternel regret !

Nous reconnaissons, cependant, qu'en raison du rôle que la jeune fille joue dans notre société, la connaissance complète de notre art ne lui est pas, d'abord, d'une utilité absolue ; il n'est pour elle, qu'un agrément ajouté à ses autres agréments ; mais lorsque sa situation change, lorsqu'à la vie agréable succède la vie de devoir, lorsqu'elle devient épouse, lorsqu'elle devient mère, lorsqu'enfin son grand et sublime rôle commence, ou plutôt, lorsque, en raison des grandes proportions qu'il a déjà prises, ce rôle cesse d'être un rôle et se change en mission, alors l'art qui n'avait été d'abord pour elle qu'agréable, lui devient de première utilité pour diriger avec cette patience toute grâce et tout amour, qui est son divin apanage, les premiers bégayements du petit être dont le premier mot articulé sera mama; oui, mama; que son amour maternel, par un sentiment de vaniteuse faiblesse, transformera bien vite en maman. Car il est à remarquer que les deux mots *papa* et *mama*, les deux premiers articulés par les petits enfants, ne le sont point avec l'intention qu'on leur suppose de satisfaire à la touchante impatience des parents, auxquels ils n'ont pas encore appris à plaire ou à obéir; non, l'articulation de ces deux mots n'est, chez eux, qu'une conséquence de nature dont nous allons donner l'explication. De toutes les voyelles la plus facile à énoncer, à émettre est la voyelle *a*, puisque pour la former il suffit d'avoir la bouche ouverte et de laisser s'échapper des poumons l'air préalablement aspiré, en contractant le larynx et la glotte pour la formation du son, contraction sans laquelle la voix n'existerait pas. De toutes les consonnes les plus naturelles, les plus faciles à articuler sont les labiales *p*, *b*, *m*, puisqu'il suffit de séparer les lèvres après les avoir légèrement pressées pour les former toutes les trois : pour *p*, il faut les presser plus fortement que pour *b*, et pour celle-ci il faut une plus grande pression que pour *m*. Eh bien, si, au moment où l'enfant ouvre la bouche pour faire entendre sa petite voix, comme les enfants s'amusent souvent à le faire, ses lèvres sont rapprochées, si peu qu'elles le soient, au lieu de faire entendre *a* il articulera *ma*, dont la répétition fera *mama;* mot magique pour l'oreille d'une mère, lorsqu'elle l'entend pour la première fois sortir de la bouche de son enfant ; mot dans lequel elle se complaît à trouver la première manifestation d'intelligente volonté du cher petit être, manifestation dont elle aime, par une enivrante erreur, à se croire le premier, le juste et l'unique objet.

Faut-il nous plaindre de cette erreur maternelle ? Non, certes ! Car, grâce à la petite scène d'effusion qui en résulte, l'attention de l'enfant sera désormais appelée et retenue sur les deux magiques syllabes, et sa naissante volonté s'exercera d'autant plus volontiers sur elles, qu'il ne pourrait point en articuler d'autres aussi facilement, et qu'elles seront longtemps pour lui l'occasion de petites gâteries si chères à l'enfance.

C'est ainsi que, d'une conséquence toute naturelle, subie par la faiblesse, et d'une respectable illusion exaltée jusqu'à l'ivresse par le plus admirable, le plus sublime des amours, l'amour maternel, naîtra la parole!. Cette subtile et éphémère écriture aérienne ; la plus étonnante, la plus merveilleuse des conventions humaines ; si étonnante, si merveilleuse, en effet, que les plus grands esprits sont portés à la croire un don tout divin.

Si, encore, en raison de l'habitude que nous avons d'envoyer nos enfants à l'école, dès l'âge le plus tendre, pour y apprendre à lire et à parler, ils se trouvaient placés là sous la direction d'hommes sachant lire et parler eux-mêmes, nous trouverions, dans leur double savoir, une compensation à la lacune que nous venons de signaler dans l'éducation de la mère; mais, hélas! c'est qu'il n'en est rien; c'est que la plupart de ces hommes honorables, au mérite éprouvé, qui se font une profession d'instruire, l'une des plus nobles qui existent, ignorent les premiers éléments de l'art qu'ils ont mission d'enseigner.

Puisque ces hommes doivent se conformer à un programme que l'on peut étendre ou restreindre à son gré, pourquoi n'y a-t-on point fait entrer, au moins, les principes élémentaires de notre art? Serait-ce par oubli ? — nous n'osons pas le croire. Par indifférence ? — elle serait inexplicable en présence des regrets incessants, exprimés par tout le monde, au sujet du peu de soin que l'on donne partout à ce côté si important de notre éducation : on apprend tout dans nos lycées, excepté l'art si précieux de faire valoir ce que l'on y apprend. A quoi faut-il donc attribuer cette lacune dans l'enseignement? Serait-ce, par hasard, à un dédain né du préjugé que l'on a eu trop longtemps en France contre les interprètes de profession; préjugé à peu près, heureusement, disparu aujourd'hui, et dont le corps à peine glacé du plus grand poëte des temps modernes, le corps de Molière, a eu à subir les déplorables conséquences ? Hélas ! ce préjugé qui ferma à son corps les portes de l'église, après son trépas, avait, de son vivant, fermé à son génie les portes de l'Académie française. Celle-ci, du moins, fidèle à l'esprit de progrès, a réparé ses torts, en gravant ce vers au-dessous du buste du grand poëte :

Rien ne manque à sa gloire, il manquait à la nôtre.

Après cette noble et juste réparation d'un corps si considérable, le dédain dont nous venons de parler, si dédain il y a eu, n'a plus sa raison d'être, et nous croyons que l'art qui en a été trop longtemps l'objet, devrait, en ce qu'il a d'élémentaire, au moins, entrer dans le programme universitaire, et devenir l'une des conditions de l'obtention du diplôme d'instituteur et d'institutrice. Il leur apprendrait à prévenir chez les enfants les défauts d'articulation et de prononciation, ou à les combattre triomphalement s'ils existaient déjà ; comme il les mettrait à même de détruire dans nos provinces tous ces divers accents qui font que dix ou douze Français, de différentes contrées, en parlant notre langue, ne semblent pas être de la même nation.

Supposons seulement un Bordelais, un Marseillais, un Normand, un Auvergnat, un Bayonnais, un Parisien, un Lorrain, et un Alsacien causant ensemble, et dites-nous si cette simple supposition n'éveille pas en vous l'impression d'un burlesque concert d'accents, et si une personne étrangère, comprenant notre langue, pourrait croire, en les entendant, que ce sont des gens d'une même nation qui parlent si différemment ? Eh bien, par l'application de quelques-uns des principes de notre art, on pourrait arriver, assez vite même, à triompher de ces accents. Hé! qui, mieux que la mère, ce premier et tendre professeur donné par la nature, ou, faute d'elle, qui, mieux que l'instituteur et l'institutrice est placé par la nature pour remplir la touchante et si importante mission dont nous parlons? — Personne. Eh bien ! dans l'ignorance où ils sont de notre art, non-seulement ils ne combattent aucun vice d'articulation, aucun défaut de prononciation, mais nous sommes persuadé qu'un enfant doué pour arriver à bien dire, étant bien dirigé, livré à la routine de l'école, verrait ses meilleures dispositions se changer en autant de défauts, tels : qu'une mauvaise voix, généralement trop haute; un ton en opposition constante avec le genre littéraire qu'il lirait; une articulation molle, trop lente ou trop hâtive, souvent confuse; un ânonnement insupportable et une prosodie tellement dégénérée, qu'arrivée à ce point elle n'a plus de nom.

En y réfléchissant bien, on trouve que ce n'est point exact de dire que la grammaire apprend à parler et à écrire correctement. Elle n'apprend qu'à penser correctement. Au-dessus d'elle il y a la rhétorique qui traite des idées, de leur nature, de leurs développements et de leurs dispositions, et pour ce qui tient du corps, dont la participation est indispensable aussi bien pour écrire que pour parler, il y a, d'une part, l'art de la calligraphie, et de l'autre l'art de jouer de l'instrument vocal sur le ton parlé.

Les grammairiens, en s'exprimant ainsi qu'ils le font, tombent dans une inexactitude de langage égale à celle dans laquelle on tomberait, si, en parlant d'une personne qui apprend la composition musicale, on disait : qu'elle apprend à chanter et à copier de la musique. On peut être, et cela se voit fréquemment, un très-grand compositeur sans savoir chanter, sans connaître même les premiers éléments de l'art de prendre et de diriger sa voix, comme il est beaucoup de très-savants rhéteurs qui ignorent ou qui ne savent point appliquer les premiers principes de notre art.

En est-il pourtant un d'une plus utile et d'une plus fréquente application ? et son étude ne devrait-elle pas marcher de front avec toutes les autres? Si ; d'autant plus que l'on ne saurait croire combien l'aptitude que l'on se sent à toutes sortes d'interprétations donne de confiance et d'activité à l'esprit.

Voici comment nous l'expliquons :

Il y a deux hommes en nous : celui qui pense et sent, celui qui parle et exprime. Eh bien! quand le premier des deux a confiance dans le talent du second ; quand il est sûr que ses plus délicates pensées peuvent encore gagner en délicatesse, grâce à la perfection de la parole chargée de les rendre, il s'abandonne sans crainte à tous les caprices de son imagination, sans aucune préoccupation ou formulée ou instinctive de l'interprétation. Dans le cas contraire, quand le premier des deux hommes, non-seulement doute du talent du second, mais lorsqu'il sait qu'il dénature tout ce qu'il le charge de rendre, il en arrivera à parler moins et à fuir les occasions de se produire en public.

On ne peut se faire une idée de l'influence fâcheuse que peut avoir, sur la destinée d'un homme, un vice d'articulation. La difficulté que l'on se sent à parler étant jeune, fait que l'on provoque l'ennui, qu'on devient l'objet des critiques mortifiantes de la part de ses petits camarades, plus tard de ses amis de collége, et, à mesure que l'on avance dans la vie, on acquiert la conscience de son ridicule, on devient timide, craintif, on fuit le monde et les occasions de s'y produire. Mesdames, et vous aussi, Messieurs, cherchez dans votre milieu, et il est probable que vous y trouverez au moins un exemple de ce que nous disons. Plaise à Dieu que vous ne le trouviez pas en vous-même !

Ce qu'il y a de regrettable pour l'art dont nous nous occupons, c'est que, trop généralement, on n'en reconnaît l'utilité qu'à un âge où l'on ne veut plus apprendre. Quel est pourtant l'homme de mérite, d'un mérite reconnu, proclamé, qui ne sente de quel secours il pourrait lui être, à ce moment de son existence où, apprécié de ses concitoyens, leurs suffrages viennent l'arracher aux douceurs de la vie privée pour le lancer dans la vie publique ? Le premier élan de son cœur pour les remercier de l'honneur qu'ils lui font ne peut-il pas être ou puissamment secondé ou entravé par l'interprétation ? — Messieurs, ce qui distingue chez nous les titulaires des grandes positions officielles, de ceux qui sont immédiatement au-dessous d'eux, c'est bien moins souvent l'intelligence, la connaissance de l'administration, des grandes affaires qu'ils ont au même degré, que l'art de parler ; qu'une bonne voix, une bonne articulation, une action physique expressive; précieux avantages dont n'ont pas toujours conscience ceux qui en sont doués, mais dans lesquels ils ont puisé dès l'enfance, et à leur insu, une assurance qui les prédispose à une grande activité et à une grande liberté d'esprit. Pour vous rendre plus sensible encore ce que nous vous disons des deux hommes qui sont en nous, et du mutuel concours qu'ils se prêtent instinctivement, naturellement, incessamment, permettez-nous de faire appel à votre souvenir.

Au nombre des personnes qui sont dans cette enceinte, plusieurs, sans doute, ont eu l'occasion de s'adresser à des hommes réunis. Eh bien! parmi ces personnes, il n'en est pas une seule, nous en sommes persuadé, qui ait arrêté la forme définitive d'un discours écrit avant de se l'être lu plusieurs fois à haute voix: — Pourquoi cela? C'est pour consulter des deux hommes qui sont en nous celui qui doit être l'interprète oral de l'autre, et qui en est aussi l'auditeur, le juge dans l'examen qu'on lui fait subir de son œuvre. Aussi, combien de fois, après des auditions de cette nature, des mots ne sont-ils pas remplacés par des équivalents, pour la seule raison que ces derniers sonnent mieux à l'oreille, ou parce qu'ils exigent une articulation plus accentuée qui tourne au bénéfice de l'énergie du discours; combien de fois encore une phrase, une période est-elle accourcie ou allongée pour obéir aux lois de l'euphonie, aux exigences de la respiration?

En raison de ce penchant qui porte l'homme qui parle en public à consulter l'auditeur qu'il a en lui, le premier soin du professeur d'interprétation, en s'occupant même des moyens mécaniques de l'élève, doit être d'en éprouver l'oreille et le goût, de former l'une et l'autre, de les rendre délicats, et exigeants, car ce sont eux qui constituent l'auditeur dont nous parlons; cet auditeur représente le public; et selon qu'il sera ignorant ou éclairé, indulgent ou sévère, il égarera ou guidera l'auteur qui le consultera. C'est lui qui doit applaudir le premier les qualités de l'œuvre qui lui est soumise; qui doit en signaler les défauts, en conseiller et en diriger les changements; et l'auteur s'y prêtera d'autant plus volontiers que son amour-propre ne sera point en jeu, puisque les critiques et les conseils seront personnels.

Ces réflexions nous ont amené à avoir la conviction qu'il ne peut point y avoir de grand poëte épique, dramatique surtout, ignorant l'art de dire ; et depuis l'antiquité la plus reculée jusqu'à nos jours, les plus grands poëtes qu'ait eus le monde, ont tous été d'habiles diseurs; plusieurs ont été de grands comédiens.

Homère, Eschyle, Euripide, Sophocle, Virgile, Plaute, Shakespeare, Racine et Molière ne sont pas les seuls exemples que nous pourrions citer; mais ils sont assez nombreux, surtout assez éclatants pour qu'ils nous semblent devoir suffire.

Homère, avant l'invention de Thespis, avant la création du théâtre chez les Grecs, allait de ville en ville dans toute l'Attique en récitant les chants de son Iliade et de son Odyssée, poëmes sublimes, dont une admiration trente fois séculaire n'a fait que constater et consacrer le divin mérite.

Eschyle, Sophocle, Euripide ont tour à tour chaussé le cothurne, couvert leurs nobles traits du masque antique, et mis, faute d'habiles interprètes, le prestige de leur diction et la puissance de leur action au service de leurs tragédies. Sophocle est même mort en jouant son *Antigone*. Aristophane aussi a joué dans une de ses pièces.

Ce qui prouve à quel point le peuple grec, si éminemment artiste, cultivait l'art de dire, c'est que la plupart des soldats d'une armée athénienne commandée par Vicius et vaincue en Sicile, rachetèrent leur liberté et leur vie en répétant des vers d'Euripide. Il est permis de supposer qu'ils n'auraient point charmé à ce point s'ils avaient été mal dits.

Plaute, dont les débuts brillants et dont la sombre fin offrent un si pénible contraste, fut comédien.

Shakespeare aussi; il excella même dans le rôle de l'Ombre de son magnifique drame d'*Hamlet*, et dans plusieurs autres rôles de ses hardies, de ses vastes conceptions dramatiques qui étonnent l'humanité, par l'ampleur, la puissance, l'étrangeté et la diversité des moyens que le poëte emploie pour y mettre en scène ses personnages, en rendre saillants les caractères et saisissantes les passions.

Et Racine, en qui la grande raison, la riche réserve, l'habileté dans la conduite de l'action, la puissante tempérance, et la forme inimitable, du moins inimitée, voilent presque le génie ; Racine lisait admirablement; si bien, dit-on, qu'il y avait fête à l'Académie le jour où il devait y faire quelque lecture : il fut, du reste, lecteur de Louis XIV et l'unique professeur de la célèbre Champmeslé.

Et Molière ! le dernier cité par nous, mais le plus grand de tous assurément; si grand, qu'un Anglais, homme d'esprit, auteur de talent et tragédien de génie, a cru pouvoir dire de lui : « Molière n'est pas une gloire française. Dieu, voulant créer un homme complet, fit Molière; après l'avoir fait, il le prit, le lança dans l'espace ; il tomba en France : il aurait tout aussi bien pu tomber en Angleterre. » L'Anglais avait raison, Molière n'est pas une gloire française, c'est-à-dire uniquement française, c'est une gloire universelle, et l'humanité tout entière peut le revendiquer, parce que tout entière elle se trouve dans son œuvre. L'humanité du passé, celle du présent et celle de l'avenir. Eh bien! qui l'ignore? Molière fut comédien; et personne n'a mieux que lui joué le rôle d'Alceste dans son *Misanthrope*, si ce n'est Baron, son fils adoptif, son illustre élève, si digne en tous points de ce maître immortel.

Nous sommes bien persuadé que l'art de dire, qu'ont parfaitement possédé les hommes que nous venons de vous nommer, a puissamment contribué au développement de leur génie, grâce à l'incessante collaboration des deux hommes qui sont en nous.

Maintenant que nous avons démontré que la connaissance de notre art, dans ce qu'il a d'élémentaire, au moins, est utile et agréable à tout le monde, et dans toutes les circonstances de la vie, nous croyons bien faire de dire l'état dans lequel il se trouve, et la manière dont on le professe : d'abord, pour vous faire connaître ce que cet état a de déplorable, ensuite pour vous faire désirer un mode d'enseignement plus rationnel, plus conséquent, plus intelligent, et, enfin, pour vous amener insensiblement à nous rendre la justice que notre étude emprunte des circonstances exceptionnelles où elle se produit, un caractère d'utilité et d'opportunité qui la préserve de tout soupçon de présomption, soupçon qu'elle ne saurait mériter, puisqu'elle ne vient se heurter contre rien de raisonnable et qu'elle ne cherche à se substituer qu'à une aveugle routine.

Pour prouver ce que nous avançons, il va nous suffire de supposer un jeune homme voulant faire sa profession de l'art de l'interprétation, d'admettre qu'il habite Paris et qu'il se présente chez une des illustrations du professorat dans l'art de dire et d'exprimer. Après l'échange des politesses d'usage, quand on est reçu quelque part, le sujet de la conversation sera nécessairement le but de la visite; le jeune homme agréé comme élève, le professeur lui donnera un rôle à apprendre par cœur, et ils se sépareront après être convenus d'un rendez-vous à deux ou trois jours de distance, pour répéter le rôle.

Jusqu'ici vous ne voyez sans doute, dans ce qui vient de se passer, rien que de très-naturel, et si l'on vous demandait s'il y avait autre chose à faire que ce qui a été fait, il est probable que vous répondriez non, surtout en vous rappelant que c'est une illustration du professorat qui agit ainsi. — Eh bien! voulez-vous qu'à présent nous vous fassions comprendre tout ce que cette manière de procéder a d'illogique, d'inconséquent?

Pour cela, poursuivons notre supposition, et supposons que le professeur en question est aussi professeur de piano, et qu'une personne qui ne sait que lire les notes, comme l'élève dont nous venons de parler, qui ne sait lire que les mots, vient lui demander des conseils et que, pour la première leçon, il lui donne le prélude de Bach à jouer dans deux ou trois jours. Trouvez-vous cela rationnel? — Non. — Est-ce que vous croyez que ce professeur de deux arts différents a été plus rationnel la première fois que la seconde? — Il n'en est rien; pourquoi alors votre différence d'opinion sur une même manière d'agir?

Est-ce que vous croyez qu'il est plus facile de jouer de l'instrument vocal que de jouer du piano? qu'il est plus facile de tirer de l'âme humaine des accents de suave harmonie, de vives et saisissantes passions, que de tirer des sons d'une caisse de bois organisée pour résonner mécaniquement? — Croyez-vous que le clavier de l'âme humaine soit moins bien combiné, moins merveilleusement organisé que celui du plus admirable piano d'Erard, et qu'il soit plus facile d'en jouer?

Pourquoi, alors, trouver conséquent tout à l'heure le professeur de diction donnant un rôle à jouer à son élève, c'est-à-dire tout un homme à mettre en action, et trouver inconséquent le professeur de piano donnant au sien le prélude de Bach à jouer, sans lui avoir fait faire des études préalables? Il ne s'agit cependant que de tirer des sons d'un instrument en exerçant une pression sur des touches d'ivoire. Mais, allez-vous nous dire et vous êtes-vous déjà dit peut-être : « C'est que dans la pression plus ou « moins forte, plus ou moins rapide de ces touches est « tout un art qui fait que les sons sortent plus ou moins « doux, aigus, graves, lents ou précipités et qu'il résulte « de leurs intelligentes combinaisons, des harmonies « diverses qui saisissent et ravissent l'âme. » Nous sommes de votre avis. Mais pourrez-vous hésiter à être du nôtre, lorsque par la réflexion vous aurez reconnu que pour mettre en action la moindre production littéraire, il faut aussi donner différentes qualités de voix, articuler plus ou moins fortement, varier ses inflexions, avoir des attitudes exactes et des gestes en harmonie avec ce que l'on dit?

Donc, les deux professeurs ont eu également tort de donner, l'un, un rôle à jouer à son élève avant de lui avoir appris à diriger sa voix, à former les voyelles, à articuler les consonnes, etc., et l'autre de donner à jouer au sien le prélude de Bach avant de lui avoir appris la musique, et de lui avoir fait faire des exercices de doigts pour les rendre agiles, énergiques et précis.

Mais l'inconséquence que nous venons de supposer de la part du professeur de piano ne se commet jamais, tandis que celle que nous avons supposée de la part du premier professeur se commet constamment ; ce n'est point une exception que nous venons de supposer, non, c'est la règle et la règle sans exception.

Pourquoi donc l'un est-il toujours conséquent et fait-il suivre à son élève une marche régulière, progressive, ascendante, pour le faire arriver au but envié, tandis que l'autre est toujours inconséquent en exigeant du sien que, de prime abord, et sans étude préalable, il soit le personnage du rôle qu'il lui donne à étudier, à jouer ?

C'est qu'il existe un solfége, un art musical ; que le piano répond à toutes les exigences de cet art ; qu'il a été cherché, trouvé et incessamment perfectionné pour le servir, pour en être l'interprète sonore, et que la personne qui doit mettre cet instrument au service de la musique doit connaître l'une et l'autre, et les lois de leurs rapports. Voilà pourquoi le professeur fera faire à son élève des exercices de doigts ; voilà pourquoi il lui fera étudier la partie intelligente et mécanique de son art, la partie grammaticale et matérielle.

Il n'en est pas de même de l'art de l'interprétation :

c'est un art dans lequel on ne procède que d'instinct, qu'on ne pratique que par imitation, que l'on n'enseigne que par routine, comme on l'a appris soi-même. Pourquoi cela? — C'est qu'il est de tous les arts celui sur lequel on a le moins écrit, qu'il n'y a point un seul livre réunissant des règles précises, des principes éprouvés pour arriver à le bien connaître, à le posséder. C'est même, croyons-nous, à l'impossibilité où l'on se trouve de savoir comment l'étudier d'une manière intelligente et profitable qu'il faut attribuer l'indifférence générale que nous avons signalée à son égard, indifférence dont il est victime avec toutes les personnes qui désireraient l'apprendre.

Mais, nous dira-t-on peut-être, il y a le Conservatoire, source féconde, où peuvent aller puiser.... Qui? les aspirants à la profession d'interprète? car les sept autres sortes que nous reconnaissons ne consentiraient point à devenir élèves de cet établissement pour apprendre à dire et à exprimer. Empressons-nous même d'ajouter qu'on ne procède pas plus logiquement au Conservatoire que chez le professeur particulier. Nous ne parlons que du Conservatoire de déclamation, car il en est autrement du Conservatoire de musique ; mais comme nous n'avons point à nous occuper du second, revenons au premier, et pour vous édifier sur la manière dont y professait, en 1843, une des sommités du professorat, voici une petite scène dont nous vous garantissons l'authenticité.

C'est un élève pensionnaire qui est sur le petit théâtre ; Il répète *Polyeucte*, il dit les premiers vers du rôle. Le professeur l'interrompt et les répète après lui, l'élève recommence. Le professeur l'interrompt de nouveau et l'exhorte à faire mieux ; il reprend et fait de même. Non par impossibilité de faire autrement, puisqu'il avait gagné, quelque temps avant, un pari qu'il avait fait de dire toute la première scène de Xipharès, dans *Mithridate*, sans être repris par son professeur, qui, en général, ne laisse que fort rarement dire quatre vers à ses élèves sans les reprendre. Pourquoi donc ne se montrait-il pas docile en cette occasion ? C'était pour amener le professeur à lui donner quelques explications sur la manière de dire qu'il exigeait de lui. Une explication eut lieu, en effet, mais ce ne fut point celle désirée, attendue ; la voici : LE PROFESSEUR : « M. X., je remarque » que vous n'êtes pas aussi heureux que vous l'avez » été quelquefois dans l'application de mes observa- » tions. Je ne vois plus même en vous un certain » zèle à les prévenir. — L'ÉLÈVE : C'est vrai, monsieur. — LE PROFESSEUR, *avec autorité :* Pourquoi cela, je vous prie ? » — Mon Dieu, monsieur, c'est qu'il m'arrive souvent de » chercher longuement, en sortant de la classe, la rai- » son pour laquelle vous voulez que je dise d'une ma- » nière, plutôt que d'une autre. Alors je me perds en » suppositions sur vos raisons déterminantes, et ne sa- » chant plus à quoi rattacher les inflexions que vous dé- » sirez, il m'arrive d'en chercher qui me semblent jus- » tifiées par la raison et ce sentiment vague des proba- » bilités qui est si souvent un bon guide dans les arts. » Mais je confesse, cependant, que je préférerais à tout » ce que je puis trouver, que vous daignassiez me donner

» quelques-unes de ces règles, quelques-uns de ces
» grands principes qui sont des moyens infaillibles pour
» arriver sûrement à réussir tout ce qui s'apprend dans
» notre profession. — LE PROFESSEUR, *avec un emportement*
» *d'autocrate et rouge de colère :* — Il n'y a ni règles ni
» principes; je n'ai aucune explication à vous donner;
» cessez vos réflexions; je n'en veux pas; je n'en ai que
» faire; obéissez-moi; faites ce que je vous dis; faites
» comme je fais, moi, qui fais comme ont fait les autres. »
Nous vous l'affirmons, c'est ainsi que se passaient les choses, que l'art de dire et d'exprimer était enseigné au Conservatoire de déclamation en 1843 par le plus vanté des professeurs de cette époque, et qui ne l'est pas moins de nos jours! C'est par ces aimables et persuasifs préliminaires oratoires qu'il initiait, d'abord, ses élèves aux différents procédés de nos grands auteurs; qu'il en faisait ressortir les beautés littéraires, scéniques, les sublimes mouvements et que, cela fait, il leur apprenait ensuite à en rendre les grandes pensées et à en exprimer les divers sentiments.

La leçon de l'un était la leçon de l'autre; les plus énergiques étaient obligés de s'amoindrir, et les plus faibles étaient contraints à des efforts impuissants pour atteindre au même but. C'est ainsi que toutes les natures étaient obligées de se modeler sur celle de professeur pour arriver à n'en faire qu'une, pour n'arriver qu'à une servile imitation.

Mais les parties philosophique et littéraire d'un rôle, les parties orale et physique de l'élève, il n'en était jamais question! Mieux, vous venez de l'entendre, le professeur défend à l'élève de l'en entretenir, de s'en occuper chez lui. Ne faites que ce que je vous en dis... et il ne lui en dit rien, il lui *serine*, inflexion par inflexion, tout un rôle, à la manière dont on élève les perroquets et d'autres oiseaux. Si incroyable que paraisse ce que nous disons, ce n'est cependant que la vérité. Aussi les élèves du Conservatoire de déclamation, nous parlons toujours de 1843, nous faisaient assez l'effet de jeunes gens bruns, roux, châtains, blonds qui, avides de s'instruire dans l'art qu'ils voulaient apprendre, seraient venus étancher leur soif de savoir à une source dont l'eau aurait eu la propriété de les teindre tous de la même couleur, et parmi lesquels, au bout de quelques jours, il eût été impossible de reconnaître ceux qui furent roux de ceux qui furent bruns, et ceux qui furent châtains de ceux qui étaient blonds, et tous ayant perdu leur couleur naturelle n'avaient plus alors qu'une fausse et mauvaise couleur d'emprunt, celle du professeur. Figurez-vous Achille avec des nasillements de Gros-René.

Nous vous le demandons, que voulez-vous que fasse un jeune homme, qui désire être guidé en artiste et non en...? Il n'a qu'une chose à faire, c'est de fuir l'école dont le plus célèbre professeur procède dans l'enseignement de son art ainsi que nous venons de vous le dire. C'est ce que nous avons fait, car nous avons été l'élève dont nous parlions tout à l'heure.

Ah ! il n'y a pas de règles, de principes, nous sommes-nous dit ; nous en chercherons; nous en trouverons. Quoi ! constamment et partout la nature pose devant nous, et nous ne parviendrons pas à surprendre quelques-uns de ses secrets? — N'importe ! essayons; mettons-nous à l'œuvre et observons. La tâche pourra être longue, mais elle est attrayante, et si le succès couronne nos efforts, la grammaire de l'art de l'interprétation sera créée, et cela pour toutes les sortes d'interprètes ; ce que nous pourrons laisser à faire, d'autres le feront après nous ; ouvrons la voie. Nous nous sommes courageusement mis à l'œuvre, c'est-à-dire à observer la nature. A chaque nouvelle observation que nous faisions sur elle et de laquelle nous pouvions déduire une règle, un principe, nous nous disions, nous nous écriions : Mais si, si, il y a des principes, il y a des règles ! La nature agit en raison de certaines lois immuables et éternelles ; nous avons tâché de connaître ces lois, nous les avons surprises, nous les avons étudiées et comparées ; une foule d'inductions sont sorties de cette étude et de ces comparaisons ; nous les avons rapprochées et groupées conséquemment pour en tirer des règles et des principes dont la réunion compose cette méthode.

DEUXIÈME ENTRETIEN.

EXPOSÉ DE NOTRE MÉTHODE. — DÉFINITION DES HUIT SORTES D'INTERPRÈTES : DU CAUSEUR, DU LECTEUR, DU PROFESSEUR, DE L'AVOCAT, DE L'ACTEUR COMIQUE, DE L'ACTEUR TRAGIQUE, DE L'ORATEUR, DU PRÉDICATEUR, ET DU COMÉDIEN TYPE.

Mesdames, Messieurs,

Dans notre premier entretien nous nous sommes efforcé de prouver l'utilité pour tout le monde de savoir dire et exprimer. Nous vous avons fait connaître l'état dans lequel se trouve l'art de l'interprétation, la manière dont on l'enseigne, et comment nous avons été amené à composer notre méthode. Aujourd'hui, pour que vous puissiez l'embrasser dans son ensemble et d'un seul coup d'œil, nous allons vous en faire un rapide mais précis exposé. Nous croyons devoir procéder de la sorte pour nous gagner votre confiance. Nous terminerons cet entretien par les définitions des huit sortes d'interprètes que nous reconnaissons, et en faisant suivre chacune d'elles de l'énumération des qualités propres à chacun d'eux.

Pour procéder avec ordre, posons-nous d'abord cette question : Quel est notre but? — D'apprendre à rendre des pensées et à exprimer des sentiments. — Eh bien! est-il possible d'arriver sûrement, infailliblement, à rendre les uns et à exprimer les autres, sans s'être préalablement rendu compte de la manière dont ils se forment et se fixent en nous? — Non; or l'étude du phénomène qui les produit doit raisonnablement précéder celle qui a pour but de les interpréter. Cela est d'autant plus essentiel que c'est du phénomène même qui leur donne naissance que nous déduisons tous nos principes.

Mais, comme c'est de la sensibilisation de nos sens, par les objets extérieurs, que résultent les sensations, les impressions et les émotions qui donnent naissance en nous aux idées que nous concevons, aux sentiments que nous éprouvons, nous devons commencer par nous occuper d'eux; ensuite, comme les modifications qu'ils produisent en nous sont plus ou moins vives, plus ou moins profondes, plus ou moins éphémères, il en résulte des mouvements d'idées et de sentiments, d'accentuation et d'expression plus ou moins rapides, dont nous avons à nous occuper.

Nous donnons à ces différents mouvements le nom d'action. Nous reconnaissons cinq actions :

1° *L'action sensuelle;* ou sensibilisation des sens par les êtres et les choses.

2° *L'action intellectuelle;* elle embrasse tout ce qui est du domaine de l'esprit.

3° *L'action sentimentale;* elle comprend tout ce qui est du ressort du cœur, car, pour l'intelligence de notre sujet, nous attribuons au cœur seulement la faculté d'éprouver les sentiments.

4° *L'action orale;* celle-ci renferme tout le mécanisme de la parole, et la parole elle-même.

5° *L'action physique;* elle consiste en tout ce qui frappe les yeux.

Notre méthode se divise donc en cinq parties : la première traite du côté matériel de l'art; la deuxième, de son côté philosophique ; la troisième, de son côté rhétorique; la quatrième de son côté mécanique ; et la cinquième traite de l'application des précédentes parties sur des modèles de littérature.

Nous prouverons que l'action orale sert plus instinctivement à rendre les idées que l'action physique, et que celle-ci exprime plus naturellement les sentiments, mais qu'en général, elles se prêtent sans cesse un mutuel concours.

Au-dessus des quatre dernières actions, les dirigeant toujours et les maintenant en parfaite harmonie, nous plaçons l'âme, dont les diverses attributions en nous, moins bien définies que bien senties, nous permettront, par déduction, d'établir un principe immuable, infaillible, pour la direction de chaque action isolée ou de la collective manifestation des quatre dernières, mais des quatre dernières seulement, car l'âme ne dirige pas la première action, celle des sens, elle la subit.

L'action intellectuelle embrasse tout ce qui est du domaine de l'esprit. Nous avons donc à nous entretenir de tout ce qui sort de lui ; or, tout ce qui en sort étant parfaitement traité par la rhétorique, nous aurons à nous occuper d'elle ; mais, rassurez-vous, nous ne nous occuperons que des parties indispensables à notre sujet.

La rhétorique se divise en quatre parties. La première traite de l'invention, dans laquelle sont compris : les arguments, les mœurs, les passions.

La deuxième traite de la disposition et comprend :

l'exorde, la proposition, la division, la preuve ou confirmation, la réfutation et la péroraison.

La troisième partie comprend l'élocution, les qualités générales du style, ses qualités particulières. Les trois sortes de figures appelées tropes, figures de mots, de pensées.

La quatrième traite de quelques autres figures, dites de mots et de grammaire, comme de plusieurs sortes d'hyperbates.

Nous les examinerons toutes, mais sans leur prêter plus d'attention qu'elles n'en méritent, et pour démontrer, par des exemples, l'interprétation qui convient à chacune d'elles. Nous aurons, à cette occasion, à vous faire part d'une remarque bien intéressante : c'est que, sur cent quarante figures de rhétorique, il y en a vingt qui ont une inflexion qui leur est propre, personnelle, inhérente, qui ne s'en sépare jamais et qui ne subit d'autre changement que celui du mouvement des idées et de la nature des sentiments. Nous devrons nous attacher à les bien reconnaître et à les rendre exactement, car elles sont à la parole, ce que la charpente osseuse est au corps. Nous baptiserons chaque inflexion du nom de la figure intellectuelle dont elle sera la représentation orale. Ainsi, par exemple, il y a une figure appelée *litote*, qui a une inflexion qui lui est propre ; nous donnerons son nom à cette inflexion.

Nous avons dit, un peu plus haut, que les passions sont comprises dans la première partie de la rhétorique. Mais comme elles jouent un grand rôle dans notre art, et les rhéteurs ne traitant point cette partie de leur sujet avec tout le développement qu'elle mérite, et dont nous avons besoin pour le nôtre, nous ne vous en entretiendrons point dans l'ordre énoncé plus haut, nous la réserverons pour la fin de la rhétorique.

Notre travail, à l'égard des passions, ne consistera pas, comme à l'égard des autres figures, en une longue et exacte énumération de toutes celles que l'on connaît, mais bien en une étude de l'une d'elles, servant d'exemple pour les autres, depuis son plus intime point de manifestation jusqu'à son dernier degré de développement, pour bien faire sentir la nécessité de conformer son interprétation, non-seulement à la nature de la passion à exprimer, mais encore, et surtout, de la conformer à chaque degré de sa progression, jusqu'au terme extrême.

Nous courrons, ainsi, au-devant du défaut d'exagération, si naturel aux personnes douées pour bien exprimer les sentiments ; nous les habituerons de bonne heure à en régler les expressions, à les rendre justes et harmonieuses.

Ce chapitre traité, nous en aurons fini avec tout ce qui tient du merveilleux phénomène par lequel les idées et les passions se forment et se fixent en nous, comme avec la science qui les a si admirablement distinguées, classées et désignées par des noms qui nous aident à les reconnaître, comme autant de personnalités vivantes, du domaine de l'esprit, que nous ne saurions jamais confondre entre elles.

L'homme intérieur, intime, intellectuel et sentimental une fois étudié, nous aurons à nous occuper de l'homme extérieur, de l'homme oral et physique ; de celui par lequel le premier entre en rapport avec son interlocuteur et qui n'est qu'un instrument, qu'une machine, qu'une mécanique que nous divisons en deux parties bien distinctes : en action orale et en action physique.

L'action orale est le résultat du mécanisme de l'instrument vocal, mis en mouvement pour former la parole. Ce mécanisme se compose de onze parties — qui sont : les poumons, les bronches, la trachée-artère, le larynx, la glotte, les fosses nasales, la luette, le palais, les dents les lèvres, et la langue. Nous examinerons les fonctions de chacune des parties de ce merveilleux mécanisme, parce que l'étude isolée de chacune d'elles est plus utile et plus intéressante qu'on ne saurait le croire, tous les vices d'articulation, tous les défauts de prononciation, et toutes les mauvaises voix n'étant que le résultat de l'ignorance et de l'inexpérience avec lesquelles on joue de l'instrument vocal.

Ainsi, pourquoi blaise-t-on? Parce que pour articuler la consonne *s*, on place le bout de la langue entre les dents comme il faut la placer pour articuler le *t* et le *d*, au lieu de la maintenir avec précaution au niveau des gencives supérieures. Pourquoi nazille-t-on ? — Parce qu'on ferme le fond de la bouche en ramassant la langue et en l'y faisant se joindre avec la luette. La voix ne trouvant pas alors le passage naturel ouvert, s'échappe par le nez et se trouve dénaturée.

Vous le voyez, il est essentiel de s'occuper de la fonction de chaque partie de l'instrument vocal. Alors même que ce ne serait pas utile pour corriger des défauts que l'on n'aurait point, cela pourrait servir à perfectionner des qualités que l'on a ou bien à en acquérir d'autres ;

comme cela apprend à se bien connaître et à savoir tout le parti que l'on peut tirer de soi ; ce qu'ignorent, c'est à ne pas le croire, la plupart des interprètes de profession.

L'étude de l'instrument vocal une fois terminée, nous le ferons fonctionner pour la formation de la voix que nous diviserons en voix grave, vibrante, voilée, émue ; en voix intermédiaire, indifférente ; en voix haute, claire, vive, incisive. Cette division est déjà connue, mais ce qui n'a encore été dit nulle part, c'est l'usage que l'on doit faire dans la parole de chacune de ces voix. A cet égard du reste, pas plus qu'à l'égard des trois divisions, nous n'inventons rien; non, mais c'est d'observations faites sur la nature que nous tirons nos raisons de l'emploi que l'on doit faire des trois voix. Nous nous occuperons ensuite des divers tons, dont chacun est inhérent à un genre littéraire ; de l'émission des voyelles ; elles nous amèneront naturellement à vous parler des accents provinciaux, à vous dire en quoi ils consistent et la manière de les corriger. Après les voyelles nous appellerons votre attention sur l'articulation des consonnes ; elles nous fourniront l'occasion d'étudier les vices d'articulation, nous en comptons cinq : le bégayement, le grasseyement, le blaisement, le chuintement et le sifflement. Nous examinerons en quoi ils consistent et nous vous dirons les moyens déjà connus, anciens ou nouveaux, pour les corriger. En mêlant toutes les voyelles entre elles nous formerons toutes les diphthongues, ensuite en les unissant à toutes les consonnes et en les plaçant tantôt avant, tantôt après, nous articulerons toutes les syllabes connues, qui, réunies et combinées ensemble par l'usage, finissent par composer tous les mots de notre langue ; ainsi nous arrivons à les articuler parfaitement, et avec connaissance de cause ; connaissance qui nous permet de ralentir, de précipiter, d'accuser ou de tempérer notre articulation, d'en faire, enfin, tout ce que nous voulons. Les mots ou parties du discours, une fois formés, nous verrons quelles sont les fonctions de chacun d'eux, parce qu'il en est qui exigent toujours une certaine accentuation : tels sont les adverbes de temps ; comme il en est qui n'en exigent jamais, tels sont les articles. Les mots réunis forment des phrases qui représentent des idées, ou qui sont l'analyse des sentiments. A ce point parvenus nous aurons fait le tour du cercle dans lequel nous avons à nous mouvoir, car vous voyez que notre point de départ et notre point d'arrivée se rencontrent et finissent par se confondre à la manière d'un corps souple, comme un jonc par exemple, dont les extrémités séparées, quand on le laisse droit, se touchent lorsqu'on le ploie en cercle.

Il nous restera à étudier l'action physique; nous la divisons en attitudes, en mouvements, en gestes et en physionomie ; nous nous arrêterons sur cette division.

Cela fait, nous n'aurons qu'à nous attacher à une exacte application de notre méthode, qu'à la pratiquer devant vous sur tous les genres littéraires connus, depuis la plaintive élégie jusqu'à l'imposante tragédie; depuis le genre le plus familier jusqu'au genre le plus relevé ; depuis la banale conversation jusqu'aux plus sublimes mouvements de l'éloquence profane ou sacrée ; depuis la fourbe perfidie du Scapin de Molière jusqu'à la sublime et prophétique clairvoyance de Joad dans *Athalie*, pour vous prouver, par ces démonstrations si diverses, qu'elle prévoit tout, s'applique à tout et répond à tout.

Et pourquoi n'en serait-il pas ainsi? Dans son développement n'aurons-nous pas étudié l'homme matériellement, intellectuellement et sentimentalement? — Voilà pour la partie philosophique. Ensuite n'aurons-nous pas étudié les diverses natures de ses pensées et de ses sentiments, les noms qu'on leur donne, l'ordre dans lequel ils se présentent dans le discours, et les genres différents qu'ils créent en se mêlant ? — Voilà pour la rhétorique. Puis n'aurons-nous pas étudié tout le mécanisme de la parole, les diverses voix, les rapports qui existent entre elles et les idées et les sentiments, et l'usage qu'il faut faire de chacune d'elles? Enfin ne nous serons-nous pas occupé aussi de l'action physique, de la pantomime, de cet actif intermédiaire qui aide si puissamment la parole lorsqu'il se joint à elle ?

N'aurons-nous pas procédé dans notre œuvre, de manière à agir à la fois sur l'esprit et le cœur de notre auditoire par tout ce qui peut le plus sûrement et le plus directement le convaincre et l'émouvoir, en nous adressant à ses oreilles et à ses yeux?

« Mais, direz-vous peut-être, puisque c'est pour nous » mettre à même de juger si votre méthode renferme tout » ce qu'elle doit renfermer, que vous avez voulu nous » l'exposer, permettez-nous de vous dire : que nous y » remarquons une lacune qui la rend des plus défec- » tueuses, surtout pour l'interprète de profession, nous » voulons parler des tempéraments. » C'est juste ; nous n'en avons encore rien dit dans cet exposé, mais ce n'est point par oubli, c'est avec intention. Nous avons mis cette partie importante de notre sujet en dehors d'une marche méthodique, parce que les tempéraments ne modifient point nos principes isolément, séparément ; ils agissent sur tout leur ensemble, et il suffit de s'entendre sur leurs rapports pour connaître les modifications à apporter dans l'application qu'on en doit faire. Nous remettons donc à vous entretenir des tempéraments dans une autre partie de notre travail.

Pour faire une heureuse application de nos principes, il faut tenir compte du millieu où l'on se trouve, du caractère dont on est revêtu. Ainsi, l'orateur sacré et le comédien, ne doivent pas se manifester avec la même liberté d'action, il y a des nuances qu'il faut savoir respecter. Pour bien nous entendre à leur égard, nous allons définir les huit sortes d'interprètes que créent les circonstances où l'homme se produit oralement, et les différences d'interprétation qui doivent exister entre eux. Nous en comptons huit; voici leurs noms : Le causeur, le lecteur à haute voix, le professeur, l'avocat, l'acteur comique, l'acteur tragique, l'orateur, le prédicateur.

Du causeur. — Le causeur n'a qu'un but borné, restreint, futile ; amuser, distraire, plaire, faire briller son esprit, son érudition ; quand il est habile dans la causerie, il s'applique parfois à faire ressortir le côté difficile et dangereux de certains sujets, afin d'éveiller dans son auditoire une imprudente curiosité, une craintive attention, il se prépare, ainsi, une occasion de prouver son adresse à tourner ces difficultés ou à en triompher. Il fait surtout valoir le caractère fin, nouveau, original, joli et malin de chaque chose. Le causeur s'élève rarement jusqu'à l'expression; il analyse, esquisse, raconte, dessine, mais il ne peint pas; tout en lui doit être alerte, facile, vif, fin, convenable, caustique ou bienveillant à propos; courtois toujours, amusant s'il peut, et spirituel quand même. Un aimable causeur, homme du monde et distingué, est le type français par excellence : type malheureusement à peu près perdu de nos jours, où pour jouer au *gentleman* on cesse d'être chevalier français, et, ayons le courage de le dire, ce n'est pas toujours jouer à qui perd gagne.

Du lecteur. — Nous entendons par lecteur celui qui lit à première vue. Il diffère du causeur en ce qu'il est, en général, l'interprète d'un autre, et du comédien en ce qu'il n'est point en scène et qu'il ne sait point par cœur ce qu'il dit. C'est surtout pour lui que la connaissance absolue des figures de rhétorique qui ont une inflexion qui leur est propre est indispensable; parce que n'ayant point à exprimer des sentiments, mais ayant à rendre des pensées seulement, et les inflexions remplissant très-bien cet office, à chaque nouvelle figure, elles viendront d'elles-mêmes se mettre à son service.

Nous venons de dire que le lecteur ne doit point exprimer les sentiments, ce n'est pas que nous le lui défendions; quoique en l'y encourageant nous l'invitons à le faire avec beaucoup de mesure; mais c'est parce que cela lui est impossible, ou du moins fort difficile. Voici pourquoi : En général il est assis, ou du moins immobile, ce qui ne lui permet pas de prendre les attitudes qu'exigeraient de lui les choses qu'il lit; l'obligation où il est de tenir le livre de la main gauche et de tourner le feuillet de la droite met obstacle à une complète gesticulation, et la nécessité d'incliner la tête sur le livre nous dérobe sa physionomie, la plus puissante et la plus noble partie de l'expression.

Du professeur. — Le professeur expose, developpe, analyse, compare, déduit et conclut; et, à moins que son érudition ne s'exerce sur les beaux-arts, il n'a besoin de recourir à l'action physique que pour des gestes indicatifs, précis et peu nombreux ; l'action orale lui suffit presque, et, dans cette action encore, il ne doit jamais faire usage des notes graves, vibrantes et voilées, qu'il faut réserver pour l'expression des sentiments.

Deux genres littéraires se partagent les œuvres scéniques ; le genre gai et le genre sérieux ; la comédie domine l'un, la tragédie domine l'autre. Nous avons donc à faire la définition de l'acteur comique et de l'acteur tragique.

L'acteur comique. — A part l'esprit de saillie, d'à-propos indispensable à l'agréable causeur, et dont l'acteur comique peut à la rigueur se passer, puisqu'il a à son service l'esprit d'autrui, toutes les qualités du premier sont indispensables au second ; mais il les faut à celui-ci bien plus accusées, bien plus développées, et la différence de développement que nous désirons trouver entres elles est celle qui existe entre les deux milieux où ils se produisent, entre le foyer et la scène, le salon et le théâtre, l'intimité et le public : il faut encore à l'acteur comique une science de composition bien plus étendue, bien plus complète, comme de bien plus grandes ressources dans l'action orale et dans l'action physique, pour répondre à l'interprètation des nombreux caractères et des divers types qu'il peut être appelé à représenter. Telles sont les nuances qui existent entre eux.

L'ACTEUR TRAGIQUE. — Les nuances qui distinguent l'acteur comique du tragique sont celles qui séparent le genre gai du genre sérieux, qui existent entre le plaisir et la peine, la joie et la douleur, la grâce et la force, la vivacité et la puissance, l'élégante désinvolture et la dignité, la majesté, l'esprit et le génie. Non qu'en reconnaissant du génie à nos chefs-d'œuvre tragiques, nous ayons l'intention d'en refuser à nos chefs-d'œuvre comiques, non, certes! nous voulons dire: que c'est par les choses fines, exquises, subtiles, malignes et spirituelles que le premier arrive à interpréter ses types les plus admirables, tandis que c'est par la réserve, la tempérance, la noblesse, la majesté, l'ampleur et la puissance sans effort que le tragédien parvient à faire vivre les siens.

DE L'AVOCAT. — Il faut à l'avocat une grande activité d'esprit; une bonne mémoire, une pénétration pleine de soudaineté, une logique serrée, une argumentation alerte, ingénieuse, furtive, pressante, riche en faits, en clairs aperçus et en incontestables conclusions. Ces qualités, qui tiennent de l'esprit, se traduisent à l'extérieur par des membres généralement délicats, aux attaches fines, aux extrémités effilées, par une tête petite, au front haut et délicatement modelé, par des yeux ronds, vifs, pénétrants, étincelants; par des narines mobiles, une bouche petite ou moyenne, aux lèvres fines, minces, onduleuses; par des attitudes très-accusées, mais de peu de durée, des gestes rapides, arrêtés, précis, et plus anguleux que gracieux. Les qualités orales particulières à ce genre de nature et qui se trouvent être celles utiles à l'avocat sont : une voix claire, vive, haute, pénétrante, incisive, argentine; une articulation nette, forte, nerveuse et des inflexions justes, délicates, fines, prestes, mais très-détachées, très-distinctes. Voilà comment nous comprenons l'avocat et les qualités que nous lui croyons propres. Entre lui et l'orateur nous trouvons la même distance que nous avons signalée entre l'acteur comique et le tragédien ; nous ne parlons point de l'avocat en cours d'assises, que l'émotion peut improviser orateur. Eh bien ! ce dernier et le tragédien sont à l'acteur comique et à l'avocat ce que le plus est au moins; c'est-à-dire qu'au point de départ tous quatre ont besoin des mêmes qualités, mais il arrive un moment où les deux derniers ayant déjà fourni toute leur carrière, il reste encore au deux autres, pour remplir la leur, à gravir les hautes régions de la passion, de la véhémence et du pathétique.

De l'Orateur. — Il faut à l'orateur : un vaste front, calme et puissant, de grands yeux, pleins de flamme, des narines très-dilatables, une large poitrine, où puisse battre un grand cœur et de vastes poumons aspirant amplement la vie, une bouche à lèvres très-mobiles, fortes, charnues, épaisses et nerveuses, pouvant modeler l'air à la manière dont le sculpteur malaxe avec sa main l'argile avant de lui donner la forme humaine. Il doit savoir rendre sa parole caressante ou brusque, timide ou impétueuse, humble ou agressive, impérieuse, passionnée, véhémente, pathétique; il doit savoir la faire s'échapper de sa bouche à flots pressés et impétueux, pour aller envahir et submerger d'émotion les cœurs de ses auditeurs. Sa voix, quoique souple, doit être forte, douce, abondante et fortement timbrée, pour pouvoir dominer le brouhaha des assemblés délibérantes quand il parle à la tribune, et le bruit des clameurs populaires lorsqu'il parle au forum. Ses attitudes doivent être nettement, carrément accusées pour réfléchir au loin les divers états de son âme et un courage d'opinion dont on doit subir l'empire; sa gesticulation doit être sobre, mais soudaine, imprévue, irrésistible, écrasante et doit venir aider la parole à la manière dont la tempête aide la foudre, c'est-à-dire en arrachant ce qu'elle a ébranlé, en entraînant ce qu'elle a foudroyé. Avec tout cela il lui faut encore une imagination féconde en ressources contre l'imprévu; une âme passionnée pour tout ce qui est vrai, bien et beau; impatiente de la lutte et avide de la gloire; oui, de la gloire, le plus noble mobile des grandes âmes, le seul qui puisse les grandir encore en les satisfaisant : avantage que n'ont pas toujours les honneurs et les marques distinctives.

A part le développement exceptionnel des facultés intellectuelles indispensables à l'orateur profane comme à l'orateur sacré, celles indispensables au tragédien sont absolument les mêmes. Non que nous ayons par ce rapprochement l'intention de les assimiler, de les confondre, non, certes! car, bien qu'il leur faille les mêmes qualités orales et physiques, leur but étant différent, ils doivent en faire différemment usage. Tâchons de nous éclairer et de nous fixer à ce sujet pour nous rendre bien compte de leur différence d'interprétation; sachons d'abord leur différence de but.

Le tragédien remplit un rôle, l'orateur un devoir, qui peut se transformer en mission, le prédicateur remplit un ministère divin. Le premier n'a pour but apparent qu'une distraction d'élite et publique; le second a un but d'utilité, personnel, au barreau, quand y il défend l'innocent accusé; national, à la tribune, quand il y discute les lois à modifier ou à créer, et humanitaire quand il s'y inspire des grandes questions de peuple à peuple; le troisième a pour but......, le grand but, notre existence et notre fin édifiantes en ce monde afin de nous mériter une récompense sans fin dans l'autre. L'un répond à un plaisir, l'autre à des intérêts éphémères, et le dernier à des intérêts éternels. Ils sont : le tragédien, l'interprète de l'art; l'orateur, l'interprète de tous; le prédicateur, l'interprète de Dieu. Mais le but élevé de tous les arts étant l'imitation du beau, et le beau étant la splendeur du vrai et le vrai étant Dieu, puisque toute vérité vient de lui et y retourne, c'est être un des grands interprètes de Dieu que d'être l'un des grands interprètes dans n'importe quel art.

L'orateur est aussi un interprète de la Divinité, puisqu'il est l'interprète de tous, et, qu'à ce titre, il est obligé de se conformer au sentiment d'infaillible équité dont la conscience universelle a la parfaite connaissance et dont la grande voix est la voix de Dieu : *Vox populi, vox Dei.*

Le prédicateur, plus directement que les deux premiers, interprète du Tout-Puissant, par la fin qu'il se propose, remplit un bien plus grand rôle qu'eux dans l'énigmatique poëme que nous jouons sous les regards de Dieu et dont lui seul connaît et la mystérieuse cause et le but final.

Au point de vue de l'interprétation la différence qui existe entre ces trois personnalités, c'est que le tragédien n'est qu'un compositeur et qu'un exécutant, tandis que les deux autres sont à la fois auteurs, compositeurs et exécutants; c'est que le premier cultive le fonds d'autrui, tandis qu'ils cultivent leur propre fonds; c'est qu'il est obligé de partager toujours sa moisson de succès, d'applaudissements avec l'auteur, son collaborateur intime et inséparable, tandis que les deux autres ne sont point obligés de la partager avec personne; c'est qu'il se manifeste toujours au milieu d'une action savamment combinée pour plaire, pour émouvoir, pour passionner; pour graver dans le cœur de ses auditeurs les grands enseignements de l'histoire sacrée et profane, dont la pompeuse représentation est toujours un exemple de haute moralité, rendu dans le plus merveilleux langage que l'on puisse imaginer; c'est qu'en raison des nombreuses personnalités qu'il représente, comme le comédien à l'égard du causeur et de l'avocat, le tragédien a besoin d'une science de composition beaucoup plus complète, et de plus grandes ressources dans les actions orale et physique que l'orateur et le prédicateur.

La différence entre l'orateur profane et l'orateur sacré, c'est que l'un ayant le droit et étant dans l'obligation de traiter des sujets divers, a besoin, pour amener son auditoire aux résolutions qu'il désire lui voir prendre, d'une bien plus grande liberté dans ses actions, et d'un registre d'inflexions beaucoup plus riche, beaucoup plus varié que celui du prédicateur; bien qu'il leur faille les mêmes qualités, le dernier ne doit se servir des siennes que dans des mouvements plus retenus, plus mesurés, plus onctueux : il doit être bien plus tempéré dans sa manifestation; tout en lui doit témoigner d'une certaine naïveté d'impression, d'une grande bienveillance de cœur, d'une pénétrante mansuétude de jugement; c'est que, plus en lui encore qu'en l'orateur, la sincérité, la moralité, la probité l'honnêteté et une certaine humilité qui n'exclut pas le courage, doivent avoir l'air d'émaner de toute sa personne; car si nous lui demandons une sérénité native qui tienne de l'ange, nous voulons découvrir en lui la persistance de volonté de l'apôtre, pour arriver à convaincre, parce que la foi... mais qu'allions-nous dire? la foi ne se convainc pas; parce que la conviction procède du raisonnement, de la dissertation, de l'argumentation, et que ces trois formes du verbe permettent de supposer la contestation, l'emportement, la violence, et que ce n'est point d'eux que la foi peut naître : ce n'est point de conviction que l'orateur sacré doit procéder, c'est d'inspiration; oui, car la foi s'inspire et ne se convainc pas, elle se révèle à notre oreille dans le prédicateur, par un accent qui lui est propre, et qu'on reconnaît même quand on l'entend pour la première fois : elle se manifeste à nos yeux par une action physique qui trahit une béatitude intime, que l'on ne pourrait imiter au point de faire prendre l'imitation pour la réalité, et il est certain que cet accent et cette action ne sont point ceux de la colère et de la violence, mais plutôt ceux d'une puissance calme et inébranlable, qui puise sa force à une source d'une fécondité intarissable et placée bien au-dessus de notre humanité.

Nous voulons découvrir dans le prédicateur une intrépidité qui n'est point celle du soldat, du héros se précipitant l'épée nue à la main au milieu de la mêlée pour en accroître le carnage ou y tomber vaillamment au service de son pays; non, c'est l'intrépidité du dévouement, de l'amour, de la fraternité; c'est l'intrépidité d'un soldat exceptionnel, engagé au service et dévoué au triomphe d'une divine cause qui s'alimente au foyer de l'universelle charité, et qui, en succombant dans sa divine tâche, est susceptible de se transformer en sublime et sainte résignation du martyre.

En un mot: nous désirons trouver dans l'orateur profane beaucoup plus de l'homme que de l'archange, et dans l'orateur sacré beaucoup plus de l'archange que de l'homme.

Nous avons défini l'acteur comique et l'acteur tragique, mais au-dessus d'eux il y a le comédien proprement dit, celui dont le talent, dont le génie embrasse tout l'ensemble de l'art de l'interprétation appliqué à tous les genres, et que nous nommerons le COMÉDIEN TYPE. Comme ce serait une lacune, dans un ouvrage de cette nature, si nous oubliions de vous en parler, c'est de lui que nous allons vous entretenir.

Baron disait, en parlant des grands comédiens, qu'ils devraient être élevés sur les genoux des reines. Cela suffirait pour leur donner les grands airs et les grandes manières dont ils ont besoin; cela serait insuffisant pour leur éducation scénique. Car ne croyez pas, Messieurs, que l'interprète type de nos auteurs de génie, se contente, à l'heure du travail, de s'incliner vers l'humanité et de jeter sur elle, des hauteurs de ses méditations, un rapide regard. C'est au milieu d'elle qu'il doit aller vivre ; c'est à l'océan humain qu'il doit se livrer ; c'est au flux et reflux des tempéraments, des caractères, des passions et des ambitions des hommes qu'il doit se laisser aller, pour saisir au passage, sur chaque figure et dans toutes les voix, les signes indissimulables, physiques et oraux, de tous les sentiments, de toutes les sensations, de toutes les émotions, variés à l'infini par les rangs, les éducations, les événements, les lois, les mœurs, les âges et les nationalités ; c'est au milieu de ce pêle-mêle du laid et du beau, du bien et du mal, qu'il doit s'abandonner, en gardant, toujours : son esprit pour observer, sa mémoire pour recueillir, sa raison pour déduire, son cœur pour sentir, et sa voix pour rendre et exprimer. Ce n'est qu'au choc fréquent de sa personnalité contre les autres personnalités qu'il use les angles de la sienne ; c'est ainsi qu'il apprend, d'abord, à cesser d'être lui, et qu'il apprend, ensuite, à devenir autrui ; c'est par cette incessante et laborieuse étude qu'il arrive à comprendre : que son corps ne doit être qu'une machine, sa figure, qu'un miroir, sa voix, qu'un écho, son cerveau, qu'un musée, et son cœur, qu'un foyer. Heureux celui qui est doué de sensibilité et d'imagination ; sans elles il serait mort-né au sentiment de l'idéal !

L'idéal est ce point invisible de l'art où finissent les règles et où commencent les probabilités et les beautés instinctives ; c'est ce point élevé de l'art où cessent les combinaisons logiques et humaines et où commencent les combinaisons sentimentales et infinies ! Le sentiment de l'idéal se révèle en nous par une aspiration intime vers des régions inconnues; aspiration qui nous donne la conscience de la possibilité de produire, de créer quelque chose de beau et de nouveau; possibilité que rien ne peut prouver que l'œuvre même, mais qui se manifeste par toutes les voix de nos secrets instincts; lesquelles sont pleines d'enivrants entraînements, d'irrésistibles et flatteuses exhortations, qui remplissent, d'abord, d'une douce quiétude, ensuite, d'une immense joie l'être en qui se manifeste ce mi-divin sentiment !

Une œuvre qui réunit toutes les conditions d'art voulues, et que l'idéal anime de sa divine flamme, est une œuvre accomplie, à la formation de laquelle les règles, la nature et l'imagination ont concouru dans des rapports inappréciables, justes cependant, et d'autant plus heureux dans leur concours, qu'elles étaient dirigées par un sentiment qui pour n'être pas soumis à des lois mathématiques, n'en est pas moins précis qu'elles dans les combinaisons auxquelles il préside, et dont la subtilité est encore un problème irrésolu par les mathématiciens : qu'ils cherchent, leurs efforts seront vains ! — Le domaine de l'art est au-dessus du domaine de la science : la science a des pieds et marche, l'art a des ailes et vole.

La science n'est qu'une succession de progrès de l'esprit humain en travail depuis que le monde est monde ; aujourd'hui en sait plus qu'hier, demain en saura plus qu'aujourd'hui, et ainsi de suite : c'est un vaste monument, œuvre collective de tous les savants qui ont vécu, et dans lequel on peut distinguer et désigner la part qui appartient à chacun d'eux, qui revient à chaque siècle.

L'art est un, il n'a pas eu de commencement, il n'a pas de limite ; et, contrairement à la science, souvent l'art d'hier vaut mieux que celui d'aujourd'hui, et celui d'aujourd'hui vaut mieux que celui de demain. La science a progressé depuis Archimède, depuis Phytagore, depuis Aristote. L'art a-t-il progressé depuis Homère, Eschyle, Praxitèle et Phidias?

La science est le côté utile et humain ; l'art est le côté agréable et divin de notre humanité. La science n'est que la science. L'art est à la fois la philosophie, la science, l'art et le métier.

La philosophie court à la recherche de la vérité ; la science enregistre ces découvertes et en déduit des règles ; l'art applique ces règles, et le métier les fait valoir.

Le grand interprète n'est pas seulement un philosophe théoricien, c'est un philosophe praticien. Le philosophe observe et définit l'homme à l'aide des mots ; l'interprète a le même travail à faire ; de plus, après avoir observé et défini l'homme, il est obligé de le faire penser, sentir, parler, agir, vivre enfin. Et comment? — A l'aide de sa propre personnalité, composée d'organes on ne peut plus impressionnables, et qu'il doit amener à lui obéir d'une manière passive, avec une spontanéité électrique, une précision mathématique, et cela dans des conditions d'impressionnabilité telles que les êtres les plus indifférents et les plus audacieux n'ont jamais pu parvenir à s'y posséder entièrement.

Encore une des difficultés de l'art de l'interprète, c'est

que lorsqu'en peinture, en sculpture, en littérature il suffit d'avoir bien fait une fois, pour que ce bien se perpétue, il faut que l'interprète recommence sans cesse à bien faire pour prouver son talent.

Il est juste de dire, pourtant, que si, souvent, le public le gêne dans sa libre manifestation, parfois aussi il arrive à le servir. Mais cela ne se passe ainsi que lorsque l'interprète, sûr de lui-même, parvient à l'être aussi de son auditoire. Alors, les applaudissements qu'il a provoqués et qui ne sont qu'un effet de son talent, sont un effet qui devient cause à son tour et qui réagit sur ses moyens en les accroissant.

C'est un bien beau moment, croyez-le bien, Messieurs, que ce moment où un grand interprète aux prises avec une situation poignante, rendue en beau langage, en vives et saisissantes exclamations, marche vers le but élevé, atteint par le poëte, avec le concours de toutes ses facultés dans leur plénitude, et qu'il entraîne sur ses pas une foule intelligente, émue, enthousiasmée, par laquelle il se sent suivi, poussé, emporté! Ah! si une personne, étrangère à cette collective action, entrait dans la salle au moment où elle s'y accomplit, quel étonnant et admirable spectacle s'offrirait à ses regards! Et si elle leur demandait où ils courent ainsi, qu'ils seraient embarrassés de lui répondre! — Aussi ne les troublons pas. Savez-vous où ils vont? — Dans un monde à peine exploré; monde d'émotions, inaccessible aux froids raisonnements, où sont seuls admis les êtres en proie à de véhémentes émotions, et où l'artiste se trouve guidé par ce qu'on nomme l'inspiration!

L'inspiration est un état anormal, fiévreux, inimaginable, dans lequel, fatigué de lutter, de se débattre contre d'irrésistibles élancements qui nous forcent d'avancer et de monter par soubresauts, on finit, enfin, par s'abandonner et on se trouve transporté; par un sublime élan de l'âme, ouvrant ses ailes vers l'infini qu'il lui est permis de rêver, de supposer, d'ambitionner et non d'atteindre; on se trouve transporté, disons-nous, jusqu'à l'étonnant, à l'admirable, au sublime quelquefois!

Un homme mort, mis en contact avec une machine électrique, peut se mouvoir, serrer la main, rouvrir les yeux; il peut faire croire à la vie. Un grand interprète, en état d'inspiration, est un homme pensant, sentant, vivant, enfin, galvanisé par une foule préalablement galvanisée par lui. Nous le croyons la manifestation la plus puissante et la plus irrésistible du génie humain. Et nous nous l'expliquons par l'association de deux arts également admirables dans leur perfection : l'art de l'interprète et celui de l'auteur se révélant dans des conditions de mise en scène faites pour charmer les regards. Tout se trouve, en effet, dans cette collaboration. La pensée qui saisit l'esprit et l'élève ; les sentiments qui vont droit au cœur en en sortant; les grands souvenirs historiques dont notre mémoire est pleine dès notre enfance et qui se réveillent soudainement en nous, la dignité des personnages qui nous rappelle à la nôtre et nous en donne la flatteuse conscience ; l'imprévu des situations qui vient surprendre et saisir l'esprit; la sublimité du langage qui ravit l'âme en charmant l'oreille ! — Voilà pour l'auteur. Le décorateur a aussi son rôle ; et lorsqu'il s'appelle Cicery, dites-nous si ce n'est pas encore un génie en collaboration avec le précédent? — Puis, voici l'interprète, ce poëte qui compose, d'abord, sa musique sur le *scenario* de l'auteur, et qui, après l'avoir longuement méditée, bien coordonnée, et se l'être assimilée, la parle dans le dialogue; la module dans la métaphore; la soupire dans l'élégie ; la lance dans l'apostrophe ; la file dans l'ironie ; la caresse dans la litote et l'allusion ; la précipite et la retient dans la réticence et la suspension ; la roucoule dans de tendres aveux ; la déchire dans les fureurs ; la martelle dans la colère ; la sanglote dans le désespoir; et la jette à flots pressés, montants et écumeux dans les imprécations et les malédictions. Tel il est ce poëte, qui a à sa lyre toutes les cordes du clavier humain, toutes les fibres du cœur; dont l'âme doit vibrer, écho vivant, non, grande voix des grands poëtes, aux accents des plus nobles âmes ! qui doit savoir se lamenter comme Jérémie ; se résigner comme Job et protester comme lui ; qui se révolte comme Prométhée; chante comme Orphée ; se fâche comme Achille ; se courbe comme Oreste sous la fatalité ; pleure comme Niobé ; creuse le cœur et l'esprit comme Hamlet creuse le songe ; s'indigne comme Alceste, raille comme Figaro, s'égare comme Lear, tue comme Macbeth, meurt comme Polyeucte, raisonne comme Philinte, croit comme Orgon, trompe comme Tartuffe, rit comme le rire et se désespère comme le désespoir ; à la même heure et en même temps ; riant à droite, pleurant à gauche ; ombre et lumière du cœur tout à la fois ; tout vie et tout mort ; tout élan et immobilité ; bruit et silence! Tel il est, ce poëte, qui écrit son poëme sur le canevas de l'auteur, dans l'horizon du décorateur, avec sa voix aux mille octaves sa figure aux inépuisables expressions, et son corps aux incalculables attitudes, aux gestes imprévus et entraînants ; il nous prend par tout ce qu'il y a de plus puissant sur nous : par la représentation de nos joies et de nos infortunes passées, présentes ou futures, et en s'adressant à nos yeux et à nos oreilles, les deux de nos cinq sens qui nous transmettent les sensations de l'ordre le plus élevé et qui flattent le plus notre nature.

L'orateur est puissant, mais son isolement et le cadre dans lequel il ne peut presque pas se mouvoir, ne lui permettent pas la même force d'action et le retiennent en deçà de celle qui résulte de cette triple association de génies que nous trouvons dans une œuvre scénique considérable, pompeusement représentée, par un interprète type en état d'inspiration.

Mais sachez bien, Messieurs, que l'inspiration n'est possible qu'à ceux qui, pleins de confiance dans leurs moyens mécaniques, peuvent s'abandonner à elle sans crainte d'être trahis par eux. Serait-il possible, en effet, à celui qui craindrait de blaiser, de chuinter, de bredouiller ou de bégayer de ne pas s'égarer en cédant aux premiers élancements avant-coureurs de l'inspiration ? —

Nous trouvons dans Démosthène, dans Cicéron, dans Pline le Jeune et dans bien d'autres, des exemples frappants et instructifs de la nécessité de posséder les moyens mécaniques et les règles avant de se produire en public.

On nous parle beaucoup de la difficulté de parler de Démosthène, des cailloux qu'il mettait dans sa bouche pour fortifier et délier sa langue et rendre son articulation plus énergique et plus précise, mais on ne nous parle pas assez des soins que les Grecs, et les Romains, à leur exemple, prenaient de se former à l'éloquence, et de l'étude approfondie qu'ils faisaient de toutes les parties de cet art; aussi bien au point de vue oral et physique qu'au point de vue intellectuel et sentimental. En voici une preuve empruntée à la vie de Quintilien. Il avait perdu son fils; un jour il s'arrête ému, au milieu d'une leçon, pour pleurer ce cher enfant, et voici comment il le pleure :

« Un être si beau! il avait tous les avantages : un » son de voix clair, charmant! une extrême facilité à » prononcer les deux langues (la grecque et la latine), » comme s'il eût été également né pour l'une et pour » l'autre. Hélas! tant de fermeté, de gravité, de force! » Un consul venait de l'adopter! un préteur, son oncle » maternel, lui destinait sa fille! Mourir ainsi, mon fils, » par qui devait refleurir l'éloquence des meilleurs » siècles! » Voilà pourtant le grand secret de cette douleur si touchante : ce que pleure le vieux Quintilien dans son fils, c'est l'orateur! Il était son fils, mais il était le plus éloquent des jeunes gens! Au moment suprême, et déjà défaillant pour son père, il vivait encore pour les lettres (1). »

Vous voyez que Quintilien lui-même, cette grande autorité dans l'éducation à donner aux orateurs, se préoccupe beaucoup des moyens mécaniques, il con-

(1) J. Janin, *De l'éloquence à Rome au temps des Césars.*

seille aux jeunes gens qui veulent se former à la tribune, les leçons des interprètes de profession. Du reste, ces derniers ont toujours été les professeurs des premiers dans l'art de dire et d'exprimer : Satyrus fut le professeur de Démosthène, Esopus et Roscius furent les professeurs de Cicéron.

Plus tard, à dix-huit siècles de distance, Bossuet lui-même, cette parole, la plus éloquente peut-être qui ait jamais retenti du haut d'une chaire sacrée, suivant les exemples des deux grands maîtres que nous venons de citer, assistait en secret, dans une loge grillée, aux représentations des chefs-d'œuvre du grand siècle, et dérobait ainsi à un art profane des inflexions, des gestes et des attitudes qu'il faisait tourner ensuite au bénéfice de sa parole divine.

Savez-vous, Messieurs, que c'est un rare bonheur pour nous, ayant à vous prouver l'utilité de l'étude de la partie mécanique de l'art oratoire, que d'avoir à citer les exemples de Démosthène, de Cicéron et de Bossuet! Des trois hommes les plus éloquents qui aient été entendus dans ce monde, et dont la parole va, se répercutant de siècle en siècle, en grandissant toujours, toujours ! si bien, qu'enfin, il nous suffit d'avoir prononcé leurs noms pour comprendre, qu'à présent, nous n'avons rien de mieux à faire que de nous taire, pour vous laisser vous livrer, heureux, à tout ce qu'ils vous rappellent de grand et de sublime, et pour ne pas troubler du bruit de notre voix, votre admiration recueillie, à laquelle nous nous associons par tout ce qu'il y a de respectueux et d'admiratif en nous pour de si grands génies !

TROISIÈME ENTRETIEN.

DU SENS INTIME. — DES SENS EXTÉRIEURS. — DES DIFFÉRENTES VOIX. — DES DÉMONSTRATIONS.

MESDAMES, MESSIEURS,

Dès notre précédent entretien nous avons reconnu que nous aurions besoin, avant d'entrer dans notre sujet, de nous gagner votre confiance. Mais comme en même temps nous avons compris qu'elle ne pouvait naître que de l'infaillibilité que vous deviez trouver en notre méthode, pour arriver à bien dire et à bien exprimer, nous nous sommes empressé de la soumettre à votre jugement par un rapide exposé. Bien que nous la croyions toujours bonne, nous craignons cependant, nous vous en faisons l'aveu, qu'elle ne vous ait point complétement satisfaits. Hâtons-nous de dire pourquoi : c'est qu'en général on croit que notre art ne peut point être enseigné ; qu'il suffit, pour bien interpréter n'importe quoi, de bien comprendre et de bien sentir, de bien se convaincre et de bien se pénétrer des pensées et des sentiments que l'on peut avoir à mettre en action. Or, nous, nous venons vous dire que notre art s'enseigne, et que, pour l'enseigner, nous avons une marche régulière, des règles précises, des principes éprouvés, infaillibles dans leurs résultats étant bien appliqués. Nous venons donc nous heurter de front contre une erreur par trop accréditée pour que nous osions nourrir l'espérance qu'elle se soit dissipée dès nos premières paroles. Ensuite, on suppose que notre art ne peut s'établir sur rien de raisonnable, de sérieux; or, nous, nous l'établissons sur la philosophie et la rhétorique, c'est-à-dire, sur deux des connaissances les plus relevées de l'esprit humain; et ce sont, précisément, les bases que nous lui donnons qui nous font appréhender que la pensée ne vous soit venue que nous en exagérons l'importance, et que cette pensée ne vous ait disposés à ne nous accorder qu'une confiance hérissée de restrictions.

Ne croyez point que nous exagérions notre sujet et que nous le grandissions hors proportions; non, de si haut qu'ait pu vous paraître notre point de départ, il est, croyez-nous, de beaucoup au-dessous des hautes régions de l'art que nous professons; pour vous en convaincre, permettez-nous de répondre à cette question : Savez-vous où nous nous trouvons réunis ensemble à cette heure? — Au point qui sépare le mont géant des arts en deux parties bien distinctes; dont l'une, celle qui est au-dessous de nous, appartient à la terre; dont l'autre, celle qui est au-dessus, appartient au ciel; dont l'une s'explique, dont l'autre ne s'explique pas; la première est sous notre dépendance, nous en pouvons prendre entière possession en suivant notre méthode; pour l'autre, il n'est ni règle, ni méthode qui puisse nous en rendre maîtres, et l'on ne peut s'élever vers elle que sur les ailes de l'inspiration.

Vous le voyez, si haut que soit le point d'où nous prenons notre essor, il est encore des hauteurs au-dessus de lui, et que la plus intelligente application de la meilleure théorie ne saurait nous rendre accessibles ; elle peut donner le talent, mais non le génie, et le génie seul, dans le domaine des arts, s'empare des hauteurs et y établit son empire. Mais que serait le génie sans le talent ? — Poursuivons notre métaphore : un aigle aveugle, ayant des ailes pour voler, et s'égarant dans les ténèbres en cherchant le soleil.

Nous pensons, qu'après nos derniers mots, la crainte que nous vous avons manifestée peut se dissiper, et que, maintenant, nous pouvons sans nulle appréhension entrer dans notre sujet ; nous le pouvons d'autant plus facilement que du point élevé, bien qu'intermédiaire, où nous nous trouvons placés, nous le dominons et nous le voyons se dérouler à nos pieds, dans toute son étendue, comme une large voie frayée d'hier, ouverte aujourd'hui, peut-être fréquentée demain et que nous n'avons plus qu'à descendre.

Cependant, avant de nous laisser aller à sa douce pente, recueillons-nous bien, tâchons de ne rien oublier, pour n'être pas contraints à retourner sur nos pas, et à remonter péniblement le chemin que nous aurions trop aisément parcouru. Interrogeons-nous donc encore, redemandons-nous quel est notre but ? — C'est d'apprendre à peindre l'homme intellectuel et sentimental à l'aide de la parole et de la pantomime. Eh bien, raisonnablement, est-ce que nous espérerions obtenir ce difficile résultat, sans avoir cherché à nous rendre préalablement compte du merveilleux phénomène qui donne naissance à ces pensées et à ces sentiments ? Non.

Commençons cette étude.

Nous avons cinq sens. Les philosophes en admettent un sixième qu'ils nomment sens intime, et qui, disent-ils, ne tire sa manifestation que de lui-même. Nous l'admettons aussi, mais nous ne l'admettons que comme une conséquence de l'habitude prise par l'âme de se manifester sous l'empire des sens extérieurs. Ce n'est, en effet, qu'à un certain âge et que lorsque la mémoire commence à se peupler de souvenirs, que le sens intime se révèle; jusque-là, il n'existe pas. C'est, croyons-nous, un phénomène de mémoire, sous l'empire duquel l'âme réagit sur elle-même, et procède par induction, du vrai dont l'expérience lui a donné la connaissance, et du probable dont cette même expérience lui donne comme une prescience relative. Nous le considérons comme nous considérerions le président d'une cour composée de cinq juges, lequel, sourd à toutes les autres voix que les leurs, placé beaucoup au-dessus d'eux par une exquise nature, et pouvant seul leur donner une idée du bien et du mal, comme ils lui donnent seuls une idée des choses, des hommes et de la terre, ne connaîtrait des causes plaidées à son tribunal que ce que les cinq juges lui en feraient connaître. Au bout d'un certain temps et après de nombreuses causes jugées, il pourrait, sans nul doute, en supposer de vraisemblables et se prononcer sans erreur et raisonnablement à leur égard. Serait-il pour cela un juge comme les autres? — Non.

Nous ne croyons pas que l'homme dont aucun des cinq sens n'aurait fonctionné, pût avoir ce qu'on nomme le sens intime. Nous ne pensons pas même que le mot, sens, convienne au phénomène que nous venons de définir; ce mot devrait être réservé aux agents intermédiaires de l'extérieur à l'intérieur.

C'est de ces agents que nous allons nous occuper.

Nous distinguons l'homme extérieur et l'homme intérieur. Le premier est celui qui, d'abord, reçoit et transmet au second les sensations que produisent sur lui les êtres et les choses en sensibilisant sa vue, son ouïe, son odorat, son tact et son goût, et qui, ensuite, lui sert à se mettre en communication avec ses semblables par la parole et la pantomime.

De la sensation. Nous appelons sensation, toute rapide modification produite en nous par l'intermédiaire des sens. La sensation agit plus directement sur l'esprit que sur le cœur.

De l'impression. Quand la sensation se prolonge, nous la nommons impression. L'impression tient de ce que l'esprit a de prévoyance confuse et de ce que le cœur a de sensibilité soudaine et indéfinie.

De l'émotion. L'impression, à son tour, se transforme en émotion, lorsque le cœur participe à sa formation dans de plus grandes proportions que ne le fait l'esprit, et que le système nerveux en est visiblement et involontairement affecté.

Du sentiment. Tout grand sentiment sera précédé d'une vive impression, d'une profonde émotion et de réflexion.

Comme nous l'avons déjà dit, nous avons, pour mettre plus de clarté dans notre méthode, attribué au cœur seulement la faculté de sentir, et à l'esprit la faculté de comprendre ; l'un est le berceau des sentiments, l'autre le berceau des idées. Comme preuve justificative de cette double distinction, que nous établissons, il est à remarquer que : dans les grandes émotions qui donnent naissance aux sentiments soudains, irréfléchis, le cœur est profondément affecté, et qu'instinctivement on y porte la main comme pour en modérer, en comprimer les battements. Il est à remarquer encore qu'une émotion, alors qu'elle est extrême, nous ôte la voix, nous réduit au silence et ne nous laisse, pour se manifester à l'extérieur, que les quatre parties de l'action physique : les attitudes, les mouvements, les gestes et la physionomie. Notons bien cela.

De l'idée. Les sensations précèdent et produisent les idées. Nous pensons que c'est alors que l'âme, éclairée par l'expérience, qu'on appelle sens intime, se manifeste par la réflexion ou examen des idées ; à l'examen de chaque idée isolée succède une comparaison entre elles, c'est l'état délibérant, état plus ou moins embarrassant, qui précède le choix entre les idées comparées, et qui donne naissance à la résolution. (C'est cette situation de l'âme qui produit le monologue.) La résolution prise, si l'on veut en faire part à quelqu'un, autrement que par l'écriture, on aura recours à l'action orale, à la parole. Mais remarquons encore que si l'esprit est très-préoccupé, est vivement frappé de l'idée en question, la main se portera instinctivement au front, comme pour apaiser l'activité fiévreuse du cerveau. Notons bien cela aussi. A présent, si lorsqu'on veut faire connaître sa pensée, le mot que l'on désire employer ne vient pas naturellement à la bouche, n'y porte-t-on pas, instinctivement la main comme pour y chercher et en arracher ce mot qui ne s'y présente pas et dont on a besoin ?

Voilà trois gestes très-différents et parfaitement en rapport avec les trois actions qu'ils désignent. Ne justifient-ils pas nos divisions !

Ainsi, comme nous venons de le voir, l'idée pour se communiquer a recours à la parole, tandis que le sentiment, surtout quand il est vif, nous réduit au silence, nous ôte la voix et ne nous laisse pour se manifester à l'extérieur que l'action physique, la pantomime.

Mais c'est surtout dans les situations extrêmes de l'esprit et du cœur, des grandes convictions et des profonds sentiments, que ces deux vérités se manifestent avec une saisissante évidence.

Donc, dans leurs attributions extrêmes, et la parole et la pantomime ont leur rôle parfaitement distinct. Mais, hâtons-nous de dire que, cependant, la première a en elle des éléments d'expression qui peuvent servir à exprimer les sentiments, et qu'elle y parvient sans le secours de la seconde. De sorte que nous avons en nous deux moyens également exacts, également puissants pour rendre et pour exprimer.

On dirait que Dieu, en nous douant de ce double moyen de communication entre nous, a voulu nous pourvoir de ressources suffisantes pour nous permettre de suppléer, par ce double avantage, aux évanouissements éphémères ou persistants de la vue et de l'ouïe, les deux de nos cinq sens dont notre fragile nature est le plus ordinairement privée.

Prouvons ce que nous venons d'avancer ; commençon par l'action physique.

Les attitudes représentent parfaitement les différen états de l'âme ; les changements d'attitudes, les mouve ments du corps, annoncent les changements d'états d cette âme. La figure exprime la nature du sentiment, s' est gai ou triste. Lorsque les êtres ou les objets qui l causent sont devant nous, les gestes peuvent les indique et donner des idées de sympathie ou d'antipathie, d'attrac tion ou de répulsion qu'ils produisent en nous, mais il ne pourraient point faire comprendre les raisons acces soires ou principales de ces divers sentiments, ni le just degré de leur développement. C'est alors que l'admirabl langage inventé par l'abbé de l'Épée, qui consiste en mou vements faits avec les doigts désignant des lettres, vien ajouter le sens défini du mot au sens vague de l'expres sion, et donner une idée exacte et détaillée de la chos dont on n'avait avant qu'un sentiment confus. Eh ! ne nous y trompons point, la langue des muets, parlée comme ils la parlent, aidée comme ils l'aident sans cess de toutes les parties de l'action physique, est d'une expression bien saisissante, bien puissante ! Que serait à côté de la leur la pantomime d'une personne douée de la parole ? — Nous voyons chez eux la nature, inépuisable dans ses ressources, suppléer à un don absent par le développement d'un autre don, poussé si loin, que l'on pourrait douter de la possibilité de ce développement si l'on n'en avait tous les jours des preuves nombreuses et concluantes.

Une chose bien remarquable chez ceux qui ne par-

.ent point, c'est la précision de chaque expression de leurs traits, la rectitude de chaque geste ; tout est rapide, mais nettement et parfaitement accusé ; on sent qu'ils ont conscience de chaque contraction de la physionomie et de la nécessité de les bien séparer pour faire saisir sans confusion la nature des sentiments qui les animent, et dont ils veulent faire part ou qu'ils veulent communiquer.

Le parti merveilleux que la nécessité leur apprend à tirer de cette action est un utile enseignement pour ceux qui les ont observés, il doit les amener à en faire une étude plus approfondie que celle qu'on en fait en général. De quel moyen d'action irrésistible ne serait point doué un muet intelligent, qui, à un certain âge, à 25 ans supposons, par un de ces phénomènes de nature tout à fait imprévus, arriverait à posséder aussi bien la parole que la pantomime et qui saurait se servir des deux avec une égale habileté !

Si d'autre part, un jeune homme de 25 ans devenait complétement perclus de tous ses membres, au point de ne pouvoir pas changer d'attitude, faire le moindre geste, mais ayant conservé la parole, et ayant besoin de parler souvent, d'exprimer de nombreux sentiments, ne parviendrait-il pas à trouver dans sa voix des accents inconnus, que la nécessité de sa situation lui suggérerait? — Mais en raison de l'absence de cette nécessité, nous ne sommes point portés à tirer de la parole toutes les ressources d'expression qu'elle a en elle ; nous ne saurions trop nous persuader de cette vérité, ni trop nous appliquer à la démontrer par des preuves. Avis à

4

tous les interprètes de profession. Eh bien! les deux actions dont nous parlons devraient être étudiées au point d'arriver à les posséder toutes les deux, aussi bien que le muet possède la physique et que le jeune homme perclus que nous venons de supposer posséderait l'orale. Nous avons maintenant à prouver que cette dernière, quoique plus naturellement employée à rendre les idées, peut, sans le secours de l'action physique, arriver aussi à exprimer les sentiments. Pour cela rendons-nous un compte exact des parties qui la composent.

Elle se compose : de la voix, de l'articulation, du ton, des inflexions, de la prononciation et du mouvement. Qu'est-ce qu'il y a d'expressif en elle ? — Est-ce l'articulation ?—Non, l'articulation est intelligente, jamais expressive. C'est la voix. Mais, nous dira-t-on, peut-être, puisque sans voix il n'y a pas de parole, toute parole est donc expressive ? — Non, parce que toutes les voix ne le sont point. Il y a donc plusieurs sortes de voix? Oui, nous en reconnaissons trois. La voix du milieu, la voix basse et la voix haute. Chacune d'elles remplit un rôle différent dans le discours. C'est à bien reconnaître ces rôles que nous allons nous appliquer.

Ainsi nous faisons usage de la voix du milieu pour dire les choses simples, banales, pour le commerce ordinaire de la vie : nous la nommerons la *voix indifférente*.

Nous faisons usage de la voix haute, claire, vive, pénétrante, incisive, de tête, pour l'argumentation, la discussion, l'analyse, enfin toutes les fois que l'on tend à convaincre plus qu'à émouvoir : nous appellerons cette *voix argumentative.*

Nous faisons usage de la voix grave, vibrante, voilée, émue, toutes les fois que nous tenons plus à émouvoir qu'à convaincre ; nous appellerons cette voix *expressive.*

La voix haute sert donc à rendre les idées, la voix basse à exprimer les sentiments, et la voix du milieu à dire les choses indifférentes.

Mais est-ce assez, Messieurs, de vous dire une chose pour que vous soyez obligés d'y ajouter foi, surtout quand il s'agit de choses que nous posons en principes ? Nous ne saurions, en ce cas, trop vous convaincre, par des preuves, de la justesse de ce que nous avançons et que nous cherchons à établir.

Dans des questions de la nature de celles qui nous occupent, le meilleur moyen de prouver, c'est de juger par comparaison.

Nous avons trois preuves à donner, et nous sommes assez heureux pour trouver trois termes de comparaison très-distincts, dont deux occupent les deux extrémités opposées d'une ligne donnée, et dont l'autre occupe le centre ; chacun d'eux correspond donc parfaitement à chaque preuve que nous avons à fournir.

Quelles sont les trois expressions orales exprimant le plus exactement, d'abord, l'indifférence de l'âme, ensuite, un vif saisissement de l'esprit, et, enfin, une poignante torture du cœur ? Si nos principes sont justes, la voix doit être sans nuance pour peindre l'état d'indifférence ; elle doit être haute, claire, vive, incisive pour peindre le saisissement de l'esprit, et basse, vibrante ou voilée, émue, pour peindre la vive émotion du cœur.

La voix insipide que l'on produit dans le bâillement ; la stridence d'un rire éclatant, qui part comme une fusée quand l'esprit est frappé subitement d'une idée subtile et plaisante, et les sanglots étouffés, pressés et suffoquants lorsque le cœur est profondément affecté ne justifient-ils pas ce que nous établissons ? — Ces trois qualités de voix sont si caractéristiques qu'il suffit de les entendre pour juger de l'état de la personne qui les produit, sans avoir besoin de voir cette personne. Nous venons, pour rendre notre pensée plus saisissante, de chercher nos preuves dans trois points extrêmes.

Mais comme vous pourriez supposer que nous y avons eu recours faute de pouvoir, dans des points plus rapprochés, trouver une application de ce que nous affirmons, nous allons recourir à trois nouvelles démonstrations.

Commençons par la voix intermédiaire, nous pourrons ainsi passer à notre gré plus facilement aux deux autres et faire mieux ressortir les nuances qui les séparent.

Dans le commerce ordinaire de la vie, lorsqu'on n'agit que par habitude, par routine, lorsqu'on n'a à dire que des choses sans importance, banales, oiseuses, la voix n'est ni haute, ni claire, ni incisive, pas plus qu'elle n'est vibrante, voilée, émue, elle est indifférente. Nous allons faire usage de cette voix pour vous dire une ode de Metastasio (1), précisément intitulée la parfaite indifférence.

La parfaite indifférence.

Grâces à tes tromperies, Nicé, je respire. Les dieux ont eu pitié d'un malheureux. Enfin, mon âme se sent délivrée de ses liens. Pour cette fois ma liberté n'est plus un songe.

Mon ancienne ardeur est éteinte. Je suis si tranquille, que chez moi l'amour ne trouve point de dépit pour se masquer. Quand on prononce ton nom, Nicé, je ne change plus de visage ; et quand je te regarde, mon cœur n'est plus ému.

Je dors, et je dors sans te voir en songe. A mon réveil, tu n'es plus le premier objet de ma pensée. Je m'éloigne de toi sans désir de te revoir : je te revois sans plaisir et sans peine.

Je parle de tes charmes sans rien sentir. Je me rappelle tes injustices sans en être piqué. Tu t'approches de moi sans que j'en sois confus. Je puis, même avec mon rival, m'entretenir de ta beauté.

Regarde-moi d'un œil fier et dédaigneux ; parle-moi avec un air de bonté et de douceur : l'un et l'autre m'est égal. Ta bouche n'a plus d'empire sur mes sens, tes yeux ne savent plus le chemin de mon cœur.

Que je sois gai, que je sois triste, ma gaieté ou ma tristesse n'est plus ton ouvrage. Les bois, les collines, les prairies, me plaisent sans toi, et je m'ennuie avec toi dans un ennuyeux séjour.

Vois si je suis sincère. Tu me sembles encore belle, mais tu n'es plus pour moi une beauté sans pareille. Je vois même sur

(1) Célèbre poëte italien.

ton charmant visage (que le vrai ne t'offense point!) quelques défauts que je prenais pour des agréments.

Quand je brisai ma chaîne, je l'avoue à ma honte, je crus sentir mon cœur se briser : je crus que j'allais mourir. Mais pour sortir d'esclavage, pour n'être plus maltraité, pour devenir maître de son sort, que ne souffre-t-on pas ?

L'oiseau, pour se débarrasser des gluaux qui l'enchaînent, sacrifie quelques plumes. Il tarde peu à les recouvrer ; et, instruit par l'expérience, il ne tombe plus dans le piége.

Tu crois peut-être, Nicé, que je t'aime encore, parce que je dis souvent que je ne t'aime plus. Je parle suivant cet instinct naturel qui fait parler des dangers qu'on a courus.

Le guerrier raconte les actions périlleuses où il s'est trouvé ; il se plaît à faire voir ses cicatrices ; l'esclave devenu libre montre avec plaisir la chaîne barbare qu'il a portée.

Je parle donc, mais ce n'est que pour me satisfaire ; je parle sans me soucier que tu me croies, sans me soucier que tu m'approuves et sans m'informer si en parlant de moi tu es tranquille.

J'abandonne un cœur volage ; tu perds un cœur sincère. J'ignore qui de nous se doit consoler le premier ; mais je sais que Nicé ne trouvera jamais un *cœur* aussi fidèle et qu'il est aisé de trouver une *âme* aussi perfide (1).

Vous venez de l'entendre, dans ce petit chef-d'œuvre où l'indifférence est si admirablement rendue, pas une pensée vivement accusée, pas un sentiment n'est venu nous contraindre à changer de voix, et nous avons d'un bout à l'autre gardé celle du milieu. Poursuivons nos démonstrations pour les deux autres sortes de voix. Pour cela, figurons-nous une réunion de charmantes femmes,

(1) *Cœur* pour amant, *âme* pour maîtresse.

autant vaut les supposer charmantes, très-occupées à s'entretenir d'un grave sujet, de quoi, par exemple ?.. Voyons ?... —De quel grave sujet de charmantes femmes peuvent elles s'entretenir ?... — De toilette, — en est-il un de plus grave pour elles ? — Non, toutefois, cependant, s'il n'y a point auprès d'elles une douleur à soulager, un malheur à secourir ou des larmes à essuyer, car avant d'être la trop complaisante vassale de la mode, la femme est l'ange de la consolation, et ne nous plaignons même pas de cette aimable faiblesse que nous leur reprochons trop; elle fait l'agrément de nos yeux, et elle est sœur d'une autre faiblesse qui, lorsqu'elle nous est acquise, fait notre sublime force. Admettons donc que cette aimable réunion cause toilette. Le sujet est frivole, il tient plus de l'idée que du sentiment, de l'esprit que du cœur. Quelle est la voix dont elles feront usage ? La voix haute, claire, vive, de tête. En les écoutant, nous remarquerons que la voix montera en raison du degré de développement que prendra l'idée et de l'ardeur que chaque partie mettra à défendre la sienne. Si les autres ne pouvant résister au désir, au besoin de dire leur opinion, se mêlent à l'intéressant duo, il se changera bientôt en trio, en quatuor, et cela deviendra bientôt un concert des plus discordants de voix hautes, claires, glapissantes, perçantes, dans lequel il sera impossible de saisir une phrase, un mot. Mais supposons que dans ce moment, une dame amie de celles que nous entendons soit introduite auprès d'elles, et que depuis quelques jours seulement elle ait perdu ou une mère ou une fille; aussitôt, comprenant la douleur de la triste visiteuse et y compatissant, chacune de ces femmes prendra une voix grave, voilée, émue pour exprimer des sentiments de condoléance, et cette révolution s'opérera subitement, instinctivement, naturellement. Pourrait-on à cet égard avoir encore le moindre doute? Nous ne le pensons pas.

Mais nous devons ajouter que ce n'est pas seulement pour l'expression de la peine, de la douleur que l'on a recours à la voix basse, on y a encore recours poūr l'expression de tous les sentiments heureux ou malheureux. Ainsi en est-il un qui remplisse le cœur d'un bonheur plus grand que celui qui naît d'un amour heureux? Non. Eh bien! voulez-vous voir l'effet charmant que ferait la déclaration de Phèdre à Hippolyte faite avec la voix haute qui ne convient qu'aux idées? — Dire avec la voix de tête les vers suivants :

Oui, prince, je languis, je brûle pour Thésée!
Je l'aime ; *non point tel que l'ont vu les enfers,*
Volage adorateur de mille objets divers,
Qui va du dieu des morts déshonorer la couche;
Mais fidèle, mais *fier, et même un peu* farouche,
Charmant, jeune, traînant tous les cœurs après soi ;
Tel qu'on dépeint nos dieux, ou tel que je vous voi.
Il avait votre port, vos yeux, votre langage;
Cette noble pudeur colorait son visage,
Lorsque de notre Crète il traversa les flots,
Digne sujet des vœux des filles de Minos.
Que faisiez-vous alors? pourquoi, sans Hippolyte,
Des héros de la Grèce assembla-t-il l'élite?
Pourquoi, trop jeune encor, ne pûtes-vous alors
Entrer dans le vaisseau qui le mit sur nos bords!

Par vous aurait *péri* le monstre de la *Crète*,
Malgré tous les détours de sa vaste retraite :
Pour en développer l'embarras incertain,
Ma sœur du fil fatal eût armé votre main.
Mais non : dans ce dessein je l'aurais devancée;
L'amour m'en eût d'abord inspiré la pensée;
C'est moi, prince, c'est moi, dont l'utile secours
Vous eût du labyrinthe enseigné les détours.
Que de soins m'eût coûté cette tête charmante !
Un fil n'eût point assez rassuré votre amante :
Compagne du péril qu'il vous fallait chercher,
Moi-même, devant vous, j'aurais voulu marcher;
Et Phèdre, au labyrinthe avec vous descendue,
Se serait avec vous retrouvée ou perdue !

Redisons ces vers maintenant avec la voix grave, basse, vibrante ou voilée pour tous les mots qui ne sont point écrits en lettres italiques et avec une voix claire pour les mots écrits en ces caractères, et vous verrez si ce ne sont pas celles qui conviennent à ces magnifiques vers, des plus beaux de la langue française.

Nous venons de prouver que l'action physique et l'action orale peuvent se passer l'une de l'autre ; qu'elles peuvent à la rigueur se suffire ; que chacune d'elles a sa langue et son expression ; mais si elles ne se sont pas rigoureusement indispensables il ne s'ensuit pas qu'elles ne doivent point s'entr'aider et qu'elles doivent se manifester toujours isolément. C'est le contraire qui a lieu, et c'est de leur mutuel concours, mis au service de l'idée et du sentiment que résulte la grande puissance que nous sommes obligé de reconnaître à l'art de l'interprétation.

Comment en serait-il autrement? Est-ce que la pensée et l'émotion ne naissent pas presque simultanément en une même personne? — Est-ce que dans le morceau même que nous venons de dire, quoique le sentiment y submerge tout, en général, il n'y a pas quelques mots qui surnagent et qui exigent la voix haute, argumentative, parce qu'ils représentent une particularité qui tient plus de l'esprit que du cœur.

Ce mélange d'idées et de sentiments se présente chez tous les écrivains, mais bien plus chez les grands que chez les médiocres. Racine est admirable en cela. Corneille aussi, mais plus rarement que Racine; il lui arrive, en effet, quelquefois, de se débattre, impuissant, dans un même cercle d'idées sans pouvoir en sortir, mais aussi, lorsqu'il s'en échappe, lorsqu'il se sensibilise, lorsqu'il s'émeut, lorsque son cœur entre en collaboration avec son esprit, lorsqu'il lui monte à la tête, lorsqu'il se passionne, lorsqu'il se révolte; quand sa puissante imagination se manifeste et prend son essor, alors il s'élève à des hauteurs où il ne peut plus être suivi que par les subits élans d'admiration de son auditoire! Il est surtout une scène où la puissance du sentiment et la sublimité des idées se trouvent alliées si heureusement, que nous ne connaissons rien qui lui soit comparable. — C'est la scène de Rodrigue et de don Gormas, dans le *Cid*. Nous allons vous la dire : sans doute l'obligation où nous sommes de nous donner la réplique viendra mettre obstacle au mouvement précipité de la scène, mais elle est si belle que nous espérons que vous trouverez encore de quoi admirer.

Gormas est en scène; il s'est battu avec le père de Rodrigue pour lui avoir donné un soufflet; il l'a désarmé dans le duel ; Rodrigue veut tirer vengeance de ce double affront, et il cherche don Gormas partout; enfin il le rencontre; en l'apercevant, il contient un vif mouvement de colère mêlée de satisfaction, et il l'aborde en lui disant :

RODRIGUE.

A moi, comte : deux mots.

GORMAS.

Parle.

RODRIGUE.

Ote-moi d'un doute.
Connais-tu bien don Diègue ?

GORMAS.

Oui.

RODRIGUE.

Parlons bas; écoute.
Sais-tu que ce vieillard fut la même vertu,
La vaillance et l'honneur de son temps? Le sais-tu

GORMAS.

Peut-être.

RODRIGUE.

Cette ardeur que dans les yeux je porte,
Sais-tu que c'est son sang? Le sais-tu?

GORMAS.

Que m'importe?

RODRIGUE.

A quatre pas d'ici je te le fais savoir.

GORMAS.

Jeune présomptueux!

RODRIGUE.

Parle sans t'émouvoir.
Je suis jenue, il est vrai; mais aux âmes bien nées
La valeur n'attend pas le nombre des années.

GORMAS.

Te mesurer à moi! qui t'a rendu si vain,
Toi, qu'on n'a jamais vu les armes à la main?

RODRIGUE.

'Mes pareils à deux fois ne se font pas connaître,
Et pour leurs coups d'essai veulent des coups de maître.

GORMAS.

Sais-tu bien qui je suis?

RODRIGUE.

Oui, tout autre que moi
Au seul bruit de ton nom pourrait trembler d'effroi.
Les palmes dont je vois ta tête si couverte
Semblent porter écrit le destin de ma perte.
J'attaque en téméraire un bras toujours vainqueur ;
Mais j'aurai trop de force, ayant assez de cœur.
A qui venge son père il n'est rien d'impossible :
Ton bras est invaincu, mais n'est point invincible.

GORMAS.

Ce grand cœur qui paraît aux discours que tu tiens,
Par tes yeux, chaque jour, se découvrait aux miens ;
Et, croyant voir en toi l'honneur de la Castille,
Mon âme avec plaisir te destinait ma fille.
Je sais ta passion, et suis ravi de voir
Que tous ses mouvements cèdent à ton devoir ;
Qu'ils n'ont point affaibli cette ardeur magnanime ;
Que ta haute vertu répond à mon estime ;
Et que, voulant pour gendre un cavalier parfait,
Je ne me trompais point au choix que j'avais fait.
Mais je sens que pour toi ma pitié s'intéresse ;
J'admire ton courage, et je plains ta jeunesse.
Ne cherche point à faire un coup d'essai fatal ;
Dispense ma valeur d'un combat inégal ;
Trop peu d'honneur pour moi suivrait cette victoire :
A vaincre sans péril, on triomphe sans gloire.
On te croirait toujours abattu sans effort ;
Et j'aurais seulement le regret de ta mort.

RODRIGUE.

D'une indigne pitié ton audace est suivie
Qui m'ose ôter l'honneur craint de m'ôter la vie

GORMAS.

Retire-toi d'ici.

RODRIGUE.

Marchons sans discourir.

GORMAS.

Es-tu si las de vivre ?

RODRIGUE.

As-tu peur de mourir ?

GORMAS.

Viens, tu fais ton devoir; et le fils dégénère
Qui survit un moment à l'honneur de son père.

Quel mouvement! quelle ardeur! quelle vie dans cette admirable scène! quel mélange heureux de noble vaillance, de respect et d'amour filial, de colère contenue et de chevaleresque impatience de venger l'honneur de son père, de ce père, la terreur du Maure, le soutien du trône et la gloire de la fière Castille! Quel cœur! quelle âme étonnante que celle de ce jeune Rodrigue! Enfant ce matin, homme à présent, héros tout à l'heure! Et quel heureux rapprochement que la faiblesse du vieillard s'appuyant sur celle de l'adolescence et poussant au combat, peut-être à la mort, ce qu'il aime le plus en ce monde, pour venger son honneur, ce qu'il a de plus cher après Dieu. Et comme ce vaillant enfant, ce naissant héros justifie bien ce qu'il dit de lui-même :

Mes pareils à deux fois ne se font pas connaître,
Et pour leurs coups d'essai veulent des coups de maître!

En effet, comme sa provocation est nette, précise, laconique! comme il va droit au comte, comme il l'interroge bien! Quelle est belle cette simple interrogation, la première de toutes :

Connais-tu bien don Diègue?

Comme on sent qu'il est plein de la gloire de son père, qu'il l'aime, qu'il l'admire, le vénère! Et plus loin, comme il nous prouve qu'il puise dans cette affection une force toute-puissante, un courage irrésistible, quand il s'écrie :

A qui venge son père il n'est rien d'impossible,
Ton bras est invaincu mais n'est pas invincible.

On comprend avec quelle facilité il faut savoir se servir de sa voix pour en tirer tous les accents, toutes les expressions que cette sublime association d'idées si élevées et de si généreux sentiments exige de la part de l'interprète; la voix indifférente n'a rien à faire dans cette scène, et toutes les notes de l'argumentation et de l'expression doivent tour à tour se faire entendre et s'entr'aider pour arriver à porter dans l'âme de l'auditoire l'émotion admirative que ces superbes vers, bien dits, doivent provoquer en elle.

Messieurs, un grand prosateur, un admirable poëte, un de nos orateurs aux sublimes inspirations; aussi merveilleusement doué de Dieu que gâté des hommes et qui heureusement servi par les circonstances, a pu s'enivrer de tous les succès, qui a goûté de toutes les gloires, qui a le cœur qui sent, la tête qui pense et le génie qui plane, Lamartine en un mot, a écrit à l'occasion d'*Athalie* :

« *On est fier d'être de la nation qui parle la langue dans* « *laquelle Athalie est écrite.* » Ah! oui, sans doute, *Athalie* est un des chefs-d'œuvre de l'esprit humain ; le souffle puissant qui anime le poëme de l'humanité, le souffle biblique, vivifie ce merveilleux ouvrage, dans lequel tout est calme, large, immense ; dans lequel la parole prophétique des Isaïe et des Moïse vient se mêler aux sublimes accents de Joad ; et où les deux grands et rivaux pouvoirs de la tiare et de la couronne, éternellement en lutte depuis que le monde est monde, se heurtent si terriblement ! Mais ces grands événements se passent un peu au-dessus de nos têtes, en dehors de notre cercle d'action, d'existence, de but, et nous intéressent moins que des événements plus simples, plus à notre portée plus humains ; plus humains ! surtout, voilà le mot ! Et c'est ce que je trouve en mon vieux Corneille, en mon grand Corneille! car on ne vieillit pas quand on est immortel ! et il l'est, lui ! Dites-nous si la scène du *Cid* est vieille ! y a-t-il rien de nouveau, de né d'hier, qui soit plus jeune, plus vert, plus prime-sautier et plus savant à la fois ? On dirait qu'une âme déjà vieille de gloire anime ce jeune corps. Ah ! Messieurs, mon vieux Corneille ! Mais non, non encore, il n'est pas vieux, il ne l'a jamais été, il n'a jamais pu l'être celui qui a fait dire à l'Amour, parlant à Psyché, joué par une charmante femme qu'aimait notre grand tragique :

Vous ne me donnez pas, Psyché, toute votre âme.
Ce tendre souvenir d'un père et de deux sœurs
Me vole une part des douceurs
Que je veux toutes pour ma flamme.
N'ayez d'yeux que pour moi qui n'en ai que pour vous;
Ne songez qu'à m'aimer, ne songez qu'à me plaire.
Et quand de tels soucis viennent vous en distraire.....

PSYCHÉ.

Des tendresses du sang peut-on être jaloux?

L'AMOUR.

Je le suis, ma Psyché, de toute la nature.
Les rayons du soleil vous baisent trop souvent :
Vos cheveux souffrent trop les caresses du vent;
Dès qu'il les flatte j'en murmure :
L'air même que vous respirez,
Avec trop de plaisir passe par votre bouche :
Votre habit de trop près vous touche;
Et sitôt que vous soupirez,
Je ne sais quoi qui m'effarouche
Craint parmi vos soupirs des soupirs égarés!

Ne dirait-on pas que ces vers naissent en même temps qu'on les dit? — ils se sont pourtant échappés de la poitrine d'un vieillard. Oh! si jamais aucune preuve est venue appuyer de son irréfragable évidence cette grande et triste vérité : « Le cœur ne vieillit pas, » c'est bien assurément les vers que nous venons de citer; et, bien que ce soit l'Amour, un dieu, qui parle, voyez comme le grand poëte l'humanise et le fait parler en homme! Corneille est penseur, il est poëte, il est père, il est amant quand il veut, et quand il est ce qu'il veut et tout ce qu'il peut être, personne ne l'est au même degré que lui. Ah! oui, l'on a le droit de se montrer fier d'être de la nation qui parle la langue dans laquelle *Athalie* est écrite. Mais l'on n'a pas moins de droit de se montrer justement orgueilleux d'être un enfant de la grande nation qui parmi tant d'autres grands hommes, la gloire de l'humanité, a vu naître l'immortel auteur du *Cid*, des *Horaces*, de *Cinna* et de *Polyeute!* — Oui, oui, gloire à Corneille, au véritable créateur du théâtre français comique et tragique! car *le Menteur*, qui est aussi un chef-d'œuvre, a précédé de onze années *l'Étourdi*, la première des pièces de Molière, par ordre chronologique; l'une, *le Menteur*, fut représentée à Paris en 1642, l'autre fut représentée à Lyon en 1653, et à Paris en 1658, le 3 novembre. Ces dates ont leur signification.

QUATRIÈME ENTRETIEN.

DES TEMPÉRAMENTS, DE LA PERFECTIBILITÉ DES SENS. DÉMONSTRATIONS SUR LE MYSANTHROPE ET SUR ANDROMAQUE. DÉFINITION DE L'ART EN GÉNÉRAL.

MESDAMES ET MESSIEURS,

Nous ne voudrions point lasser votre bienveillante attention par de fastidieuses répétitions, mais nous ne voudrions point, non plus, qu'une trop grande réserve à cet égard nous exposât à n'être pas exactement compris, ce qui arriverait si votre souvenir des dernières choses dont nous nous sommes entrenus, un peu affaibli par les huit jours qui nous séparent de notre dernière séance, ne vous permettait pas de saisir le lien naturel qui unit ce que nous avons déjà dit à ce que nous allons dire.

Permettez-nous donc de jeter un rapide coup d'œil, à vol d'oiseau, sur la partie de notre art dont nous nous sommes occupés la dernière fois que nous nous sommes réunis.

Nous avons parlé des sens, des sensations qui donnent naissance aux idées, des impressions et des émotions qui produisent les sentiments. Nous avons reconnu que l'action orale est plus spécialement destinée à rendre les idées, et que la physique est naturellement affectée à l'expression des sentiments; que, cependant, chacune d'elles peut se passer du secours de l'autre pour tout interpréter, et nous avons dit ce qu'elles ont d'intelligent et d'expressif. Enfin, nous avons reconnu que, bien qu'elles puissent se suffire isolément, elles se prêtent constamment un précieux concours, et que leur action collective est surtout indispensable pour l'interprétation des œuvres de nos grands auteurs, et que, pour cette raison, il faut parfaitement les posséder et les étudier isolément toutes deux ; nous en avons commencé l'étude.

A l'occasion de l'action orale, et après vous avoir parlé de la voix et des trois divisions que nous en avons faites, il semble conséquent que nous nous entretenions de l'*articulation*, ce nerf de la parole; de la *prononciation*, qui en est la grâce et la poésie; des *inflexions*, qui sont au débit ce que les airs sont au chant ; du *ton*, qui est inhérent au genre, et du *mouvement*, qui est à la diction ce qu'il est au corps, la manifestation de la vie. Cependant, ce n'est point ce que nous allons faire, et nous ne vous dirons de chacune de ces parties que ce que nous jugerons indispensable d'en dire pour l'intelligence de l'objet particulier qui nous occupe en ce moment. Pourquoi cela? C'est que nous ne nous occupons que de l'homme intellectuel et sentimental, et de ce qu'il y a en nous d'essentiellement naturel pour interpréter cet homme sans le secours de l'art. Ainsi, l'action physique et la voix non articulée, mais accentuée par les inflexions et mouvementée, sont les moyens naturels à l'homme pour se mettre en communication avec son semblable. L'articulation, le ton, la prononciation, sont des conventions humaines qui varient selon les nations et de province à province. Plus tard, nous en viendrons à ces conventions; procédons par ordre.

Ce que nous vous disons de la voix, des inflexions et de leur mouvement, et qu'avec elles on peut exprimer tous les sentiments sans le secours du mot, doit vous être démontré. Nous allons essayer de le faire en mettant une consonne devant chaque voyelle. En agissant ainsi, nous agirons à la manière des chanteurs qui, lorsqu'ils ont oublié les paroles d'une romance et qu'ils en cherchent l'air, le cherchent en articulant sur des notes de musique n'importe quelles syllabes. Nous allons exprimer la colère en disant *Pâ, pa, pe, pé, pè, pê, pi, po, pô, pu, pou, pan, pon, pin, pun*. Nous allons exprimer l'affabilité en articulant *Bâ, ba, be, bé, bè, bê, bi, bo, bô, bu, bou, ban, bon, bin, bun*. Nous exprimerons la joie avec *Mâ, ma, me, mé, mè, mê, mi, mo, mô, mu, mou, man, mon, min, mun*. Par opposition nous exprimerons la tristesse avec *Fâ, fa, fe, fé, fè, fê, fi, fo, fô, fu, fou, fan, fon, fin, fun*, etc., etc.

Vous le voyez, le sens du mot n'aurait rien ajouté à l'expression des sentiments que nous venons d'exprimer; il en aurait fait connaître la cause, et aurait indiqué les personnes qui auraient pu en être l'objet, voilà tout.

Il est une observation faite en dehors de notre humanité qui trouve ici sa place; elle confirme ce que nous avançons.

Puisque nous disons que le mot n'ajoute nulle expression à la voix, qu'il n'y a en elle que certains accents qui soient expressifs, tous les animaux doivent avoir des accents pour exprimer ce qu'ils éprouvent de manière à ce que nous ne puissions pas nous méprendre sur la nature de leur expression ; il en est en effet ainsi.

Qui de vous, Mesdames, et de vous, Messieurs, n'a pas entendu une dispute de petits moineaux et n'a pas suivi, dans la nature de leurs cris, sans s'y méprendre, le mouvement ascendant ou descendant de leur colère? Qui est-ce qui ne reconnaîtrait, à l'aboiement d'un chien, si le danger est ou non pressant ? et qui pourrait confondre son aboiement d'alarme avec celui de sa joie ? — Encore une observation en dehors de notre nature pour prouver que la voix grave, vibrante et voilée sert à exprimer les sentiments.

Quel est l'oiseau que nous avons choisi comme emblème de la douceur, de l'amour, de tous les sentiments tendres et qui n'en inspire point d'autres? N'est-ce pas la tourterelle? Son doux roucoulement n'est-il pas grave, vibrant et voilé? et n'inspire-t-il pas autant de suaves sentiments, que les cris glapissants ou rauques de tous les oiseaux de proie inspirent de crainte et rappellent de cruauté? Y a-t-il rien de plus discordant à entendre que les cris étranges et sauvages d'une dispute de geais?

Dans les différentes applications que nous venons de faire devant vous de notre théorie, ou dans ceux de vos souvenirs que nous venons d'éveiller en vous, qu'est-ce qui, avec les voix, les inflexions et les cris, a le plus contribué à l'expression ? — C'est le mouvement. Il est dans la diction, la manifestation de la vie intellectuelle, comme il est au corps la manifestation de la vie physique. Que serait-ce, en effet, qu'une diction lente, uniforme, régulière? Elle exprimerait un état, mais non les différents états de l'âme.

Donc, le mouvement est une des parties essentielles de la parole, et celle-ci étant la représentation des idées, il faut que son mouvement soit toujours en harmonie avec leur mouvement propre, cela est rationnel. Mais les idées étant le résultat ou du sens intime ou de sensations et d'impressions produites en nous par la sensibilisation des sens extérieurs, nous tirons cette conséquence : que plus les sens sont en rapport avec de différents objets, plus de fois ils sont sensibilisés, et que, plus ils sont sensibilisés, plus il y a de sensations perçues, par suite, plus d'idées conçues et de mouvement dans ces idées. C'est, en effet, ce qui arrive. Prenons un enfant qui a encore peu d'idées ; menons-le chez Giroux, à l'époque du premier de l'an; chaque objet nouveau qui frappera sa vue lui causera une sensation qui demandera à devenir idée ; mais l'enfant, ne pouvant pas la concevoir seul interrogera, interrogera de nouveau et coup sur coup, sans laisser le temps de répondre, tant il sera subitement et fréquemment sensibilisé ; enfin, fatigué d'interroger et pressé de céder à ses sensations qui se renouvellent sans cesse, il finira par ne plus pousser que des cris de surprise et d'admiration.

Nous venons de dire que l'enfant interrogera coup sur coup, pourquoi cela? C'est que tout est en parfait équilibre dans la même personne, et que des interrogations ne sauraient être que vives, précipitées, si les sensations qui leur ont donné naissance résultent de sensibilisations précipitées des sens extérieurs.

Mais dès que nous admettons que les sensibilisations peuvent être vives, nous admettons qu'elles peuvent ne pas l'être. Pourrait-il en être ainsi? Sans aucun doute. A quoi peut tenir cette différence? — Au tempérament; oui, au tempérament.

Nous touchons à la fibre la plus délicate de notre sujet, à la première cause matérielle de laquelle nous déduisons tout ce que nous avons à dire ; en effet, le tempérament joue le principal rôle dans notre art. Comment? — C'est qu'en raison du tempérament, les sens sont plus ou moins délicats, par conséquent plus ou moins sensibilisables et susceptibles de nous transmettre des sensations rapides ou lentes, éphémères ou durables, profondes ou superficielles, lesquelles doivent naturellement produire des idées plus ou moins soudaines, persistantes ou légères et exiger une interprétation relative.

Donc, et vous pouvez juger de la justesse de notre point de départ, la première chose de laquelle doit se préoccuper la personne qui veut se faire l'interprète d'une autre, c'est de se rendre bien compte de son tempérament; puisque les cinq actions : sensuelle, morale, sentimentale, orale et physique dépendent de lui seul. Cela établi, cherchons à connaître les différents tempéraments, et leurs différences d'effets en nous. C'est ce que nous allons faire.

Il existe quatre tempéraments primitifs : le bilieux, le nerveux, le lymphatique et le sanguin. Mais, comme les sept couleurs primitives que nous trouvons dans l'arc-en-ciel, et qui mêlées ensemble servent à former ces couleurs sans nom et sans nombre, dont les Delacroix, les Paul Véronèse et les Rubens ont si parfaitement possédé le merveilleux secret, secret qui est à la peinture ce que le sentiment est à la poésie, tandis que le dessin est à l'une ce que la versification est à l'autre; comme les sept couleurs primitives, disons-nous, les quatre tempéraments types, combinés ensemble, finissent par former un grand nombre de tempéraments sans nom. Cependant, avec un peu d'expérience, on sait découvrir celui qui domine en une personne, comme dans une couleur non primitive un œil exercé sait découvrir celle qui lui sert de base. Or, au fond de toute personnalité, il faut savoir découvrir le tempérament type, et tenir compte des modifications qu'il peut avoir subies par une foule de causes; car, non-seulement son influence se fait sentir sur les cinq actions en général, mais sur toutes leurs parties. En voulez-vous des preuves? Oui, sans doute, et n'en voudriez-vous pas, que nous tiendrions à vous en donner; parce que nous n'hésitons pas à choisir entre la conviction qui naît d'une démonstration et celle qui naît d'une affirmation. L'une peut être aisément ébranlée, l'autre reste inébranlable, et cette dernière est la seule que nous ayons toujours cherché à vous donner.

Nous ne chercherons pas dans l'histoire quatre personnalités, représentant les quatre tempéraments types qu existent dans la nature. Parce que, en supposant que nous les y trouvassions, la distance qui pourrait les séparer dans le passé aurait le désagrément d'en rendre les rapprochements difficiles ou peu saisissants. Il vaut mieux chercher dans les œuvres créées par le génie humain les quatre types que nous voulons définir.

Dans une œuvre bien faite, nous devons en trouver au moins deux, afin que de leur opposition résultent ces chocs qui font la vie dans le monde de convention de la scène. C'est dans la comédie de caractère que nous allons les chercher, si nous ne les trouvons pas là, où les trouverons-nous? Mais qui, dans ce domaine de l'imagination a poussé l'habileté, le génie de la création et des contrastes plus loin que tous les autres? — N'est-ce pas Molière? — Si. C'est donc en lui que nous allons chercher. Selon nous, le plus accompli de ses chefs-d'œuvre est *le Misanthrope.* C'est en lui aussi que nous trouverons les quatre types. Distinguons-les, et voyons si, une fois que nous les aurons distingués, ils répondront à ce que nous désirons.

Quatre personnes occupent le premier plan dans cette œuvre admirable : Alceste, Philinte, Célimène et Arsinoé. Nous avons quatre tempéraments : le nerveux, ordinairement acariâtre, quinteux, envieux, jaloux, inquiet, irascible; est-ce qu'Arsinoé ne représente point ce tempérament?

Est-ce que Célimène n'est point le type du tempérament sanguin, qui fait le fond des caractères futiles, superficiels, orgueilleux, inconstants, qui s'attachent plutôt aux apparences qu'aux choses et qui, chez la femme, est une des causes naturelles de la coquetterie active et inquiète?

Philinte n'est-il pas le type du tempérament lymphatique par excellence? tempérament qui crée les caractères... ou plutôt qui n'est au fond d'aucun caractère, car le propre des personnes lymphatiques est de ne point en avoir. Incapables par nature de réagir sur elles-mêmes, et contre les autres, elles mènent une existence passive, pleine de soumission aux choses ordinaires, ne se préoccupant que de leur satisfaction ; elles ne sont jamais que le tranquille reflet du milieu dans lequel elles sont nées et dans lequel elles ont vécu. Ce sont ces tempéraments qui forment les coquettes passives, les plus aimables égoïstes ; mais s'il s'y mêle un peu de nerf, adieu l'amabilité, il n'y reste plus que l'égoïsme avec toutes les laideurs de la jalousie, de l'envie et de l'irritabilité. Tout individu complétement lymphatique est un être mort-né à tous les grands mobiles de l'humanité ; jamais il ne s'élèvera jusqu'aux grandes pensées, aux grands sentiments et aux actes surprenants qui font les philosophes, les artistes et les héros. Dans quelque situation que Philinte fût né et eût vécu, il n'aurait jamais été qu'un homme passif, épouvanté à l'idée de la lutte, de l'agression ; Célimène, jeune et belle, n'aurait été qu'une coquette, et Arsinoé, beauté rassise, n'eût pas été autre que ce qu'elle est dans *le Misanthrope*, qu'une ennuyeuse et méchante pie-grièche, jalouse et envieuse de toutes les jeunes et jolies femmes, et irritée contre tout le monde, contre elle-même de ses trop nombreux et trop visibles printemps.

Quant à Alceste, tempérament bilieux, qui oserait contester que son courage d'opinion, qui amène le courage des faits, que son exquise sensibilité, que sa délicatesse de sentiment, que la sincérité et la profondeur de ses émotions, sa justesse de vue, l'élévation de son esprit, ne le prédisposassent aux plus grandes choses avec l'éducation, comme aux plus déplorables sans elle ?

A quoi tient donc la différence que nous venons de remarquer entre ces quatre personnalités? Ne tient-elle pas au tempérament? Est-ce que pour les représenter tous les quatre on aurait recours à la même voix, au même degré d'articulation, aux mêmes inflexions, au même ton, aux mêmes mouvements? — Non. S'il en était ainsi, qui les distinguerait?

C'est à l'ignorance de l'influence qu'exerce cette cause première sur toute l'organisation, et par suite de l'habitude que l'on a de ne point s'en occuper, qu'il faut attribuer les erreurs d'interprétation dans lesquelles tombent un si grand nombre d'interprètes de profession; ils ne pensent point à tracer des caractères, à nous montrer des types. Nous voyons parfois donner de la profondeur à un rôle essentiellement sanguin, de la légèreté à un personnage bilieux, et nous avons vu interpréter Philinte avec une véhémence d'action et de parole propre essentiellement à Alceste, tandis que, par opposition, Alceste était d'une tranquille philosophie, caractère distinctif de Philinte.

Est-il supposable que si un art, basé sur des observations incontestables, comme celles dont nous vous faisons part, eût existé, et s'il eût été connue des interprètes dont nous parlons, ils auraient pu tomber dans l'erreur que nous vous signalons?

Ainsi, quelle est celle de vous, Mesdames, quel est celui de vous, Messieurs, qui, maintenant, ne comprenne point parfaitement la nature des deux actions orale et physique qui conviennent à chacun des types dont nous nous entretenons. Recourons à une démonstration. Nous allons faire parler Alceste et Philinte, deux de nos types opposés.

PHILINTE.

Mais, quand on est du monde, il faut bien que l'on rende
Quelques dehors civils que l'usage demande.

ALCESTE.

Non, vous dis-je ; on devrait châtier sans pitié,
Ce commerce honteux de semblant d'amitié.
Je veux que l'on soit homme, et qu'en toute rencontre,
Le fond de notre cœur dans nos discours se montre,
Que ce soit lui qui parle, et que nos sentiments
Ne se masquent jamais sous de vains compliments.

PHILINTE.

Il est bien des endroits où la pleine franchise
Deviendrait ridicule, et serait peu permise ;
Et parfois, n'en déplaise à votre austère honneur,
Il est bon de cacher ce qu'on a dans le cœur.
Serait-il à propos, et de la bienséance,
De dire à mille gens tout ce que d'eux on pense ?
Et quand on a quelqu'un qu'on hait ou qui déplaît,
Lui doit-on déclarer la chose comme elle est ?

ALCESTE.

Oui.

PHILINTE.

Quoi ! vous iriez dire à la vieille Émilie,
Qu'à son âge il sied mal de faire la jolie,
Et que le blanc qu'elle a scandalise chacun ?

ALCESTE.

Sans doute.

PHILINTE.

A Dorilas, qu'il est trop importun ;
Et qu'il n'est, à la cour, oreille qu'il ne lasse
A conter sa bravoure et l'éclat de sa race ?

ALCESTE.

Fort bien.

PHILINTE.

Vous vous moquez ?

ALCESTE.

Je ne me moque point,
Et je vais n'épargner personne sur ce point.
Mes yeux sont trop blessés, et la cour et la ville
Ne m'offrent rien qu'objets à m'échauffer la bile ;
J'entre en une humeur noire, en un chagrin profond,
Quand je vois vivre entre eux les hommes comme ils font.
Je ne trouve partout que lâche flatterie,
Qu'injustice, intérêt, trahison, fourberie ;
Je n'y puis plus tenir, j'enrage ; et mon dessein
Est de rompre en visière avec le genre humain.

PHILINTE.

Ce chagrin philosophe est un peu trop sauvage.
Je ris des noirs accès où je vous envisage,
Et crois voir entre nous deux, sous mêmes soins nourris

Les deux frères que peint l'École des Maris,
Dont...

ALCESTE.

Mon Dieu ! laissons là vos comparaisons fades.

PHILINTE.

Non : tout de bon, quittez toutes ces incartades.
Le monde par vos soins ne se changera pas :
Et, puisque la franchise a pour vous tant d'appas,
Je vous dirai, tout franc, que cette maladie,
Partout où vous allez, donne la comédie ;
Et qu'un si grand courroux contre les mœurs du temps,
Vous tourne en ridicule auprès de bien des gens.

ALCESTE.

Tant mieux, morbleu ! tant mieux, c'est ce que je demande :
Ce m'est un fort bon signe, et ma joie en est grande.
Tous les hommes me sont à tel point odieux,
Que je serais fâché d'être sage à leurs yeux.

PHILINTE.

Vous voulez un grand mal à la nature humaine !

ALCESTE.

Oui, j'ai conçu pour elle une effroyable haine.

PHILINTE.

Tous les pauvres mortels, sans nulle exception,
Seront enveloppés dans cette aversion
Encore en est-il bien, dans le siècle où nous sommes...

ALCESTE.

Non, elle est générale, et je hais tous les hommes :
Les uns, parce qu'ils sont méchants et malfaisants,
Et les autres, pour être aux méchants complaisants,
Et n'avoir point pour eux ces haines vigoureuses
Que doit donner le vice aux âmes vertueuses.
De cette complaisance on voit l'injuste excès
Pour le franc scélérat avec qui j'ai procès.
Au travers de son masque on voit à plein le traître ;
Partout il est connu pour tout ce qu'il peut être ;
Et ses roulements d'yeux, et son ton radouci,
N'imposent qu'à des gens qui ne sont point d'ici.
On sait que ce pied-plat, digne qu'on le confonde,
Par de sales emplois s'est poussé dans le monde,
Et que par eux son sort, de splendeur revêtu,
Fait gronder le mérite et rougir la vertu...
Quelques titres honteux qu'en tout lieux on lui donne,
Son misérable honneur ne voit pour lui personne!
Nommez-le fourbe, infâme et scélérat maudit,
Tout le monde en convient, et nul n'y contredit;
Cependant sa grimace est partout bien venue,
On l'accueille, on lui rit, partout il s'insinue;
Et s'il est, par la brigue, un rang à disputer,
Sur le plus honnête homme on le voit l'emporter.
Têtebleu ! ce me sont de mortelles blessures,
De voir qu'avec le vice on garde des mesures;
Et parfois il me prend des mouvements soudains
De fuir dans un désert l'approche des humains.

PHILINTE.

Mon Dieu ! des mœurs du temps mettons-nous moins en peine,
Et faisons un peu grâce à la nature humaine ;

Ne l'examinons point dans la grande rigueur,
Et voyons ses défauts avec plus de douceur.
Il faut parmi le monde une vertu traitable;
A force de sagesse on peut être blâmable;
La parfaite raison fuit toute extrémité,
Et veut que l'on soit sage avec sobriété.
Cette grande roideur des vertus des vieux âges
Heurte trop notre siècle et les communs usages;
Elle veut aux mortels trop de perfection:
Il faut fléchir au temps sans obstination;
Et c'est une folie à nulle autre seconde,
De vouloir se mêler de corriger le monde.
J'observe, comme vous, cent choses tous les jours,
Qui pourraient mieux aller, prenant un autre cours;
Mais, quoi qu'à chaque pas je puisse voir paraître,
En courroux, comme vous, on ne me voit point être;
Je prends tout doucement les hommes comme ils sont,
J'accoutume mon âme à souffrir ce qu'ils font;
Et je crois qu'à la cour, de même qu'à la ville,
Mon flegme est philosophe autant que votre bile.

ALCESTE.

Mais ce flegme, monsieur, qui raisonnez si bien,
Ce flegme pourra-t-il ne s'échauffer de rien?
Et s'il faut, par hasard, qu'un ami vous trahisse,
Que pour avoir vos biens on dresse un artifice,
Ou qu'on tâche à semer de méchants bruits de vous,
Verrez-vous tout cela sans vous mettre en courroux?

PHILINTE.

Oui, je vois ces défauts, dont votre âme murmure,
Comme vices unis à l'humaine nature;

Et mon esprit, enfin, n'est pas plus offensé
De voir un homme fourbe, injuste, intéressé,
Que de voir des vautours affamés de carnage,
Des singes malfaisants, et des loups pleins de rage.

ALCESTE.

Je me verrai trahir, mettre en pièces, voler,
Sans que je sois.... Morbleu ! je ne veux point parler,
Tant ce raisonnement est plein d'impertinence !

PHILINTE.

Ma foi, vous feriez mieux de garder le silence.
Contre votre partie éclater un peu moins,
Et donner au procès une part de vos soins.

ALCESTE.

Je n'en donnerai point, c'est une chose dite.

PHILINTE.

Mais qui voulez-vous donc qui pour vous sollicite ?

ALCESTE.

Qui je veux ? La raison, mon bon droit, l'équité.

PHILINTE.

Aucun juge par vous ne sera visité ?

ALCESTE.

Non. Est-ce que ma cause est injuste ou douteuse ?

PHILINTE.

J'en demeure d'accord ; mais la brigue est fâcheuse,
Et.....

ALCESTE.

Non. J'ai résolu de n'en pas faire un pas.
J'ai tort, ou j'ai raison.

PHILINTE.

Ne vous y fiez pas.

ALCESTE.

Je ne remuerai point.

PHILINTE.

Votre partie est forte,
Et peut, par sa cabale, entraîner.....

ALCESTE.

Il n'importe !

PHILINTE.

Vous vous tromperez.

ALCESTE.

Soit. J'en veux voir le succès.

PHILINTE.

Mais.....

ALCESTE

J'aurai le plaisir de perdre mon procès.

PHILINTE.

Mais enfin.....

ALCESTE.

Je verrai dans cette plaiderie
Si les hommes auront assez d'effronterie,
Seront assez méchants, scélérats et pervers,
Pour me faire injustice aux yeux de l'univers.

PHILINTE.

Quel homme!

ALCESTE.

Je voudrais, m'en coûtât-il grand'chose,
Pour la beauté du fait, avoir perdu ma cause.

PHILINTE.

On se rirait de vous, Alceste, tout de bon,
Si l'on vous entendait parler de la façon.

ALCESTE.

Tant pis pour qui rirait.

Nous venons de vous en faire juges, est-ce qu'il est possible de faire ressortir, mieux que Molière ne l'a fait, dans l'admirable scène que nous venons de vous dire, les oppositions de caractères nées de deux tempéraments contraires? et n'avons-nous pas été contraint à nous conformer aux conséquences de ces deux tempéraments dans toutes les parties de l'action orale et de l'action physique? — Nous pourrions prolonger nos démonstrations en vous disant la scène d'Arsinoé et de Célimène. Mais comme elle n'aurait d'autre résultat que de confirmer notre affirmation, et que cette confirmation nous paraît suffisamment ressortir des vers que vous venez d'entendre, nous passons outre.

Nous venons de nous rendre un compte exact de l'influence d'un tempérament sur un caractère et par suite sur l'interprétation.

Mais est-ce que les tempéraments ne sont pas susceptibles de modification? Et, à défaut de leur modification, les sens ne sont-ils pas perfectibles ? — Ils le sont incroyablement.

Ainsi, l'exercice constant de la vue chez les peintres, qui cherchent à bien voir pour reproduire exactement, leur permet de découvrir, dans une figure, des traits ou des expressions que des yeux moins exercés que les leurs n'y verraient point.

L'odorat, chez les parfumeurs, sert plus sûrement qu'une étiquette, qui pourrait être collée par erreur sur un flacon plutôt que sur un autre, à reconnaître les essences qu'ils vendent.

Le tact acquiert une telle sûreté et une telle soudaineté de sensibilité, chez les aveugles, qu'il remplace leurs yeux, pour tout ce qui est à la portée de leurs mains, et qu'il leur permet de lire couramment des livres à caractères en relief.

Le goût devient infaillible, à ce point qu'il y a des arbitres dégustateurs qui reconnaissent parfaitement, non-seulement les crus des vins, mais les années où ils ont été faits.

La délicatesse de l'ouïe devient extrême chez les musiciens, en général, chez les chefs d'orchestre en particulier. Voici même un fait qui se constate, mais qui ne se définit pas et qui semble incroyable.

M. Habnech, musicien de grand talent, a été longtemps chef d'orchestre à l'Opéra. Vers la fin de sa carrière, il était devenu sourd au point qu'il n'aurait point entendu, à côté de lui, la détonation d'une arme à feu. Eh bien! placé à la tête de son célèbre orchestre, la moindre fausse note, échappée à l'un de ses brillants musiciens, ne lui échappait point et l'impressionnait vivement.

Ce fait remarquable rentre dans notre sujet. Il prouve à quel point un sens, en dépit du tempérament, est susceptible de se développer par l'exercice; nous le voyons, dans l'exemple que nous venons de citer, se survivre presque à lui-même et finir par faire tourner au bénéfice d'une attribution unique ce qu'il y avait en lui d'attributions diverses.

Admettons, à présent, une personne ayant chacun de ses sens aussi développé que la vue du peintre, l'odorat du parfumeur, le goût du dégustateur, le tact de l'aveugle et l'ouïe de M. Habnech; n'est-il pas raisonnable de croire que leur délicatesse les dispose à être sensibilisés par les êtres et les choses beaucoup plus vivement, plus profondément que ne le seraient des sens ordinaires? Cela admis, et nous ne le croyons point contestable, pouvons-nous douter que les sensations et les impressions qu'ils transmettront à l'esprit et au cœur ne donnent naissance à des idées et à des sentiments d'un ordre plus relevé que ceux qui naîtraient de la sensibilisation de sens non exercés?

Nous ne pouvons point avoir le moindre doute à cet égard.

Quelles conséquences devons-nous tirer pour notre art de ces réflexions? — C'est que les deux actions qui servent à l'interprétation doivent, dans le cas supposé, être, elles aussi, beaucoup plus parfaites, puisqu'elles doivent être constamment en harmonie avec les sens, l'esprit et le cœur.

Mais, alors que nos sens ne sont point exercés de manière à acquérir le degré de perfection dont nous venons de parler, n'y a-t-il pas en nous quelque chose qui puisse tenir lieu de leur délicatesse absente, et nous permettre de nous former une idée d'un être ou d'un objet sans que cet être ou cet objet tombe sous l'empire de nos sens extérieurs? — Si ; c'est ce que les philosophes appellent *sens intime*, que nous appelons âme, et que nous définissons : un principe de vie, tout divin, qui a conscience de lui-même, qui conserve un vague souvenir des cieux d'où il nous vient, et qui, à l'âge de raison, est notre suprême et meilleur guide, grâce à une espèce de prescience occulte unie à la connaissance des choses humaines et de leurs rapports.

Mais cette science des choses humaines ne s'acquiert que par la pratique de la vie ; donc, plus nos facultés seront exercées, plus elle sera grande, juste, et plus aussi l'âme de la personne qui les aura exercées sera susceptible de la diriger avec connaissance de cause, grâce à la perfection acquise par tout ce qu'il y a de perfectible en elle. Cette âme, en effet, en admettant qu'elle ait une sœur jumelle, animant un corps dont on néglige les aptitudes diverses, finira par devenir supérieure à l'autre, habituée qu'elle aura été de bonne heure, à ne se manifester que sur le choix d'idées et de sentiments plus distingués.

Cette supériorité est précisément celle que donnent l'instruction et l'éducation en améliorant toute notre nature.

Puisqu'il en est ainsi, pensez-vous, sans doute déjà, il faut une interprétation beaucoup plus savante pour mettre en action une personne instruite, bien élevée et distinguée, que pour y mettre une personne à intelligence ordinaire peu sensible, et vulgaire. Cela est incontestable. Pour vous en faire une juste idée, figurez-vous madame de Sévigné, cette inimitable causeuse du grand siècle; ce créateur immortel, imité mais non dépassé, du genre épistolaire, parlant avec une épaisse et ignorante fermière, et vous serez frappés, soudain, du petit nombre d'idées, de mots et d'inflexions de la dernière, et de toutes les idées nouvelles, fraîches, sûres, subtiles et délicates de la première; de la quantité de mots heureux qu'elle saura trouver, comme sans y penser, pour formuler sa pensée; de la manière dont elle les accouplera pour les faire se servir, et, enfin, de la légèreté de sa voix, du nombre étonnant de ses inflexions et de leur surprenante justesse!

Mais l'âme, que, sous certains rapports, nous reconnaissons perfectible, peut avoir des perfections natives que ne sauraient développer en elle ni la plus grande instruction ni la plus exquise éducation. Telles sont les âmes de tous les grands hommes qui font la gloire de notre humanité; telles sont les âmes des grands poëtes, des grands artistes, qui les portent d'abord à la contemplation de la nature, ensuite à l'imitation de cette même nature, dans ce qu'elle a de plus simple, de plus beau, et qui les exhortent à y ajouter encore, pour l'embellir, le sentiment de l'idéal qui vit en elles, car, en effet, tel est l'art. Voici comment nous le définissons ; il a trois degrés :

Le premier, c'est l'imitation de la nature simple, ordinaire, vulgaire ; la moins favorisée de Dieu et des hommes, rendue, à l'aide des moyens les plus à notre portée, les plus ordinaires.

Le deuxième degré, c'est l'imitation de la plus belle nature à l'aide des plus beaux moyens.

Le troisième, c'est l'imitation de la plus belle nature à l'aide des plus beaux moyens, en idéalisant encore le but élevé que l'on se propose et les moyens employés pour y atteindre.

En appliquant cette division à notre art, nous trouvons qu'elle répond exactement aux trois divisions que nous venons de constater dans l'homme.

Ainsi, ces trois divisions sont :

Premièrement, l'influence naturelle et absolue du tempérament, chez l'homme primitif ;

Secondement, l'amélioration de cet homme par l'instruction et l'éducation ;

Troisièmement, le degré inespéré de supériorité que cette éducation et cette instruction peuvent développer en lui, lorsqu'il est doué d'une âme d'élite.

Le premier degré de l'art répond à l'homme primitif.

Le deuxième à l'homme instruit et bien élevé.

Le troisième à l'homme instruit, bien élevé, et dont l'âme d'élite peut s'ouvrir au divin sentiment de l'idéal.

Le premier procède d'instinct, le second de raisonnement, et le troisième de raisonnement souvent, et d'inspiration quelquefois.

Mais on est plus ou moins ignorant, plus ou moins instruit, plus ou moins bien élevé, et plus ou moins bien doué ; de sorte que de ces différences il résulte un nombre incalculable de personnalités ; or, comme notre but est de les interpréter toutes, voyons si, d'induction en induction, nous ne sommes pas arrivés à un principe unique et infaillible pour l'interprétation de ces incalculables personnalités.

Que sommes-nous, nous, relativement à une personne à mettre en action? — Une personne supérieure, parfaitement à même de nous rendre un compte exact de l'état de l'autre, et ayant en nous tous les moyens désirables pour une interprétation ordinaire, supérieure et idéale. La première chose à faire est donc de nous rendre un compte exact de l'état général de cette personne, et d'y conformer nos cinq actions.

Si le principe que nous allons poser est juste, tout ce que nous avons dit des tempéraments et des sentiments, tout ce que nous avons à dire de la parole, et de la pantomime, tout, doit se trouver contrôlé par l'application de ce grand principe.

C'est ce que nous allons éprouver. Mais avant nous croyons devoir courir au-devant de l'idée qui pourrait vous venir, que puisque ce principe prévoit tout, s'applique à tout et répond à tout, il nous eût suffi de vous le faire connaître tout d'abord, d'en faire devant vous une juste application, pour en prouver l'infaillibilité sans entrer dans les détails qui l'ont précédé ; qu'en agissant ainsi, cela eût été une grande économie de temps. Mon Dieu! nous vous avouons que nous nous sommes longuement consulté à cet égard, avant de nous décider pour la marche que nous avons suivie, et si nous lui avons donné la préférence à toute autre, c'est que nous savons qu'il est de l'essence de notre nature de ne pas profiter de l'expérience des autres; chacun aime à acquérir la sienne, et, en fait de science, n'accepte pas sans contrôle la science d'autrui toute faite ; on aime à être initié à tout ce qui s'y rapporte. Voilà pourquoi nous avons cru devoir vous faire connaître la manière dont nous avons procédé pour établir notre méthode ; ensuite nous avons pensé que son développement naturel aurait le grand avantage de vous la faire juger dans toutes ses parties constamment conséquente, à la manière d'une addition qui, pour être exacte à la fin, a besoin de l'être à chaque nouveau nombre ajouté au nombre précédent, et doit toujours produire le même total par n'importe lequel de ses chiffres on en ait commencé la recherche. Il en est ainsi de notre théorie, sur n'importe laquelle de ses parties vous appliquiez le principe que nous allons poser, vous le trouverez toujours juste, conséquent, infaillible.

Il ne nous arrive de pensées vagues, indifférentes, que lorsque l'âme est calme, tranquille, instinctivement contemplative. Dans cet état, le mouvement des pensées est souvent nul ou insensible. Si l'on a dans cet état à en rendre quelques-unes, la voix sera peu abondante, l'articulation molle, l'inflexion peu accusée, le ton incertain; on prolongera outre mesure la valeur des voyelles longues, le corps sera nonchalamment assis ou étendu, les gestes seront peu fréquents, moelleux et inachevés, comme la plupart des mots. Ne voyons-nous pas, dans cet exemple, les quatre actions en parfait accord avec l'état de l'âme? A présent, supposons que la même âme soit soudainement saisie d'une pensée terrible, que la détonation d'une arme à feu la jette subitement dans de poignantes alarmes sur une personne chère, un père, un mari, une mère, une fille; à peine la pensée formée, l'âme bondit, un cri se fait entendre, le corps se redresse, le geste s'accentue, toute une métamorphose s'opère électriquement. Si la personne placée dans cette situation se trouve renfermée dans une pièce sans issue, avant de croire à l'impossibilité de sortir, voyez-la courir à la porte; elle est fermée! à la fenêtre, elle est grillée! Les murs, le plancher, le plafond, n'ont point d'ouverture! Quand l'âme a pensé à la porte, la bouche a dit: Ah! la porte! Mais comme l'âme y a subitement pensé, c'est subitement aussi qu'auront été dits ces mots, et que le corps se sera élancé. Mais la porte étant fermée, à peine l'âme aura-t-elle été frappée de cet obstacle que la bouche aura dit: Fermée! et que le corps l'aura dit par un geste. L'âme en même temps se sera retirée en elle comme pour se concentrer et résumer ses forces, à la manière d'un boxeur anglais; le corps aura fait comme l'âme, l'inflexion aussi; car au lieu d'avoir été expansive, elle aura été concentrée quoique très-accentuée. Le mouvement de la porte à la fenêtre sera l'exacte répétition de celui que nous venons de décrire dans l'examen des murs, du plancher et du plafond ; examen subtil, complet et rapide. Les yeux auront seuls agi ; mais quand l'âme s'apercevra que la personne qu'elle anime et qu'elle dirige est prisonnière dans cette pièce comme elle est prisonnière dans cette personne ; quand la pensée qu'il n'y a point la moindre ouverture pour s'échapper la frappera, les mots : Pas d'ouverture ! seront déjà articulés et le geste qui leur convient sera déjà fait, tant est prompte et complète son action sur les quatre autres qu'elle régit. Prolongeons la situation pour rendre plus saisissante encore, s'il en est besoin, l'infaillibilité du principe que nous posons. L'examen général de la pièce est fait ; il n'y a pas moyen de s'en échapper, la détonation de l'arme à feu ne s'est point renouvelée, aucun cri extérieur ne s'est fait entendre ; mille pensées diverses traversent alors l'âme ; la première sera celle qui lui représentera la personne la plus chère comme n'ayant point été frappée ; celles qui suivront auront rapport aux personnes de plus en moins chères, ainsi de suite jusqu'aux indifférentes. L'âme se calme, la voix, l'articulation, la physionomie, le corps, tout se calme comme elle, et les mots : Ah çà ! qu'ai-je donc? J'ai tort de m'alarmer ainsi, seront dits avec une voix encore voilée, tremblante ; une articulation irrégulière, hésitante ; une inflexion mi-interrogative accompagnée d'un geste de même nature. De sorte que tout trahit une âme encore incertaine, qui s'interroge elle-même comme pour se répondre et s'encourager. Mais le cri : Ma mère ! au secours ! on m'assassine ! se fait soudain entendre. Voyez-vous, d'ici, cette mère ? L'entendez-vous ? Vous figurez-vous l'état, le désordre de son âme ?

Eh bien! les cris, les sanglots, les phrases tronquées, les diverses qualités de voix, des inflexions sans nom, une action physique constante, exagérée, confuse, offusquante, tout, hélas! ne révélera-t-il pas le trouble de cette malheureuse âme? Mais les cris de la fille se renouvellent encore, et encore, et encore, le désordre moral, sentimental, oral et physique s'accroît et atteint des proportions incroyables, inimaginables, jusqu'à ce qu'enfin l'âme ne pouvant plus réagir, impuissante dans ses efforts, usée dans la lutte, reste immobile et passive. La pensée, la parole et le corps en font autant. Et l'âme ayant dépensé en quelques secondes l'existence de plusieurs moments, pour quelques moments aussi la vie est interrompue, le cœur ne bat presque plus, la respiration est éteinte, l'œil est clos ou sans regard, l'oreille est sourde, la main insensible, la circulation du sang ralentie; une pâleur de mort, une roideur cadavérique, et une froideur de sépulcre, rendent immobile ce corps, un instant avant si beau d'expression, et jetant à pleins yeux, à pleines mains, à pleine bouche ses larmes, ses sanglots et ses cris; s'arrachant les cheveux, comme pour s'arracher sa douleur; invoquant Dieu, les hommes, le ciel et la terre, et portant chaque fois sa main à son cœur pour le comprimer, et l'empêcher de briser sa poitrine.

Dans les différentes situations que nous venons de faire traverser à cette âme, est-ce que les cinq actions n'ont pas toujours été en parfaite harmonie avec elle? — Si nous n'avons rien dit du tempérament et de l'éducation de cette femme, c'est parce que nous avons pensé que la nature même de notre interprétation vous en dirait assez, et dans une théorie conséquente il doit en être ainsi, c'est-à-dire, qu'on doit pouvoir sans se tromper jamais, remonter de l'effet à la cause comme on est descendu de la cause à l'effet.

Mais supposons que cette personne est historique, qu'il s'agit d'Andromaque, des quatre principaux personnages de cette tragédie, dans laquelle nous trouvons encore les quatre tempéraments types. Immédiatement l'esprit doit se préoccuper du grand fait historique qui remplit encore de son lugubre et immortel retentissement l'époque à laquelle vivent les personnages qui font l'action de cet admirable ouvrage.

Nous sommes en présence de personnalités des plus considérables : d'Oreste, fils d'Agamemnon, du roi des rois réunis autour de la malheureuse Troie ; de Pyrrhus, fils d'Achille, héros intrépide, indomptable ; de la pauvre Andromaque, sœur de Pâris, épouse d'Hector, vainqueur de Patrocle et victime d'Achille, et, enfin, d'Hermione, fille de Ménélas et de la superbe Hélène ; de cette épouse volage, aussi célèbre par sa beauté que par son enlèvement, et qui porte, avec ce don divin, toutes les calamités de la guerre dans la famille et la patrie de son charmant et imprudent ravisseur. Les personnages de ce chef-d'œuvre tragique sont si haut placés dans l'échelle sociale de leur temps que leur origine se perd dans l'olympe du paganisme, et ils résument en eux tout ce qui impose le plus aux hommes : haute naissance, célébrité historique, distinction personnelle ; types de vaillance du côté de Pyrrhus, de fatalité du côté d'Oreste, d'infortune du côté d'Andromaque, d'amour blessé, d'orgueil confondu, de haine, d'abord contenue, puis expansive, déchaînée, de la part d'Hermione. Et le poëte, en les mettant en scène, a parfaitement rempli le troisième degré de l'art. En effet, chacune dans sa nature est un type, et pour le rendre tel qu'il l'a compris, Racine a créé une action simple, progressive, intéressante, puissante, entraînante, oui, entraînante; nous ne connaissons rien dans aucun théâtre qui marche aussi rapidement à un dénouement fatal, terrible que l'action d'*Andromaque* à partir de ces vers du quatrième acte :

Ah! madame, est-il vrai qu'une fois
Oreste, en vous cherchant obéisse à vos lois?
Ne m'a-t-on point flatté d'une fausse espérance?
Avez-vous en effet souhaité ma présence?
Croirai-je que vos yeux, à la fin désarmés,
Veulent...

HERMIONE.

Je veux savoir, seigneur, si vous m'aimez.

ORESTE.

Si je vous aime! ô dieux! mes serments, mes parjures,
Ma fuite, mon retour, mes respects, mes injures,
Mon désespoir, mes yeux de pleurs toujours noyés,
Quels témoins croirez-vous si vous, ne les croyez?

HERMIONE.

Vengez-moi; je crois tout.

ORESTE.

Eh bien, allons, madame :
Mettons encore un coup toute la Grèce en flamme;
Etc., etc.

Nous vous dirions tout, si nous ne nous retenions sur la pente rapide de cette impétueuse et si tragique action ! Quant à la langue que l'auteur fait parler à ces héros, en est-il une de plus parfaite ?

Ne trouvons-nous pas encore, planant sur ce sujet, et l'éclairant d'un immortel reflet, l'*Iliade*, le premier et le plus admirable de tous les poëmes épiques, et, en raison de cette inconcevable rapidité de rapprochement, qui s'établit en nous entre toutes les œuvres d'imagination, croit-on que le grand souvenir du chef-d'œuvre grec ne prête pas à l'œuvre du poëte français quelque chose du merveilleux qu'il a en lui, que nous ne définissons pas, mais que nous aimons à y trouver, à y sentir ?

Le sujet, ainsi étudié dans son ensemble, ayant à analiser chaque personnage isolément, nous verrons : qu'Hermione est un tempérament sanguin et nerveux, qu'elle s'indigne, s'irrite et s'emporte contre Pyrrhus. Elle ne peut supporter la pensée que, fille de l'immortelle Hélène, de cette princesse qui arma, comme elle se le rappelle et le dit à Cléone, la Grèce entière pour sa cause, elle se voie préférer Andromaque, une veuve, une captive ; alors, cédant aux funestes conseils d'un amour méconnu, d'un cœur en révolte et d'une aveugle colère, elle conspire la mort de celui qui la dédaigne, et recourt, pour exécuter son sinistre projet, à celui qu'elle n'aime pas, mais dont elle se sait profondément aimée, au malheureux Oreste. Oui, à Oreste, tempérament bilieux et nerveux, personnage bon, doux, grave, affectueux, profond, mélancolique, douloureux, fatal. En le voyant entrer en scène on doit découvrir en lui le triste et malheureux rejeton de cette grande, lugubre et criminelle famille des Atrides. Fils infortuné d'un père assassiné, d'une mère adultère et meurtrière de son époux; prédestiné lui-même par le sort à l'assassinat de sa mère; innocente victime des siens, de la société et des dieux; proscrit dès son berceau de la maison paternelle; enlevé par sa sœur Electre du palais sanglant d'Agamemnon, tout ce qui sert les autres hommes se tourne en cause ce malheur contre lui. Sa mère lui ravit son père, les cieux le vouent aux furies, l'amour, cette source de joie pour tant d'êtres, cette seconde naissance après la première, le véritable avénement de l'homme dans la véritable vie, la vie de sentiment, des grandes émotions; ce grand et complet épanouissement du cœur peut le sauver, le consoler, le refaire homme; il cède à cet amour et ce même amour le fait criminel, le porte à l'assassinat d'un roi qu'il aime, qu'il vénère, qu'il a été heureux et fier d'approcher, de Pyrrhus, en un mot; héros emporté, colère, imprévoyant, mais vaillant; tempérament sanguin, mais bon, généreux. Voilà l'homme que le pauvre Oreste est porté à faire assassiner par les siens.

Et Andromaque! Ah! Mesdames, nous touchons ici à l'une des plus admirables figures créées, conçues par celui qui vous a le mieux comprises et vous a le mieux révélées, et ce n'est qu'en hésitant et qu'avec respect que nous nous hasardons à la définir. Andromaque... O pauvre orpheline de roi, fidèle et respectueuse veuve de héros! ô déplorable mère captive d'un fils captif comme toi! ô rivale injuriée! ô femme recherchée par le fils même du vainqueur de ton époux, que ton sort est triste, déplorable, digne d'intérêt, de compassion ! Que tu nous apparais simplement, naturellement grande, admirable et sublime par la religieuse résignation de ton cœur ouvert à toutes les infortunes! Mais que dis-je? que sont-elles à côté de ton sentiment maternel ? C'est surtout à cause de lui que je te vénère, car nous avons vu d'autres princesses déshéritées de toutes les faveurs du suprême rang, nous avons vu d'autres épouses privées de leurs époux entretenir toujours vivant en elles le souvenir de celui qui eut leur premier soupir, leur premier et leur dernier aveu ; mais nous n'en avons point vu, nous n'en avons point imaginé de si naïvement et de si maternellement dévouée que toi ! et que ce vers est juste, éloquent et poignant dans ta bouche :

Oh ! mon fils ! que tes jours coûtent cher à ta mère !

O femme! ô poëte! lequel de vous deux faut-il le plus admirer ? Celle qui porte le poëte à penser d'elle, à la faire parler et agir d'une manière si sublime, ou le poëte qui conçoit une si grande idée des devoirs de la femme dans le veuvage, et de la mère, de la mère surtout, qu'il élève, en voulant la peindre telle qu'il la conçoit, à une si grande hauteur de sentiment, à cette éloquence d'expression? — Oh! mais pourquoi choisir, pourquoi vous séparer? — Je ne saurais me prononcer entre vous et je vous confonds dans une même et complète admiration! Car tout ce qu'il y a de sentiment, de grâce, de poésie, de naïveté et de suavité dans l'homme poëte, c'est la part qu'il tient de la femme et qu'il puise : dans sa voix, dans son sourire, dans ses yeux, dans tout ce qu'il y a de charmant et d'indéfini en elle! et tout ce qu'il y a en la femme : de courage, d'énergie, de force, de dignité et de résolution résignée est ce qu'elle tient de l'homme et qu'elle a puisé, enfant, au foyer de famille, dans les péripéties de la vie paternelle. C'est ainsi que venue à la vie, toute grâce et suavité, elle se fortifie et s'humanise; s'humanise est le mot, et elle a besoin de cela, car si merveilleusement douée du ciel qu'elle soit, elle ne se complète qu'en s'humanisant, qu'en s'amoindrissant, nous pourrions presque dire; il ne lui suffit pas, en effet, pour être accomplie, de sa couronne de beauté, il lui faut une couronne de douleur; toutes les étapes de sa vie, sont, en effet, marquées par la souffrance.

Souffrance pour être jeune fille, pour être épouse, pour être mère, et ce dernier degré de sa souffrance, celui qui la complète, est en même temps plus grand; mais aussi, par ce côté, combien elle acquiert de titres à notre amour, à notre respect! Le sentiment maternel, par cela même qu'il est le plus puissant de tous, doit être exprimé avec le plus de perfection possible, et nous dirons à toutes les personnes qui voudront interpréter le rôle d'Andromaque : prenez-garde, Mesdames, à ne pas en dénaturer le sublime sentiment! Il y va de votre plus beau titre à nos égards, à notre affection, de ne pas l'amoindrir par l'expression ; car, si c'est par la faute commise dans le paradis terrestre que vous êtes condamnées à de certaines douleurs, nous n'oublions pas que c'est par le sentiment maternel que vous vous êtes rachetées et placées si haut depuis, même au-dessus de nous, qu'en dehors de notre action, l'une de vous a été jugée digne de concevoir et d'enfanter un Dieu!

Efforcez-vous donc, pour l'interprétation de cet admirable rôle, de trouver les accents de la plus tendre douleur, de la plus maternelle affection, de la plus digne résignation, de l'action physique la plus simple; ayez des gestes tempérés, pleins d'aménité; des mouvements de tête peu fréquents et peu accusés; des attitudes d'une noble simplicité; un sourire douloureux, et une expression générale réfléchissant d'intimes souffrances et l'habitude du malheur.

Si nous ne vous disons rien de la nature de l'interprétation propre à Oreste, à Hermione, à Pyrrhus, c'est que vous pouvez vous en rendre déjà parfaitement compte, en vous rappelant ce que nous vous avons dit de l'âme dirigeant les cinq actions, et des modifications que les tempéraments apportent dans leurs rapports.

CINQUIÈME ENTRETIEN.

DE LA PREMIÈRE ET DE LA DEUXIÈME PARTIE DE LA RHÉTORIQUE.

Mesdames et Messieurs,

Dans notre dernier entretien nous nous sommes appliqué à prouver que tout, dans une personne, est en parfaite harmonie; que telle est la loi providentielle qui régit notre nature et la nature en général, loi dont nous ne pouvons découvrir les causes, mais dont nous pouvons, avec l'esprit d'observation, surprendre les effets pour en déduire des règles dont une heureuse application conduit à une exacte imitation.

Cependant, il ne résulte pas de l'harmonie dont nous parlons qu'une personne gaie ne puisse jamais avoir des idées tristes, ni qu'un homme ordinairement sérieux ne puisse avoir des pensées légères, ou bien encore qu'une personne d'un bon naturel ne s'abandonne jamais à un mauvais mouvement. Non, c'est la différence dans le nombre des idées et des sentiments bons ou mauvais qui fait admettre parmi les méchants ou les bons telles et telles personnes. Ce qui ne les empêche pas cependant de céder parfois à des mouvements contraires à ceux qui leur sont habituels.

Selon, en effet, que nos sens se trouvent agréablement ou péniblement sensibilisés, ils nous transmettent des sensations qui donnent naissance à des pensées gaies ou tristes; mais ces pensées sont plus ou moins tristes ou plus ou moins gaies; et en prenant la gaieté et la tristesse comme limites extrêmes de ce que nous ressentons d'agréable et de pénible, nous serons frappés de la distance qui les sépare dans le monde intellectuel, et nous verrons que cette distance est comblée avec profusion par des pensées intermédiaires d'une teinte de joie ou de peine de moins en moins vive en s'éloignant de leur point de départ jusqu'à leur point de jonction, où se rencontrent les pensées indifférentes, calmes, tranquilles avec lesquelles, par diminution, les premières arrivent à se confondre.

Ce que nous disons des pensées s'applique aux sentiments, avec cette différence, cependant, qu'il y a de bons et de mauvais sentiments, mais qu'il n'y en a pas d'indifférents.

L'indifférence de l'âme pour certaines idées se comprend par la rapidité avec laquelle elles naissent, vivent, meurent et se renouvellent en nous; tandis que le sentiment, exalté ou tempéré, étant le résultat d'une vive impression, d'une pensée persistante, d'une imagination en travail; la conséquence d'un jugement ou vague ou formulé, tacitement ou volontairement accepté ou subi est toujours de quelque durée.

Le nombre des sentiments est borné, celui des pensées est sans borne; on compte les uns, les autres sont incalculables. Si nombreuses cependant que soient les dernières, elles répondent toujours à un instinct, à un penchant, à un désir, à un besoin, à une habitude ou à un souvenir. L'imagination est en raison de la sensibilité; le nombre des idées en raison de la mobilité de l'imagination, et leur nature est en rapport, d'abord, avec l'âme, ensuite, avec le tempérament, enfin, avec l'instruction, l'éducation, la nationalité, la moralité, l'âge, la condition et la santé.

En raison de ces conditions dans lesquelles les pensées se forment et qui les modifient par la réflexion, après leur formation, ou par une certaine habitude de l'âme, comme dans l'improvisation, au moment où elles naissent, on peut se rendre approximativement compte de la nature des idées et des sentiments d'une personne; et par l'observation, l'étude, l'expérience arriver à les combiner heureusement pour un but défini. C'est ainsi que les auteurs, sans ressembler en rien quelquefois aux êtres qu'ils créent, parviennent à nous les montrer parfaitement en harmonie avec le milieu dans lequel ils les placent et où ils les font penser, sentir, agir, vivre, enfin. C'est même dans l'aptitude plus ou moins développée d'observer exactement, de pénétrer loin, de bien retenir, de déduire juste, de bien combiner, de disposer avec ordre, de développer avec habileté, avec intérêt, avec clarté et avec éloquence qu'il faut chercher la cause des distances qui séparent les auteurs médiocres des auteurs de talent, et ceux-ci des auteurs de génie.

L'imagination une fois admise, celui qui remplira le mieux les conditions de création littéraire que nous venons d'énumérer, est celui qui se sera le plus rapproché de la nature, et l'interprète de plus de talent est celui qui aura le mieux suivi l'auteur pas à pas; il aura du génie s'il a su ajouter par ses inflexions, par sa pantomime, par des silences même parfois, des intentions nouvelles à celles de l'œuvre, intentions que l'auteur lui-même n'avait point eu dessein d'y mettre, qu'il n'y avait point vues et qui sont quelquefois de grands traits de caractère ou de sentiment, qu'on ne s'explique point, mais qui subjuguent tout un auditoire. Telle était l'intention que Talma mettait dans les mots : *Qu'en dis-tu?* qui se trouvent dans le quatrième acte de *Manlius*, tragédie de de La Fosse. Toute sa personne orale et physique éveillait une si grande quantité d'idées et d'émotions diverses dans ceux qui l'écoutaient, qu'ils étaient tout transportés d'admiration. Ces mots ont été souvent dits par des tragédiens de talent, ils n'ont jamais fait le même effet sur les spectateurs. En quoi consiste la différence de manière dont Talma disait ces mots, qu'il a rendus célèbres, et celle dont les disaient ceux qui les ont répétés sans succès après lui? — Demandez au génie pourquoi il est génie, en quoi il consiste; s'il répond à cette question il pourra répondre à l'autre. Demandez à M. Delacroix comment il se fait qu'avec la palette de M. Ingres il fera un tableau éblouissant de couleurs, et comment M. Ingres avec la palette de Delacroix ne parviendra jamais à faire que terne?... mystère de l'âme, du cœur, des sens, du tempérament!... Génie! Mais, s'il est permis à un interprète d'ajouter, par l'interprétation, à l'œuvre de l'auteur, il ne lui est pas permis de la dénaturer et de se tromper sur la nature des sentiments qu'il doit exprimer et des idées qu'il doit rendre, et de donner dans ce cas à une idée vive l'accent propre à une idée forte, et à un sentiment profond l'action physique propre à un sentiment superficiel. Quoiqu'il paraisse difficile de se tromper à cet égard, on se trompe néanmoins fort souvent. En voulez-vous la preuve? Sans aucun doute. Pas de confiance aveugle. L'on a tort ou l'on a raison ; si l'on a tort, pas de preuves possibles ; si l'on a raison les preuves ne doivent point manquer; nous pourrions en citer beaucoup à l'appui de ce que nous disons, une nous suffira. Ne semblons-nous pas annoncer une citation concluante? — C'est qu'en effet, il est un exemple bien imprévu par tout le monde. Nous le trouvons dans le fameux *Qu'il mourût!* des *Horaces*, de P. Corneille. Comment! on a pu se tromper sur la nature de cette idée? Oui, sans doute, et l'on se trompe encore chaque fois que l'on joue cette pièce. En quoi?— Le voici. Tous les interprètes à qui nous avons vu jouer le vieil Horace ont pris cet élan sublime pour une idée forte, au lieu de le prendre pour une idée vive, et l'ont interprété avec une action orale et une action physique convenables à une idée de cette nature. C'est toujours, effectivement, avec une attitude très-accusée, un geste très-énergique, une voix bien timbrée et une ferme articulation que l'interprète répond à Julie : *Qu'il mourût!* Cela est déplorable! Ces deux mots sont l'expression d'une idée vive qui s'échappe de la tête du vieil Horace avec des ailes flamboyantes, dans un irrésistible élan de génie, et que sa bouche doit laisser s'élancer dans l'espace comme involontairement, et articuler comme au hasard, grâce à un de ces merveilleux mystères de l'art que les grands artistes semblent parfois avoir pénétrés et dont ils nous font ressentir les irrésistibles effets.

Vous venez de le voir, l'un des plus grands élans de génie connus se trouve dénaturé par l'ignorance de l'interprète. Eh bien ! il est milles autre circonstances où, par ignorance du prédicateur, de l'orateur, ou du lecteur, l'interprétation sera non-seulement en défaut, incorrecte, mais où elle dénaturera complétement la pensée. Mais, Messieurs, l'interprétation n'est pas fautive qu'à l'occasion des idées seulement, elle l'est souvent à l'occasion des inflexions. La nature de l'idée reconnue, comment savoir quelle est l'inflexion qui lui convient si l'on ignore la rhétorique, puisque, comme nous le prouverons bientôt, son étude, faite comme nous la ferons, est à la fois l'étude des inflexions, car chaque phrase qu'elle désigne sous le nom de figure a une inflexion qui lui est propre, personnelle, inhérente, qui reste toujours la même, qui ne s'en sépare jamais, dans n'importe quelle bouche elle se trouve placée, du plus humble comme du plus élevé des hommes ; elle ne subit d'autre modification que celle qui tient de la situation, du mouvement et du ton oratoire ou scénique.

L'interprétation est encore souvent en défaut à l'égard de l'expression des sentiments, surtout à l'égard de leur degré de développement et du degré d'expression qui leur convient, car elle tend toujours à les exagérer. Il est à remarquer, en effet, que lorsqu'on est doué de facultés expressives, on est, par excès de zèle, emporté plus souvent au delà du but que retenu en deçà. Dans tous les arts ce chevaleresque entraînement est considéré au début comme un utile défaut. Or, l'interprète est sujet à faillir : 1° à l'occasion de la nature des idées; 2° à l'occasion de l'inflexion propre à chaque idée; 3° à l'égard du degré d'expression à donner à tout sentiment.

L'étude de la rhétorique dissipera l'ignorance dont nous parlons pour les idées et les inflexions.

Une étude particulière, nouvelle, bien coordonnée des divers sentiments développés progressivement jusqu'au degré passion, préviendra les exagérations dans lesquelles on tombe quand on s'attache à les exprimer.

Nous allons commencer par les idées, les inflexions viendront après, et nous terminerons l'étude de l'homme intellectuel et sentimental par celle de ses passions.

Si, dans ce que nous avons déjà dit, l'interprète de profession a trouvé une plus large part que les autres, dans ce qui va suivre, les avocats, les orateurs, les lecteurs trouveront plus particulièrement ce qui leur convient.

Nous suivrons la rhétorique de J. V. Leclerc, et cela parce qu'elle est la plus en usage maintenant.

Ainsi que l'honorable doyen de la Faculté des lettres de Paris nous en donne l'exemple dans son excellent livre, qu'il a composé en empruntant le plus qu'il a pu aux auteurs dignes de servir de modèle dans tous les genres, mettant de côté tout amour-propre d'auteur, nous lui emprunterons, à notre tour, le plus que nous pourrons, nous conformant, comme lui-même, à cette excellente pensée de Quintilien : « Quand le bon est trouvé, chercher autre chose c'est chercher le mauvais. » Notre adoption de la rhétorique de M. Leclerc aura ce grand avantage que, se trouvant entre les mains de la généralité des élèves de nos lycées, ils n'auront à faire aucun effort de mémoire pour nous suivre, ils n'auront qu'à appliquer sur ce qu'ils savent déjà les principes d'interprétation que nous allons poser.

DE LA RHÉTORIQUE.

La *rhétorique* est l'art de bien dire : bien dire, c'est parler de manière à persuader.

Il ne faut pas faire à l'art de bien dire le tort de croire qu'il ne soit qu'un art frivole dont un déclamateur se sert pour imposer à la faible imagination de la multitude et pour trafiquer de la parole. C'est un art très-sérieux, qui est destiné à instruire, à gouverner les passions, à corriger les mœurs, à soutenir les lois, à diriger les délibérations publiques, à rendre les hommes bons et heureux. L'homme digne d'être écouté est celui qui ne se sert de la parole que pour la pensée, et de la pensée que pour la vérité et la vertu (1).

DES TROIS GENRES.

Le domaine de l'éloquence est infini; mais tous les sujets dont elle s'occupe peuvent se réduire à trois classes, que les anciens ont appelées *genres de causes ;* le démonstratif, le délibératif, et le judiciaire. Le premier a, le plus souvent, pour objet le présent; le second, l'avenir; le troisième, le passé.

Dans le genre *démonstratif*, on blâme, on loue : à ce genre appartiennent les invectives contre les vices et

(1) Fénelon.

même contre les personnes, les anciennes *mercuriales;* les satires ; et pour la louange, les panégyriques, les remercîments ou compliments, les éloges, les oraisons funèbres, les discours académiques (1).

Dans le genre *délibératif* on conseille, on dissuade ; on exhorte ceux qui délibèrent à prendre tel ou tel parti sur la paix, sur la guerre, sur l'administration des gouvernements ou des corps qui les composent.

Enfin dans le genre *judiciaire*, on accuse, on défend. Ce genre qui est proprement celui du barreau, discute le juste et l'injuste, et a pour objet toutes les questions de fait, de droit ou de nom, portées devant les tribunaux.

Les trois genres établissent trois grandes divisions; il n'est point de plaidoirie importante dans laquelle ils ne soient réunis, et qui ne donne occasion de louer et de blâmer, d'exhorter ou de dissuader. On donne au discours le nom du genre qui y domine (2).

« Quelque sujet que traite l'orateur, il a nécessairement » trois fonctions à remplir : la première, de trouver les » choses qu'il doit dire ; la seconde, de les mettre en or- » dre ; la troisième, de les *interpréter*.

L'*interprétation* de l'écrivain consiste dans le choix des mots et dans leurs dispositions.

L'interprète a à remplir trois fonctions correspondantes à celles de l'écrivain et de l'orateur. Dans la première il s'attache à se rendre compte de ce qu'a voulu dire l'auteur, s'il l'a bien dit ; à choisir les mots qui rendent le mieux sa pensée, et que nous appelons mots de valeur ;

(1) Fénelon.

(2) Batteux.

le degré de conviction ou d'émotion qu'il a atteint. Dans la deuxième fonction il cherche ce qu'il a en lui de préférable pour l'interprétation de l'œuvre qu'il étudie, les qualités de voix, le ton, le mouvement, etc. Dans sa troisième fonction, qui correspond à la troisième de l'auteur, il écrit avec sa double action orale et physique ce qui est écrit avec une plume.

De l'*invention*. — L'invention de l'écrivain consiste en la chose nouvelle qu'il dit, celle de l'interprète en la manière de la dire.

DES ARGUMENTS.

Tous les arguments exigent la voix claire, l'articulation incisive, l'inflexion bien arrêtée. A présent la voix est plus ou moins claire et haute, l'articulation plus ou moins incisive, l'inflexion plus ou moins arrêtée, et le geste de même, en raison du plus ou moins de force d'argumentation. — Ex. : Voici un *syllogisme* auquel, selon la situation dans laquelle nous le placerons, nous donnerons une plus grande intensité de voix, d'inflexion, d'articulation.

Il faut aimer ce qui nous rend heureux;
Or, la vertu nous rend heureux;
Donc il faut aimer la vertu.

Bien que notre ton soit calme, il nous faut pour l'interprétation de ce *syllogisme* les qualités orales qui conviennent aux pensées. Il en est de même de tous les arguments proprement dits, de l'*enthymème*, de l'*épichérème*, du *sorite*, du *dilemme*, de l'*exemple*, de l'*induction*, de l'*argument personnel*, comme des *lieux*, des *arguments* ou lieux communs. Il y a deux sortes de lieux : les *intrinsèques*, ou pris dans le sujet, et les *extrinsèques* ou *accessoires*. Les *intrinsèques* sont : la *définition*, l'*énumération des parties*, le *genre* et l'*espèce*, la *comparaison*, les *contraires*, les *choses qui répugnent entre elles*, les *circonstances*, les *antécédents* et les *conséquents*, la *cause* et l'*effet*. Les *lieux extrinsèques* sont : la *loi*, les *titres*, la *renommée*, le *serment* et les *témoins*. Les trois derniers lieux *extrinsèques* peuvent parfois exiger l'emploi de la voix qui convient aux sentiments. Il est facile de distinguer en quelles circonstances : c'est lorsqu'ils dominent la pensée dans la composition à interpréter.

DES MŒURS.

« Toutes les paroles du véritable orateur portent l'em-
» preinte de la justice, de l'humanité, de la vertu. »

« On distingue les mœurs réelles et les mœurs oratoires.
» L'orateur a des mœurs réelles lorsqu'il a véritablement
» de la probité, du zèle ; il a des mœurs oratoires lorsque
» ces vertus qu'il a dans le cœur se peignent dans tous
» ses discours. »

Il est à remarquer que les bonnes mœurs se réfléchissant dans la placidité des traits, le calme de la voix, la modération de l'articulation, la simplicité du geste, une attitude calme et naturelle, il faut avoir recours à ces différents caractères pour mettre en action le discours dans lequel se trouvent les mœurs oratoires.

« La modestie, la bienveillance et la prudence sont
» des qualités essentielles à l'orateur. »

Le buste et la tête légèrement inclinés, le geste lent et peu accusé, l'œil naturellement ouvert et calme sont les caractères physiques de la modestie. La voix douce, d'une émission tempérée et interrompue, une articulation un peu hésitante et lente en sont le caractère oral. Ce que nous disons du caractère physique et oral de la modestie s'applique parfaitement à la prudence, avec cette différence que, pour la modestie, ces manifestations extérieures doivent paraître naturelles, que pour la prudence elles peuvent sembler un peu étudiées. Une nuance dans l'interprétation sépare encore la bienveillance des deux qualités de l'âme dont nous parlons. Il faut mettre dans les deux actions un peu plus de soudaineté, d'empressement, un zèle qui vienne du cœur. Pour la prudence, la voix devra être plutôt haute que basse; pour la bienveillance, elle devra être plutôt basse que haute.

Après les mœurs, la rhétorique parle des passions. Nous avons eu déjà l'honneur de vous dire que nous ne vous en entretiendrons qu'à la fin de la rhétorique.

DE LA DISPOSITION.

La *disposition*, dans l'art oratoire, consiste à mettre en ordre toutes les parties fournies par l'*invention*, selon la nature et l'intérêt du sujet qu'on traite. La fécondité de l'esprit brille dans l'invention; la prudence et le jugement, dans la disposition (1).

(1) Fénelon.

La disposition dans l'interprétation consiste à bien distribuer les ressources dont on dispose; d'abord dans ce qui tient des inflexions et du mouvement, ensuite dans l'économie de la parole et de l'expression.

DE L'EXORDE.

L'*exorde* est la première partie du discours, qui prépare l'auditeur à entendre la suite. L'objet de l'orateur est de s'y concilier la bienveillance et l'attention de ceux qui l'écoutent.

1° Il méritera la bienveillance par l'expression des *mœurs,* par un air de probité et de modestie. Ces qualités doivent régner dans tout le discours; mais c'est surtout en commençant que l'orateur doit les montrer. Il nuirait à sa cause par un ton trop décisif, trop plein de confiance. La modestie, qui rehausse toujours le prix des talents et des vertus, porte un caractère de candeur qui ouvre le chemin à la persuasion. Soyez modeste, mais non pas timide; imitez la sage hardiesse de Démosthène : *Athéniens, je voudrais vous plaire, mais j'aime mieux vous sauver.*

C'est surtout dans l'exorde que l'interprète doit appliquer ce que nous venons de dire du caractère oral et du caractère physique, de la modestie, de la prudence et de la bienveillance.

Style de l'exorde.

Le style de l'exorde n'exclut pas seulement l'affectation et l'emphase; mais, quoiqu'il doive être conforme au sujet, il ne doit pas étaler d'abord les richesses de l'éloquence. Cette règle est puisée dans la nature. De tout ce qui existe, dit Cicéron, il n'est rien qui en naissant se développe tout entier.

Il en est de même de la parole et du geste, ils doivent être gradués; de grands gestes et une voix abondante, dès les premiers mots d'un discours étourdiraient, offusqueraient l'auditoire et en lasseraient l'attention.

Cependant, cette règle n'est point absolue, il est un exorde, qu'on nomme *ex abrupto*, par lequel on entre brusquement en matière. Mais l'orateur qui en fait usage et l'interprète qui le met en action doivent être également sûrs d'eux. Autrement ils manqueraient leur effet. En voici un exemple dans la première Catilinaire de Cicéron. Voici la situation : la dernière fois que Catilina parut dans le sénat assemblé, tous les sénateurs, instruits de ses desseins pernicieux, furent saisis d'indignation à sa présence; et ceux qui se trouvèrent près de la place qu'il choisit, s'en éloignèrent avec horreur. Alors Cicéron, qui, en qualité de consul, présidait l'assemblée, adressa au coupable ces foudroyantes paroles :

« Jusques à quand enfin, Catilina, abuseras-tu de notre
» patience? Combien de temps encore serons-nous le
» jouet de ta fureur? quelles seront les bornes de l'audace
» effrénée qui t'emporte? Quoi! ni ces gardes posées de
» nuit sur le mont Palatin, ni les sentinelles distribuées

» dans la ville, ni la consternation du peuple, ni ce frémissement général des citoyens vertueux, ni ce lieu » fortifié où s'assemble le sénat, ni ces visages irrités, ces » yeux fixés sur toi, n'ont rien qui puisse t'émouvoir ? » Ne sens-tu pas que tes complots sont dévoilés? ne vois-» tu pas, même dans le silence de ceux qui t'environnent, » que ton crime est découvert ? Tes actions de la nuit der-» nière et de la précédente, le lieu de l'assemblée, ceux » qui la composaient, les projets qu'on y a formés, crois-» tu qu'aucun de nous les ignore? O siècle ! ô mœurs! le » sénat le sait, le consul le voit : et ce traître respire ! » Que dis-je, il respire ? il met dans le sénat un pied té-» méraire ; il a part aux secrets de l'État ; il marque, » il destine de l'œil chacun de nous à la mort! Et » nous, etc. (1). »

Si l'accusateur de Catilina eût commencé tranquillement son discours, il aurait attiédi et peut-être éteint l'émotion des auditeurs; mais il profite habilement de la disposition où il les trouve, il augmente la chaleur de leur indignation et jette en même temps le trouble et la crainte dans l'âme de l'accusé (2). Cet exorde doit être vif de voix, d'articulation, d'inflexions, d'attitude et de gestes.

DE LA PROPOSITION ET DE LA DIVISION.

La *proposition* est le sommaire clair et précis du sujet. Elle tient plutôt de l'esprit que du cœur. Vous savez dis-

(1) In Catil., I, 1.
(2) Colin.

tinguer déjà quelle est la partie de l'action orale qui convient à son interprétation. Il en est de même de la *division* en général; cependant, par exception, surtout dans les sujets sacrées, en raison même de ce qu'ils ont d'élevé, la voix grave, l'attitude imposante, le geste noble et lent doivent être employés. Nous allons en donner un exemple.

Sur ce texte, *Tout est consommé*, Massillon, dans son sermon de la Passion, forme cette division remarquable : « La mort du Sauveur renferme trois consommations qui » vont nous expliquer tout le mystère de ce grand sacri- » fice, dont l'Église renouvelle en ce jour le spectacle et » honore le souvenir : une consommation de justice, du » côté de son père; une consommation de malice, de la » part des hommes; une consommation d'amour, du côté » de Jésus-Christ. Ces trois vérités partageront tout ce » discours, et l'histoire des ignominies de l'homme- » Dieu, etc. »

Une voix claire et légère, une articulation familière, une attitude nonchalante, une gesticulation désordonnée ne conviendraient point à la grandeur du sujet de cette division. L'avocat dans les cours d'assises, et l'orateur dans les hautes questions d'intérêt national, à la tribune, peuvent fournir des divisions qui exigent les qualités d'interprétation que nous venons de reconnaître utiles à la belle division que nous vaons citée.

DE LA NARRATION.

La *narration*, dans le discours, est l'exposition du fait,

assortie à l'utilité de la cause. Ses premières qualités sont la brièveté et la clarté (1); elle participe entièrement des pensées, jamais du sentiment. Vous savez comment l'interpréter.

Exemple d'une narration brève, vive et intéressante.

Cicéron décrit ainsi le combat entre Clodius et Milon : « Ils se rencontrent, dit-il, devant une terre de Clodius, à » la onzième heure, ou peu s'en faut. A l'instant, du haut » d'une éminence, un grand nombre d'esclaves fondent » sur Milon les armes à la main ; les plus hardis tuent le » cocher. Milon jette son manteau, s'élance hors de la » voiture, et se défend avec vigueur. Alors ceux qui » étaient auprès de Clodius tirent leurs épées : les uns » reviennent pour attaquer Milon par derrière ; d'autres, » le croyant déjà tué, se mettent à massacrer les esclaves » qui le suivaient de loin. Les plus fidèles et les plus » dévoués résistent : les uns sont tués; les autres, voyant » que l'on combattait autour de la voiture, et qu'on les » empêchait de secourir leur maître, entendant même » Clodius qui s'écriait : *Milon est mort*, et persuadés qu'il » n'était plus, firent alors, sans que leur maître l'ordon- » nât, sans qu'il le sût, sans qu'il les vît, ce que chacun » de nous aurait voulu que ses esclaves fissent en pareille » occasion. »

Ce tableau est plein d'effet et de vérité; on croit être présent à l'action (2); mais tout y est idée et rien sentiment. Il est vif, clair, précis. L'interprétation devra avoir

(1) Le Clerc.
(2) Le Clerc.

ces trois qualités; plus elle seront complètes, plus saisissant sera l'effet de la narration.

La narration fait partie des *trois genres*; ce que nous venons d'en dire lui est surtout applicable dans le genre délibératif et le genre judiciaire; mais comme dans le genre démonstratif elle entre souvent dans les oraisons funèbres et les panégyriques, et que les ornements sont merveilleusement placés dans ce genre de discours, elle est susceptible de passer de l'ordre des pensées à l'ordre des sentiments, et d'exiger une interprétation autre que celle qui lui convient dans les deux premiers genres.

Un beau modèle de narration oratoire est le morceau suivant de l'oraison funèbre de Louis XIV, par Massillon.

Il raconte le jugement que ce monarque prononça sur lui-même au milieu des revers de ses dernières années. On verra surtout, ici, la différence de l'orateur et de l'historien : « L'épreuve la moins équivoque d'une vertu » solide, c'est l'adversité. Et quels coups, ô mon Dieu! ne » prépariez-vous pas à sa constance! Ce grand roi, que la » victoire avait suivi dès le berceau, et qui comptait ses » prospérités par les jours de son règne; ce roi dont les » entreprises toutes seules annonçaient toujours le succès, » et qui, jusque-là, n'ayant jamais trouvé d'obstacles, n'a» vait eu qu'à se défier de ses propres désirs; ce roi dont » tant d'éloges et de trophées publics avaient immortalisé » les conquêtes, et qui n'avait jamais eu à craindre que » les écueils qui naissent du sein même de la louange et » de la gloire; ce roi, si longtemps maître des événe» ments, les voit, par une révolution subite, tous tournés

» contre lui. Les ennemis prennent notre place ; ils n'ont » qu'à se montrer, la victoire se montre avec eux ; leurs » propres succès les étonnent ; la valeur de nos troupes a » semblé passer dans leur camp ; le nombre prodigieux » de nos armées en facilite la déroute ; la diversité des » lieux ne fait que diversifier nos malheurs ; tant de » champs fameux de nos victoires sont surpris de servir » de théâtre à nos défaites ; le peuple est consterné ; la » capitale est menacée ; la misère et la mortalité semblent » se joindre aux ennemis ; tous les maux paraissent » réunis sur nous : et Dieu, qui nous en préparait les » ressources, ne nous les montrait pas encore ; Denain » et Landrecies étaient encore cachés dans les conseils » éternels. Cependant notre cause était juste ; mais l'a- » vait-elle toujours été ? et que sais-je si nos dernières » défaites n'expiaient pas l'équité douteuse ou l'orgueil » inévitable de nos anciennes victoires ? Louis le re- » connut ; il le dit : *J'avais autrefois entrepris la guerre* » *légèrement, et Dieu avait semblé me favoriser* ; *je la fais* » *pour soutenir les droits légitimes de mon petit-fils à la* » *couronne d'Espagne, et il m'abandonne : il me préparait* » *cette punition que j'ai méritée.* Il s'humilia sous la » main qui s'appesantissait sur lui ; sa foi ôta même à ses » malheurs la nouvelle amertume que le long usage des » prospérités leur donne toujours : sa grande âme ne » parut point émue ; au milieu de la tristesse et de l'a- » battement de la cour, la sérénité seule de son auguste » front rassurait les frayeurs publiques. »

Le ton propre à la narration dans le genre délibératif et le genre judiciaire, n'aurait ni assez de gravité ni assez de noblesse pour le grand modèle que nous venons de mettre en action.

DE LA PREUVE OU CONFIRMATION.

La *confirmation* consiste à établir les moyens sur lesquels on s'appuie, à prouver la vérité annoncée dans la proposition. C'est la partie la plus essentielle du discours; toute l'adresse et toute la force de l'art oratoire y sont renfermées; le reste n'en est que l'accessoire, et n'a de prix qu'autant qu'il contribue à faire valoir et ressortir les preuves (1). « L'orateur, dit le chancelier d'Agues-
» seau, a rempli le premier et le plus noble de ses de-
» voirs quand il a su éclairer, instruire, convaincre
» l'esprit, et présenter aux yeux de ses auditeurs une
» lumière si vive et si éclatante, qu'ils ne puissent s'em-
» pêcher de reconnaître à ce caractère auguste la pré-
» sence de la vérité. »

En raison de l'importance des preuves, l'interprète ne saurait leur porter une trop grande attention et leur prêter des accents et des gestes trop persuasifs. Il devra surtout se préoccuper de la nature des preuves, et de l'ordre dans lequel elles sont présentées, afin de ne pas donner une valeur inutile à des preuves médiocres. Il ne doit pas ignorer qu'elles ne sont pas toujours ordonnées d'une manière ascendante, car il est une disposition, appelée homérique par Quintilien, qui consiste à placer les moins fortes au centre, les plus convaincantes à la

(1) Le Clerc.

tête, les plus pathétiques ou les moins contestables à la fin.

Le développement des preuves fortes et solides, lorsqu'on veut en faire sentir tout le poids et en tirer tout l'avantage possible, se nomme *amplification oratoire.* Entre les moyens qui contribuent le plus, de l'aveu de Longin, à la sublimité du discours, il faut placer ce que les rhéteurs nomment l'amplification. C'est, dit Cicéron, une manière forte d'appuyer sur ce qu'on dit, et d'arriver par l'émotion des esprits, à la persuasion.

Les preuves qui, en général, sont plus du domaine du raisonnement que de celui du sentiment, peuvent cependant quelquefois, s'élever jusqu'à l'émotion et, en se transformant en amplification, atteindre jusqu'au pathétique : nulle autre partie du discours n'exige, de la part de qui les met en œuvre, une plus grande attention, une science de composition d'interprétation plus étendue, et une exécution plus complète.

L'orateur romain a excellé dans cette partie puissante de l'éloquence. A plusieurs preuves qui avaient démontré que Milon était bien loin d'avoir formé le dessein de tuer Clodius, le défenseur en ajoute une tirée de la circonstance du temps ; et il demande s'il est vraisemblable qu'à la veille presque des assemblées du peuple romain où se devaient donner les charges, Milon, qui voulait y être élu consul, eût été assez imprudent pour aliéner de lui tous les esprits, par un si lâche assassinat (1).

(1) Le Clerc.

« Je sais, dit Cicéron, jusqu'où va la timidité de ceux » qui briguent les charges, et quelle vive inquiétude » entraîne le désir du consulat. Nous craignons, non-seu- » lement les reproches publics, mais les pensées même les » plus secrètes, les vains bruits, les fausses imputations, » une fable, un rien, tout nous alarme : nous voulons » lire sur tous les visages, dans tous les yeux. En effet, » rien n'est si délicat, si frêle, si variable, que la bienveil- » lance des citoyens à l'égard de quiconque prétend aux » charges publiques : non contents de s'irriter pour la » faute la plus légère, ils conçoivent même souvent d'in- » justes dégoûts pour les plus belles actions. » Est-il possible de mieux peindre, d'un côté, la bizarre légèreté du peuple; de l'autre les craintes et les inquiétudes continuelles de ceux qui briguaient ses suffrages? Il conclut ce raisonnement d'une manière encore plus vive, en demandant : « S'il est vraisemblable que Milon, uni- » quement occupé depuis longtemps de l'attente de ce » grand jour, eût osé se présenter devant l'auguste assem- » blée du peuple, les mains encore fumantes du sang de » Clodius, et portant sur son front l'orgueilleux aveu de » son crime? Non, ajoute-t-il, une telle audace n'est pas » croyable dans Milon; mais comment ne pas l'attribuer » à Clodius, qui, s'il eût vu périr Milon, se croyait sûr de » régner? »

La marche ascendante de cette amplification est irrésistible; c'est un des admirables élans oratoires qui justifient ces paroles : Les grandes inspirations viennent du cœur. On sent, en effet, dans ce modèle du genre en question, que le cœur de l'orateur, plein d'indignation, bondit d'impatience et arrache à son esprit tout ce qu'il a de force, de raisonnement et de conviction pour porter dans les autres tout ce qu'il a en lui; et bien que l'esprit ait l'air d'être ici seul en jeu, il faut sentir dans la voix de l'interprète une impulsion née de la révolte des plus nobles instincts d'une âme honnête, qui s'efforce de se contenir, et laisse à peine à la raison, qu'elle invoque pourtant, le soin de persuader en tâchant de convaincre.

DE L'EXEMPLE.

Toutes sortes d'exemples pouvant être invoqués comme preuves : les trois tons, les trois natures de voix leur conviennent : nous croyons superflu de dire en quelles circonstances il convient de prendre le ton familier et la voix intermédiaire comme les deux autres tons et les deux autres voix.

DE LA RÉFUTATION.

« La *réfutation* consiste à détruire les moyens contraires » aux nôtres. Elle demande beaucoup d'habileté et d'a- » dresse, parce qu'il est plus difficile de guérir une bles- » sure que de la faire; et, pour bien traiter cette partie, » on a besoin d'une logique exercée.

» On réfute, soit en détruisant les principes sur lesquels » l'adversaire a fondé ses preuves, soit en montrant que » de bons principes il a tiré de fausses conséquences. S'il » a prouvé autre chose que ce qui était en question, s'il » a abusé de l'ambiguïté des termes, s'il a tiré une con-

» clusion absolue et sans restriction de ce qui n'était vrai
» que par accident ou à quelques égards; s'il a donné
» pour clair ce qui est douteux, pour avoué ce que nous
» lui contestons, pour propre à la cause ce qui n'est que
» vains discours et lieux communs; tous ces défauts seront
» aisément relevés par un habile dialecticien, qui joindra
» la finesse du coup d'œil à l'habitude du raisonnement.

« Il est de l'adresse de l'orateur de présenter les objec-
» tions de l'adversaire sous un tel point de vue, qu'elles
» paraissent ou frivoles, ou incroyables, ou contradic-
» toires, ou étrangères à l'état de la question (1). »

La réfutation est la partie du discours qui exige toute la souplesse possible de l'action orale et de l'action physique. — On doit, à son sujet, savoir tirer d'elles deux toutes les ressources désirables, et l'interprète ne doit pas montrer dans le développement des réfutations moins d'adresse que l'auteur n'en a mis à les trouver et à les grouper. Il doit savoir même, au besoin, lui prêter les secours de son art, quand il s'apercevra que l'intention de l'auteur a été mal servie, ou par la pensée, ou par la forme; qu'il n'a pas atteint son but, ou qu'il l'a dépassé. Dans le premier cas, c'est en accusant davantage les mots de valeur; dans le second, c'est en en ménageant l'articulation.

La réfutation est l'écueil des talents médiocres, parce que c'est dans cette partie de l'art oratoire que l'on a recours à la plaisanterie et à l'ironie, deux armes également dangereuses à manier, et dont on ne doit faire usage

(1) Le Clerc.

qu'avec une grande prudence, beaucoup d'habileté, de mesure et de goût. Le danger de l'emploi de ces moyens, pour triompher d'un adversaire, est d'autant plus grand qu'il se cache dans le succès même, et qu'on peut se trouver entraîné plus loin qu'on ne voulait d'abord. — L'écueil de l'auteur est celui de l'interprète, qu'un succès de sourire ou de rire, à l'occasion d'une plaisanterie ou d'une ironie bien interprétée, peut entraîner jusqu'à exagérer son interprétation, et à dépasser les bornes du bon goût. La pente du succès est une pente sur laquelle il est difficile de s'arrêter. Nous ne croyons devoir rien dire des différents éléments de la réfutation, nous n'y trouverions rien de profitable à notre sujet, mais nous croyons, pour notre instruction, et pour notre agrément, devoir vous donner ici un modèle de la réfutation oratoire.

Démosthène, dans le fameux procès *de la couronne*, écrase ainsi Eschine, son rival, sous le poids de ses réponses :

« Malheureux, si c'est le désastre public qui te donne » de l'audace, quand tu devrais en gémir avec nous, essaye » donc de faire voir, dans ce qui a dépendu de moi, » quelque chose qui ait contribué à notre malheur, ou » qui n'ait pas dû le prévenir. Partout où j'ai été en ambassade, les envoyés de Philippe ont-ils eu quelque » avantage sur moi? Non, jamais; non, nulle part; ni » dans la Thessalie, ni dans Thèbes, ni dans l'Illyrie. » Mais ce que j'avais fait par la parole, Philippe le détruisait par la force; et tu t'en prends à moi! et tu ne rougis pas de m'en demander compte! Ce même Démosthène, dont tu fais un homme si faible, tu veux qu'il

» l'emporte sur les armées de Philippe; et avec quoi? avec » la parole. Car il n'y avait que la parole qui fût à moi : » je ne disposais ni des bras ni de la fortune, je n'avais » aucun commandement militaire; et il n'y a que toi d'as- » sez insensé pour m'en demander raison. Mais que pou- » vait, que devait faire l'orateur d'Athènes? Voir le mal » dans sa naissance, le faire voir aux autres, et c'est ce » que j'ai fait; prévenir, autant qu'il était possible, les re- » tards, les faux prétextes, les oppositions d'intérêts, les » méprises, les fautes, les obstacles de toute espèce, trop » ordinaires entre les républiques alliées et jalouses, et » c'est ce que j'ai fait; opposer à toutes ces difficultés le » zèle, l'empressement, l'amour du devoir, l'amitié, la » concorde, et c'est ce que j'ai fait. Sur aucun de ces » points, je défie qui que ce soit de me trouver en défaut; » et si l'on me demande comment Philippe l'a emporté, » tout le monde répondra pour moi : Par ses armes qui » ont tout envahi, par son or qui a tout corrompu. Il » n'était pas en moi de combattre ni l'un ni l'autre; je » n'avais ni trésors ni soldats. Mais, pour ce qui est de » moi, j'ose le dire, j'ai vaincu Philippe; et comment? En » refusant ses largesses, en résistant à la corruption. » Quand un homme s'est laissé acheter, l'acheteur peut » dire qu'il a triomphé de lui; mais celui qui demeure in- » corruptible peut dire qu'il a triomphé du corrupteur. » Ainsi donc, autant qu'il a dépendu de Démosthène, » Athènes a été victorieuse, Athènes a été invincible. »

DE LA PÉRORAISON.

La *péroraison*, qui est la dernière partie du discours, a deux objets à remplir. Elle doit achever de convaincre, en résumant les principales preuves, et de persuader, en excitant dans l'âme les émotions propres au sujet que l'orateur a traité.

« 1° La récapitulation est indispensable dans les grandes » questions qui, par l'étendue et la diversité des objets » et des moyens qu'elles embrassent, pourraient laisser » quelque confusion et quelque embarras dans l'esprit. » Cette partie demande alors beaucoup de précision, » d'adresse et de discernement, pour rappeler en peu de » mots et par des tours variés toute la substance d'un » long discours. Vous pouvez alors, dit Cicéron (*de In-* » *ventione*, I, 52), en reproduisant votre confirmation, » et en montrant à chaque preuve comment vous avez » réfuté votre adversaire, présenter, dans un court paral- » lèle, tout l'ensemble de la cause. On a surtout besoin, » pour ces résumés, de varier les formes et les tournures » du style. »

« Réservez pour la péroraison, dit Quintilien, les plus » vives émotions du sentiment. C'est alors, ou jamais, » qu'il nous est permis d'ouvrir toutes les sources de » l'éloquence, de déployer toutes les voiles. Il en est d'un » ouvrage oratoire comme d'une tragédie ; c'est surtout » au dénoûment qu'il faut émouvoir le spectateur : » *tunc est commovendum theatrum* (1). »

(1) Le Clerc.

Dans ce précepte de Quintilien, l'orateur et l'interprète trouvent également un utile conseil, et à présent que nous avons établi leurs rapports dans la manière de procéder, nous croyons inutile de nous appesantir longuement sur les devoirs du dernier dans la péroraison. Nous dirons, seulement, qu'il doit, avec art, ménager sa force, et, si long que soit le discours, s'en réserver assez pour arriver à la fin sans fatigue, au moins apparente; mieux encore, il doit réserver pour ce dernier moment des ressources qu'on était loin de lui supposer. Nous dirons, plus loin, par quels calculs il atteindra à ce dernier degré de l'art.

Cependant, pour justifier le conseil que nous lui donnons de ménager ses moyens durant un discours, afin d'en avoir assez dans la péroraison, pour paraître même en avoir plus qu'on ne pouvait le supposer, nous dirons que l'oraison funèbre de Louis de Bourbon, prince de Condé, par Bossuet, n'a pas moins de trente-sept pages d'un in-quarto, imprimé en caractères fins et serrés, et ne pourrait être mise en action en moins d'une heure un quart. Sans doute, pour donner un exemple de l'art de distribuer savamment les ressources dont on dispose, nous devrions appliquer notre précepte sur le grand modèle d'éloquence sacrée dont nous parlons. Car, sans avoir ressenti la fatigue qui résulte de tout ce qui précède la péroraison, interpréter celle-ci avec toute la véhémence qui lui convient, ce n'est pas prouver beaucoup. Et si, contrairement à notre habitude, nous ne joignons point, en cette circonstance, l'exemple au précepte, c'est que ce serait faire une trop longue diversion au sujet dont nous nous occupons. Mais quand nous en serons arrivé au point où nous aurons posé tous nos principes, établi toutes nos règles, où nous les appliquerons à tous les genres d'éloquence, de compositions littéraires, nous ferons, comme une chose utile, ce qui aujourd'hui ne serait qu'un hors-d'œuvre, et nous ne reculerons pas devant la mise en action d'une oraison funèbre de Bossuet, ou d'un éloquent discours d'un de nos grands orateurs.

En attendant, et pour ne point laisser de lacune dans notre travail, puisque nous en sommes à la péroraison, et que nous vous avons nommé celle qui termine le panégyrique de Louis de Bourbon, nous croyons bien faire de la placer ici.

Après un exorde lent, plein d'onction et de gravité, d'humilité et de noblesse ; à la suite d'une division savamment disposée, dans laquelle le grand orateur fait heureusement intervenir la toute-puissance de Dieu, *qui, seul, fait les guerriers et les conquérants;* en terminant une confirmation où l'élévation de la pensée n'a d'égale que la puissance de l'émotion et la magnificence saisissante, et pourtant naturelle, de la forme, Bossuet finit son éloge d'un des plus grands héros qu'ait eus la France, par cette péroraison, l'un des plus beaux mouvements d'éloquence de notre langue, du cœur humain :

PÉRORAISON.

« Venez, peuple, venez maintenant ; mais venez plutôt, princes et seigneurs, et vous qui jugez la terre, et vous qui ouvrez aux hommes les portes du ciel, et vous, plus que tous les autres, princes et princesses, nobles rejetons de tant de rois, lumières de la France, mais aujourd'hui obscurcies et couvertes de votre douleur comme un nuage; venez voir le peu qui nous reste d'une si auguste naissance, de tant de grandeur, de tant de gloire; jetez les yeux de toutes parts : voilà tout ce qu'a pu faire la magnificence et la piété pour honorer un héros; des titres, des inscriptions, vaines marques de ce qui n'est plus; des figures qui semblent pleurer autour d'un tombeau, et des fragiles images d'une douleur que le temps emporte avec tout le reste; des colonnes qui semblent vouloir porter jusqu'au ciel le magnifique témoignage de notre néant; et rien enfin ne manque dans tous ces honneurs que celui à qui on les rend. Pleurez donc sur ces faibles restes de la vie humaine, pleurez sur cette triste immortalité que nous donnons aux héros; mais approchez en particulier, ô vous qui courez avec tant d'ardeur dans la carrière de la gloire, âmes guerrières et intrépides; quel autre fut plus digne de vous commander? mais dans quel autre avez-vous trouvé le commandement plus honnête? pleurez donc ce grand capitaine, et dites en gémissant : Voilà celui qui nous menait dans les hasards; sous lui se sont formés tant de renommés capitaines que ses exemples ont élevés aux premiers honneurs de la guerre; son ombre eût pu encore gagner des batailles, et voilà que dans son silence son nom même nous anime, et ensemble il nous avertit que pour trouver à la mort quelque reste de nos travaux, et n'arriver pas sans ressource à notre éternelle demeure. avec le roi de la terre, il faut encore servir le roi du ciel. Servez donc ce roi immortel et si plein de miséricorde, qui vous comptera un soupir et un verre d'eau donné e son nom plus que tous les autres ne feront jamais tou votre sang répandu ; et commencez à compter le temp de vos utiles services du jour que vous vous serez donné à un maître si bienfaisant. Et vous, ne viendrez-vous pa à ce triste monument, vous, dis-je, qu'il a bien voul mettre au rang de ses amis ? tous ensemble, en quelqu degré de sa confiance qu'il vous ait reçus, environnez c tombeau, versez des larmes avec des prières, et, admiran dans un si grand prince une amitié si commode et u commerce si doux, conservez le souvenir d'un héros don la bonté avait égalé le courage. Ainsi puisse-t-il toujour vous être un cher entretien ! ainsi puissiez-vous profite de ses vertus ; et que sa mort, que vous déplorez, vou serve à la fois de consolation et d'exemple ! Pour moi, s'i m'est permis, après tous les autres, de venir rendre les derniers devoirs à ce tombeau, à ce prince, le digne sujet de nos louanges et de nos regrets, vous vivrez éternellemen dans ma mémoire ; votre image y sera tracée, non poin avec cette audace qui promettait la victoire ; non, je ne veux rien voir en vous de ce que la mort y efface ; vous aurez dans cette image des traits immortels ; je vous y verrai tel que vous étiez à ce dernier jour sous la main de Dieu, lorsque sa gloire sembla commencer à vous apparaître. C'est là que je vous verrai plus triomphant qu'à Fribourg et à Rocroy ; et, ravi d'un si beau triomphe, je dirai en action de grâces ces belles paroles du bien-aimé disciple : *Et hæc est victoria quæ vincit mundum, fides nostra* : « La véritable victoire, celle qui met sous nos pieds le monde entier, c'est notre foi. » Jouissez, prince, de cette victoire, jouissez-en éternellement par l'immortelle vertu de ce sacrifice ; agréez ces derniers efforts d'une voix qui vous fut connue : vous mettrez fin à tous ces discours. Au lieu de déplorer la mort des autres, grand prince, dorénavant je veux apprendre de vous à rendre la mienne sainte ; heureux si, averti par ces cheveux blancs du compte que je dois rendre de mon administration, je réserve au troupeau que je dois nourrir de la parole de vie les restes d'une voix qui tombe et d'une ardeur qui s'éteint. »

SIXIÈME ENTRETIEN.

L'ÉLOCUTION, DES QUALITÉS GÉNÉRALES DU STYLE, DES TROIS SORTES DE FIGURES ET DE L'INTERPRÉTATION PARTICULIÈRE A CHACUNE D'ELLES.

Dans notre dernière séance, nous nous sommes occupés des deux premières parties de la rhétorique ; elles traitent, la première, de l'invention, dans laquelle sont compris les arguments, les mœurs, les passions; la seconde traite de la disposition, et comprend l'exorde, la proposition, la division, la narration, la preuve ou confirmation, la réfutation et la péroraison.

Nous allons, aujourd'hui, nous entretenir de la troisième et avant-dernière partie, comprenant : l'élocution, les qualités générales du style, ses qualités particulières et les trois sortes de figures appelées tropes, figures de mots, figures de pensées et de quelques autres figures dites de mots et de grammaire, comme de plusieurs sortes d'hyperbates. Procédons avec ordre, et pour cela entretenons-nous de l'élocution. Voici comment Voltaire s'exprime à son sujet :

DE L'ÉLOCUTION.

« Presque toutes les choses qu'on dit frappent moins que

» la manière dont on les dit ; car les hommes ont tous à « peu près les mêmes idées de ce qui est à la portée de » tout le monde : la différence est dans l'expression ou le » style. Combien peu de génies ont-ils su exprimer ce » que tant d'auteurs ont voulu peindre ! Le style rend » singulières les choses les plus communes, fortifie les » plus faibles, donne de la grandeur aux plus simples. »

Nous avons tenu à vous faire connaître ce que dit Voltaire de l'*élocution*, parce que, ce qu'il en dit, s'applique si bien à notre art, que l'on croirait que c'est lui qu'a eu en vue ce grand esprit. Analysons et jugeons. « Presque » toutes les choses qu'on dit frappent moins que la » manière dont on les dit. »

Cette vérité n'est-elle pas surtout saisissante au point de vue du ton et de l'inflexion ? Et plus loin : « Car les » hommes ont tous à peu près les mêmes idées de ce qui » est à la portée de tout le monde. » Est-ce qu'il n'est pas également incontestable que les mêmes idées gagnent ou perdent de leur force et de leur agrément par la différence de l'interprétation ? — Si. Toujours, toujours, et, nous nous appliquons à vous le faire remarquer, les préceptes de l'art d'écrire peuvent s'appliquer à l'art de dire ; voilà pourquoi nous croyons utile de nous arrêter à chacun d'eux, pour vous en persuader et vous engager à vous y conformer. Poursuivons.

DES QUALITÉS GÉNÉRALES DU STYLE.

» Les *qualités générales du style* sont : la pureté, la » clarté, la précision, le naturel, la noblesse, l'harmonie.

» Dans tous les genres, naïf, familier, sublime, ces qua-
» lités distinguent les grands écrivains (1).

Non-seulement ces règles éternelles de l'art d'écrire s'appliquent parfaitement au nôtre, mais encore à tous les arts. En effet, tous exigent la clarté, la précision, le naturel, la noblesse et l'harmonie, car, ainsi que le dit Boileau dans son *Art poétique :*

Le style le moins noble a pourtant sa noblesse.

Comme tous les arts ont leur style, tous doivent justifier non-seulement ce vers, mais encore ces deux-ci :

Il n'est point de serpent ni de monstre odieux,
Qui, par l'art imité, ne puisse plaire aux yeux.

DE LA PURETÉ DU STYLE.

La *pureté du style* consiste à s'exprimer correctement, c'est-à-dire à n'employer que des locutions que la règle ou du moins l'usage autorise.

Voici ce qu'en dit Boileau dans son *Art poétique :*

Surtout qu'en vos écrits la langue révérée
Dans vos plus grands excès vous soit toujours sacrée.
En vain vous me frappez d'un son mélodieux,
Si le terme est impropre, ou le tour vicieux;
Mon esprit n'admet point un pompeux barbarisme,
Ni d'un vers ampoulé l'orgueilleux solécisme :

(1) Le Clerc.

Sans la langue, en un mot, l'auteur le plus divin
Est toujours, quoi qu'il fasse, un méchant écrivain.

A présent il ne sera pas sans intérêt de rapprocher ces préceptes de l'art d'écrire, posés par le grand législateur du Parnasse français, des préceptes de l'art de l'interprétation, posés par l'immortel créateur du romantisme, par Shakspeare, dont la compétence en pareille matière est incontestable, puisqu'il ne fut pas moins habile à mettre en action des grands types, qu'il ne le fut à concevoir et à écrire. Voici les conseils qu'il fait donner au comédien, par *Hamlet*, dans son magnifique drame de ce nom. Nous empruntons ces vers à la remarquable traduction de MM. A. Dumas et Paul Meurice :

HAMLET.

De tel acteur fameux que j'ai vu sur la scène,
Et dont la grosse voix m'a fait bien de la peine,
Ne va pas, compagnon, imitant le travers,
Comme un crieur public beugler tes pauvres vers.
Il ne faut pas non plus de ton geste rapace,
Fendu comme un compas, accaparer l'espace.
Reste maître de toi : jamais d'effet criard !
Garde aux troubles du cœur la dignité de l'art.
Et quand la passion entraîne, gronde et tonne,
Tâche que l'on admire avant que l'on s'étonne.
Quel supplice d'entendre et de voir des lourdauds,
Qui, mettant sans remords un amour en lambeaux,
Déchirent à la fois la pièce et vos oreilles !
Tandis que le public, à ces grosses merveilles,

Stupéfait, applaudit les grands cris, les grands bras,
Et siffle un noble acteur qui ne l'assourdit pas.
Le fouet à ces braillards drapés en matamore
Qui sur *l'affreux tyran* enchérissent encore!
Evite ces défauts.

LE COMÉDIEN.

Prince, je tâcherai.

HAMLET.

Pourtant, pas de froideur et pas d'air maniéré!
Accorde habilement ton geste et ta parole,
Et fais que la nature éclate dans ton rôle.
La nature avant tout! La scène est un miroir
Où l'homme tel qu'il est, bien et mal se doit voir;
Où siècles qu'on oublie et pays qu'on ignore
Reprennent leur allure et viennent vivre encore.
Si l'image est outrée ou le reflet pâli,
Que le vulgaire y trouve un chef-d'œuvre accompli.
Un esprit éclairé qui vous fera la guerre,
Pour vous, doit l'emporter, seul, sur tout le vulgaire.
Oh! j'ai vu maint acteur dont on disait grand bien
Et dont l'aspect pourtant n'avait rien de chrétien,
Ni même de païen, ni d'humain, à vrai dire!
Et qui, gesticulant, hurlant, comme en délire,
Semblait un pauvre essai qu'un grossier apprenti
Pour singer la nature avait un jour bâti,
Et qui tronqué, manqué, gauche et sans harmonie,
Pour notre humanité n'était qu'une ironie!

LE COMÉDIEN.

Ces défauts chez nous sont quelque peu réformés.

HAMLET.

Qu'ils le soient tout à fait : vos bouffons mal grimés
Jettent parfois leur rire et leurs farces, les drôles!
A travers l'intérêt poignant des autres rôles :
C'est fat et c'est stupide! et maintenant, *dixi.*
Tu peux donc commencer quand tu voudras.

LE COMÉDIEN.

Merci.

Ne sont-ce pas les mêmes pensées qui se retrouvent dans ces préceptes de deux arts? —Si. — Et il ne pourrait en être autrement, car ils se proposent le même but, la différence entre eux n'est que dans les moyens de l'atteindre. En effet, le premier consiste en l'interprétation de ses pensées et de ses sentiments à l'aide de l'écriture ; et le second, en la même interprétation à l'aide de la parole et de la pantomime.

Nous pourrions, si nous le désirions, multiplier les preuves de la nature de celles que nous venons de donner, mais ce que nous avançons ressortira si souvent de ce qui suivra que nous n'avons qu'à continuer.

Nous allons nous entretenir des qualités particulières du style.

D'après des observations faites sur la nature, les anciens avaient distingué les trois principaux caractères de l'élocution : le simple, le tempéré et le sublime.

Nous aussi nous avons l'*interprétation simple*, la *tempérée* et la *sublime*, correspondant avec les trois degrés de l'art, lesquels répondent aux trois personnalités, définies plus haut, à la primitive, à celle modifiée par l'éducation, et à celle alliée à une heureuse nature.

Mais, pour savoir de quelle interprétation l'on peut faire usage, faut-il encore savoir reconnaître les trois sortes de styles et ne point mettre au service du genre simple l'interprétation propre au genre sublime. Comme le goût n'est pas un guide infaillible en cette matière, citons des modèles, ils nous habitueront à les distinguer de manière à ne jamais les confondre.

« Rien, dit Cicéron (1), ne semble d'abord plus facile à imiter que le style simple; à l'épreuve, rien ne l'est moins. Quoiqu'il ne doive pas être très-nourri, cependant il faut qu'il ait un certain suc, et, sinon une extrême force, du moins celle qui prouve la santé. Commençons donc par le tirer de la servitude des nombres oratoires, nécessaires à d'autres genres, mais que celui-ci néglige. Sa marche doit être libre, quoique régulière; il fuit la contrainte, mais il évite aussi les écarts et la licence. Qu'il ne cherche pas non plus à lier les mots par une construction pleine et serrée; ces hiatus, ces voyelles qui se rencontrent, ont souvent je ne sais quel aimable abandon qui nous montre l'heureuse négligence d'un homme plus occupé des choses que des mots. Mais l'orateur, libre du travail de la période, de l'enchaînement de la phrase, a d'autres conditions à remplir; car ces tours si rapides et si simples ne dispensent pas de toute application : il est un art de paraître sans art. Comme il y a des femmes à qui il sied bien de n'être point parées, l'élocution simple nous plaît, même

(1) Orator, c. 23 et sq.

sans ornements. C'est une beauté négligée, qui a des grâces d'autant plus touchantes qu'elle n'y songe pas.... L'orateur du genre simple, content de ces grâces modestes, sera peu hardi à créer des expressions nouvelles, réservé dans ses métaphores, économe de vieux mots, sobre en général dans l'emploi des figures... Ce genre n'admet ni la parure ni l'éclat : c'est un repas sans magnificence, mais où le bon goût règne avec l'économie ; le bon goût, c'est le choix. On ne trouvera ici aucune de ces figures des rhéteurs, ni anthithèses brillantes, ni chutes et désinences semblables, ni changements de lettres pour faire un jeu de mots; des beautés si travaillées, des piéges ainsi tendus annonceraient trop l'envie de séduire. Les figures de répétition, qui veulent une prononciation forte et animée, ne s'accorderaient pas non plus avec ce ton modeste et simple ; mais il n'exclut pas les autres figures de mots, pourvu que les phrases soient coupées et toujours faciles, et les expressions conformes à l'usage ; que les métaphores ne soient pas trop hardies, ni les figures de pensées trop ambitieuses. L'orateur ne fera point parler la république, n'évoquera point les morts, n'affectera point ces riches énumérations qui se lient dans une seule période. Ces ornements supposent dans la voix une véhémence qu'on ne doit attendre ni exiger de lui ; il sera simple dans son débit comme dans son style... Son action ne sera ni tragique ni théâtrale ; avec des gestes modérés et l'air du visage, il produira une vive impression ; et, sans grimace, il fera voir naturellement dans quel sens il faut l'entendre.

» Le second genre de style a un peu plus d'abondance et de force que le premier, mais moins d'élévation que celui dont nous allons bientôt parler : il ne prétend pas à l'énergie; son caractère est la douceur. Plus riche que le simple, plus humble que le sublime, tous les ornements lui conviennent, et ce qui le distingue enfin, c'est l'art de plaire. Les Grecs en ont eu plusieurs modèles, mais, selon moi, Démétrius de Phalère les a tous effacés. Sa manière est douce et calme; seulement quelques éclairs, la métaphore, la métonymie, y brillent par intervalles... Ce genre admet toutes les autres figures de mots, et plusieurs figures de pensées. Il sert pour les discussions longues et soignées, pour les lieux communs qui n'ont pas besoin de véhémence : en un mot, telle est à peu près l'éloquence des disciples des philosophes; elle est bonne en soi, mais qu'on se garde bien de la comparer à une éloquence plus mâle. En effet, ce style brillant et fleuri, toujours poli, toujours ingénieux, où s'enchaînent habilement toutes les grâces de l'élocution et de l'esprit, et qui a passé de l'école des sophistes dans les discours publics, paraît convenir essentiellement au genre tempéré : c'est qu'il est méprisé par le genre simple, repoussé par le sublime.

» Le troisième genre, enfin, est ce genre sublime, riche, majestueux, éclatant, armé de toute la force de la parole. C'est cette élévation, cette grandeur de style qui a commandé l'admiration aux peuples, et leur a fait accorder, dans le gouvernement, tant de pouvoir à l'éloquence : je parle de cette éloquence qui se précipite et retentit comme un torrent, qui étonne, qui saisit, et qu'on désespère d'atteindre. C'est elle qui règne sur les esprits, c'est elle qui les entraîne à son gré, qui tantôt brise tous les obstacles, tantôt s'insinue dans les cœurs, y fait germer des opinions nouvelles, en arrache les mieux affermies. Mais quelle différence entre l'orateur sublime et les précédents! Celui qui s'exerce dans le style simple, dont le but est de parler avec goût, avec esprit, sans chercher à s'élever plus haut, peut être regardé, s'il réussit, comme un grand orateur, quoiqu'il n'ait pas la première place ; et une fois sûr de sa manière, il n'a rien à craindre, il ne tombera pas. L'orateur tempéré, pourvu qu'il soit assez fourni de cette sorte d'ornements qui lui conviennent, ne peut courir non plus de grands hasards, et si même il chancelle quelquefois, la chute ne sera jamais dangereuse; car il ne tombera pas de très-haut. Mais si l'orateur sublime, que nous plaçons le premier, veut être toujours vif, ardent, impétueux; si son génie le porte toujours au grand, s'il ne s'exerce qu'en ce genre, s'il en fait son unique étude, et qu'il ne sache pas le tempérer par le mélange des deux autres, il ne s'attirera que de justes mépris. En effet, celui qui joint à la simplicité de la diction la sagacité et la justesse des pensées, plaît par la raison, comme l'orateur fleuri par l'agrément; mais celui qui veut n'être que sublime ne paraît pas même sensé. Un homme qui ne peut jamais parler d'un ton calme et tranquille, qui ne connaît ni méthode, ni définition, ni variété, ni enjouement, lorsqu'il y a tant de sujets qui demandent à être ainsi traités en tout ou en partie, un homme qui, sans avoir préparé les esprits, s'enflamme dès l'abord, n'a-t-il pas l'air d'un frénétique parmi des gens de sens rassis, d'un homme ivre parmi des gens à jeun et de sang-froid?

« Quel est donc l'homme véritablement éloquent? C'est celui qui sait employer toujours, dans les petites choses, le style simple; dans les grandes, le sublime; dans les médiocres le tempéré. »

Cicéron trouve aisément, dans sa carrière oratoire, des exemples de ces trois genres :

« Mon plaidoyer pour Cécina roulait entièrement sur l'ordonnance du préteur : je me contentai d'éclaircir les points obscurs par des définitions; je fis l'éloge du droit; j'expliquai les mots équivoques. Dans mon discours pour la loi Manilia, j'avais à louer Pompée : j'adoptai le genre tempéré qui convenait au panégyrique. La cause de Rabirius intéressait la majesté du peuple romain : je m'y livrai à toute la chaleur des mouvements passionnés. Mais il faut souvent employer tour à tour et varier à propos ces différents styles. Quel est celui qu'on ne trouve point, par exemple, dans mes cinq livres de l'Accusation, dans mes plaidoyers pour Avitus, pour Cornélius, dans la plupart de mes défenses? J'en citerais des preuves, si je n'osais croire qu'elles sont connues, ou qu'on peut facilement les y trouver. Il n'est point, en effet, de beauté oratoire dont mes discours ne laissent apercevoir, je ne dis pas le modèle, mais l'essai, l'ébauche imparfaite : je n'atteins pas le but, mais je le vois. »

C'était donc une erreur de s'imaginer, comme on l'a fait, que les anciens traçaient une ligne de démarcation entre ces divers genres. Cicéron dit hautement le contraire, et c'est toujours lui qu'il faut croire dans ces grandes questions d'éloquence et de goût; car les autres rhéteurs ne l'ont pas toujours compris; et Quintilien même, comme nous le verrons plus bas en parlant des figures, a quelquefois mal saisi les principes de l'orateur romain. On aurait tort certainement d'opposer le simple au sublime, puisque le sublime se trouve souvent dans le simple, et qu'il n'est rien de plus simple et en même temps de plus sublime que ce passage de la *Génèse*, justement admiré par Longin : *Dieu dit : que la lumière soit; et la lumière fut.* Mais c'est ici la pensée qui est sublime; le style est simple. Jamais les grands critiques de l'antiquité ne se sont trompés sur cette distinction. Après avoir reconnu, comme eux, que le style simple n'exclut pas la grandeur ou l'énergie des idées, ni le style sublime une certaine naïveté de sentiments qui s'accorde très-bien avec les plus grands sujets, que les trois genres se mêlent souvent et se combinent l'un avec l'autre, et qu'ils peuvent se rencontrer tous dans une seule composition, et quelquefois dans une seule page, où l'élocution se plie et se façonne aux mouvements de la pensée, il nous reste à examiner avec quelque détail les qualités propres à chacun de ces trois genres, et les nuances diverses qui en forment le caractère.

1° DU STYLE SIMPLE.

Les observations précédentes, où nous avons entendu Cicéron parler surtout du *style simple* avec une complaisance et une prédilection qu'on trouve dans tous les bons esprits, nous dispensent de nous y arrêter longtemps; et il faut avouer d'ailleurs qu'on ne pourrait donner ici que bien peu de règles. Ce style est principalement celui des discussions ordinaires.

Ce que dit Cicéron des mélanges incessants des trois sortes de style est fort juste. Il faut savoir, selon le sujet que l'on traite, employer l'un ou l'autre à tour de rôle; il en est de même des trois sortes d'interprétation. Nous ne pensons point qu'on puisse se tromper maintenant sur les trois caractères du style. Cependant pour plus de certitude, nous croyons devoir recourir à quelques définitions, d'autant plus qu'elles sont fort intéressantes et s'attachent à des caractères distinctifs.

Ceux du style simple sont : la grâce, la souplesse de l'expression, ses délicatesses, des traits naturels, un ton de noble familiarité.

Les qualités du *style tempéré* sont : l'élégance, la richesse, la finesse, la délicatesse, la naïveté.

Le *sublime* ne peut se trouver que dans les grands sujets. La poésie, l'histoire et la philosophie ont toutes le même objet, l'homme et la nature. La philosophie décrit et dépeint la nature; la poésie la peint et l'embellit; elle peint aussi les hommes et les agrandit, elle les exagère; elle crée les héros et les dieux : l'histoire ne peint que l'homme, et le peint tel qu'il est : ainsi, le ton de l'historien ne deviendra sublime que quand il fera le portrait des plus grands hommes, quand il exposera les plus grandes actions, les plus grands mouvements, les plus grandes révolutions; et partout ailleurs il suffira qu'il soit majestueux et grave. Le ton du philosophe pourra devenir sublime toutes les fois qu'il parlera des lois de la nature, des êtres en général, de l'espace, de la matière, du mouvement et du temps, de l'âme, de l'esprit humain, des sentiments, des passions; dans le reste, il suffira qu'il soit noble et élevé. Mais le ton de l'orateur et du poëte, dès que le sujet est grand, doit toujours être sublime, parce qu'ils sont les maîtres de joindre à la grandeur de leur sujet autant de couleur, autant de mouvement, autant d'illusion qu'il leur plaît, et que, devant toujours agrandir les objets, ils doivent aussi partout employer toute la force et déployer toute l'étendue de leur génie (1).

« Les qualités qui conviennent à ce genre, c'est-à-dire » aux sujets élevés ou pathétiques, sont l'énergie, la vé- » hémence, la magnificence, et ce qu'on nomme pro- » prement le sublime (2).

» L'*énergie* presse en peu de mots le sentiment ou la » pensée, pour l'exprimer avec plus de force et lui donner » plus de ressort. Tels sont ces vers de Camille dans la » tragédie d'Horace :

Voir le dernier Romain à son dernier soupir,
Moi seule en être cause, et mourir de plaisir!

» Souvent l'énergie est dans la force que l'image com- » munique à l'idée. Corneille dit que les trois favoris » du vieux Galba s'empressaient ardemment

A qui dévorerait ce règne d'un moment.

» Quelle énergie dans cette expression, *dévorer un* » *règne!* c'est là un de ces mots que Despréaux appelait » *trouvés*. Mettez à la place l'expression simple, *à qui pro-* » *fiterait de ce règne d'un moment*, l'énergie n'existera » plus (3). »

(1) Buffon.
(2) Le Clerc.
(3) Le Clerc.

Il faut nécessairement que celui qui dira le dernier des trois vers cités donne une grande valeur d'articulation au verbe *dévorer*, puisque c'est lui qui fait image et qui crée l'énergie des vers.

« La *véhémence* dépend moins de la force que du tour » et du mouvement impétueux de l'expression: c'est l'im- » pulsion que le style reçoit des sentiments, qui naissent » en foule et se pressent dans l'âme, impatients de se ré- » pandre et de passer dans l'âme d'autrui. La célérité » des idées qui s'échappent comme des traits de lumière, » communiquée à l'expression, fait la vivacité du style; » cette vivacité, animée par le sentiment, produit la vé- » hémence.

» Virgile fait ainsi parler Nisus, lorsqu'il veut mourir » pour Euryale :

Me, me; adsum, qui feci! in me convertite ferrum,
O Rutuli! mea fraus omnis : nihil iste nec ausus,
Nec potuit. Cœlum hoc, et conscia sidera testor :
Tantum infelicem nimium dilexit amicum.

(Æneid., IX, 427.)

Moi, c'est moi! sur moi seul il faut porter vos coups,
Cet enfant n'a rien fait, n'a rien pu contre vous;
Arrêtez! me voici, voici votre victime;
Epargnez l'innocence, et punissez le crime.
Hélas! il aima trop un ami malheureux;
Voilà tout son forfait, j'en atteste les dieux!

(DELILLE.)

» Peut-on mieux exprimer l'impatience, la crainte de » Nisus, et tout l'héroïsme de l'amitié (1)? »

(1) Le Clerc.

C'est surtout pour l'interprétation de la véhémence qu'il faut bien posséder tous les moyens mécaniques et l'art des inflexions, pour ne point bredouiller, pour ne pas confondre l'expression des sentiments et ne pas tomber dans une regrettable confusion de mots et d'accents pas plus que dans une action physique offusquante.

La *magnificence* est la richesse unie à la grandeur. Telle est cette image de David (Ps. XVII, v. 10) : « L'É-» ternel a abaissé les cieux, et il est descendu : les nuages » étaient sous ses pieds. Assis sur les chérubins, il a pris » son vol, et son vol a devancé les ailes des vents. »

« Mais il est ici un écueil à éviter, c'est l'enflure. Elle » exprime en termes pompeux une pensée fausse, ou veut » faire paraître les idées plus grandes qu'elles ne sont. » *Cinna*, dans la tragédie de Corneille, dit, en parlant de » Pompée :

Le Ciel choisit sa mort pour servir dignement
D'une marque éternelle à ce grand changement,
Et devait cette gloire aux mânes d'un tel homme
D'emporter avec eux la liberté de Rome.

(Act. II, sc. I.)

» Cette pensée a beaucoup d'éclat, et même un air de » grandeur qui impose. Mais, quand on l'examine, on » voit qu'elle manque de solidité. En effet, pourquoi le » Ciel devait-il faire l'honneur à Pompée de rendre les » Romains esclaves après sa mort? Le contraire serait » plus vrai : les mânes de Pompée devaient plutôt obtenir » du Ciel le maintien éternel de cette liberté, pour la-

» quelle on suppose qu'il combattit et qu'il mourut (1). »

L'enflure est surtout le défaut des tragédiens en général, des débutants en particulier. La fausse idée qu'ils se font de la noblesse, de la dignité, les porte à grossir leur voix, à des froncements de sourcils ridicules, à des gestes de matamore pour la mise en action des sentiments les plus simples ; quelquefois même ce ridicule survit aux premières études, se change en défaut chronique et devient l'une des causes qui font détester la tragédie, en lui faisant supposer une exagération dont elle est innocente et qui n'est que dans l'action de ses interprètes.

« On a défini le *sublime* tout ce qui porte nos idées et » nos sentiments au plus haut degré d'élévation ; tout ce » qui s'empare si vivement de notre âme, que sa sensi- » bilité, réunie en un point, laisse toutes ses facultés » comme interdites et suspendues. Des exemples le dé- » finiront mieux. Il y a deux sortes de sublime : l'un » qu'on nomme *sublime de pensée*, parce qu'il consiste » dans une grande idée, soit exprimée simplement, soit » revêtue d'images ; l'autre appelé *sublime de sentiment*, » parce qu'il peint un mouvement de l'âme. »

« Le trait fameux de Moïse, « Dieu dit : *Que la lumière* » *soit*, et la lumière fut, » c'est-à-dire la puissance de » Dieu obéie tout à coup par le néant même, est du su- » blime de pensée. Longin le cite (περὶ Ὕψους, c. 7, *al.* 9), » et l'oppose aux plus beaux traits d'Homère. »

« *Dieu seul est grand, mes frères !* Voilà, dans Massillon,

(1) Le Clerc, cette critique est de Voltaire ; on peut y trouver trop de sévérité.

» les premières paroles de l'Éloge de Louis XIV : c'est un » beau mot que celui-là, prononcé en regardant le cercueil » de Louis le Grand (1). »

Sublime de sentiment :

Lorsque la conspiration de Cinna est découverte, qu'il a tout avoué, et qu'on ne s'attend plus qu'à une vengeance éclatante, Auguste, dans cette scène admirable, dit au conspirateur :

Soyons amis, Cinna, c'est moi qui t'en convie.

C'est là ce qui fit verser des larmes au grand Condé (2). Nous savons déjà la nature de voix et tout ce qui convient au sublime de sentiment. C'est le troisième degré de l'art.

DES ALLIANCES DE MOTS.

« Comme ce n'est point dans une stérile abondance de » mots que consiste la beauté d'une langue, mais dans » ces tours de phrase, dans ces expressions frappantes » qui rendent la pensée avec justesse, avec énergie, les » bons écrivains ne cherchent point à inventer des mots » nouveaux : ils étudient l'art de combiner heureusement » ceux que l'usage autorise. C'est par une liaison fine et » juste de mots déjà connus qu'ils enrichissent le lan- » gage.

» Corneille, ce génie mâle et vigoureux, qui savait » s'exprimer comme il pensait, en unissant ces deux

(1) De Châteaubriand, Le Clerc.

(2) Le Clerc.

» mots, *aspirer* et *descendre*, qui ne semblent pas faits l'un
» pour l'autre, nous montre l'inconstance de l'homme
» dégoûté des grandeurs :

Et monté sur le faîte, il aspire à descendre.
(*Cinna*, act. II, sc. I.)

» Racine admirait surtout ce vers, et le faisait admirer à
» ses enfants. En effet, ce mot *aspirer*, qui d'ordinaire
» s'emploie avec *s'élever*, devient une beauté neuve quand
» on le joint à *descendre*. C'est cet heureux emploi des
» mots qui fait la belle poésie et rend un ouvrage im-
» mortel (1). »

L'interprète de profession ne saurait faire une étude trop complète des beautés du style pour n'en négliger aucune. Il ne saurait se faire une juste idée de l'impression désagréable que sent un auditeur lorsqu'il entend dire négligemment une de ces beautés littéraires qui résultent ou d'une heureuse alliance de mots ou d'une riche métaphore, ni se persuader assez de l'intime reconnaissance que lui ont les personnes de goût, lorsqu'elles les voient faire ressortir avec un tact exquis toutes les qualités de l'œuvre qu'il interprète. A cet égard encore, le plus heureux sentiment a besoin d'être éclairé et guidé par l'étude.

DES ÉPITHÈTES.

« Les épithètes embellissent le discours, pourvu qu'elles

(1) Le Clerc.

» ne soient pas trop multipliées. Si, de ces beaux vers
» de Racine :

Et la rame inutile
Fatigua vainement une mer immobile.

» on retranchait les épithètes, et que l'on dît simplement
» *la rame fatigua vainement la mer*, de quelles grâces
» l'expression ne se trouverait-elle pas dépouillée!

» Il en est de même de cet autre vers du même poëte :

Dans l'Orient désert quel devint mon ennui !
(*Bérénice.*)

» Cette seule épithète, *désert*, exprime la pensée de
» Tibulle (IV, 13, 12) :

. . . . . *Et in solis tu mihi turba locis.*

» Lorsque le grand prêtre, dans *Athalie*, fait espérer
» que Dieu doit un jour tirer Joas du tombeau :

Et de David éteint rallumer le flambeau,

» cette épithète, qui accompagnerait mal tout autre
» nom, semble faite pour celui de David, la lumière
» d'Israël, d'où doit sortir la lumière des nations (1). »

Il faut bien examiner la nature de l'épithète, car elle varie à l'infini, et se trouve dans toutes les situations, dans toutes les bouches et dans tous les mouvements de

(1) Le Clerc.

l'âme ; elle exige toujours d'être mise en relief, plus ou moins, selon la place qu'elle occupe, mais elle ne doit jamais passer inaperçue, à moins que l'auteur n'en abuse ; dans ce cas, on s'attache à la faire disparaître en la disant sur le ton et dans le mouvement des mots qui la précèdent et de ceux qui la suivent. C'est ainsi que le diseur de talent entre en collaboration avec l'auteur, autrement il n'en est que l'aveugle serviteur.

DES FIGURES.

Le style est figuré par les images, par les expressions pittoresques, qui figurent les choses dont on parle, et qui les défigurent quand les images ne sont pas justes (1).

« On a quelquefois défini les figures, *des façons de parler* » *qui s'éloignent de la manière naturelle et ordinaire*. Défi- » nition fausse : car il n'y a rien de si naturel, de si » ordinaire et de si commun que les figures dans le lan- » gage des hommes ; et l'auteur des *Tropes* observe à » juste titre qu'il se fait dans un jour de marché, à la » halle, plus de figures qu'en plusieurs jours d'assem- » blées académiques.

» Les figures sont des tours, des mouvements de style, » qui, par la manière dont ils rendent la pensée, y ajou- » tent de la force ou de la grâce. Elles sont proprement » l'expression du sentiment dans le discours, comme les » attitudes dans la sculpture et la peinture, *quasi gestus* » *orationis*, dit Cicéron (2).

(1) Voltaire.

(2) Le Clerc.

» Il y a des figures qui changent la signification des » mots, et on les nomme *tropes*, d'un verbe grec (τρέπω » τέτροπα) qui signifie *changer*. C'est ainsi qu'on dit cent *voi-* » *les* pour cent vaisseaux, et qu'on appelle *lion* un homme » courageux. D'autres figures laissent aux mots leur véri- » table signification, et elles conservent le nom généri- » que de *figures*. Celles-ci se distinguent encore en deux » espèces, *figures de mots*, et *figures de pensées*.

» La figure de mot y est tellement attachée, que, si on » change le mot, elle périt. La figure de pensée subsiste » malgré le changement des mots, pourvu que le sens ne » change pas. »

DES TROPES.

« Les trois principaux tropes, auxquels se rapportent » les autres, sont la *métaphore*, la *métonymie*, la *synec-* » *doche*.

» La métaphore est une figure par laquelle on trans- » porte la signification propre d'un mot à une autre » signification, qui ne lui convient qu'en vertu d'une » comparaison qui est dans l'esprit. Toute métaphore » renferme donc une comparaison ; mais elle en rend » l'expression plus rapide et plus vive. *In tota autem* » *metaphora brevior est similitudo*. (Quintil., VIII, 6.) » Quand Homère dit qu'Achille s'élance comme un lion, » c'est une comparaison ; mais quand il dit du même » héros, *ce lion s'élance*, c'est une métaphore.

» L'éloquence ne saurait exister sans ce langage auxi- » liaire de l'imagination : le discours doit frapper égale-

» ment l'esprit et les sens des hommes ; or, les sens ne sont
» émus que par la vérité et la vivacité des images. La
» métaphore servira donc à donner des corps aux objets
» les plus spirituels ; et c'est ainsi que tout ce qui
» appartient à notre âme est exprimé dans le langage
» commun par des images sensibles : nous disons la *péné-*
» *tration* de l'esprit, la *rapidité* de la *pensée*, la *chaleur*
» du sentiment, la *dureté* de l'âme (1).

» Non-seulement la métaphore rend sensible ce qui ne
» l'est pas, mais elle peint un objet sensible sous des
» traits plus riants ou plus énergiques. Quand on dit d'un
» homme endormi qu'il est *enseveli dans le sommeil*, on
» donne plus d'expression à l'idée que si l'on disait sim-
» plement qu'il dort. Virgile a prêté une double force à
» cette image :

Invadunt urbem somno vinoque sepultam.
(Æneid., II, 265).

» La métaphore est le plus beau, le plus riche, le plus
» fréquemment employé de tous les tropes, et c'est par
» cette figure que le style s'embellit et se colore ; c'est par
» elle que tout est vivant dans la poésie et dans l'élo-
» quence. Cette hardiesse, qui donne du sentiment aux
» êtres qui n'en ont point, est ordinaire aux passions.
» Voilà ce que n'ont point observé ceux qui ont critiqué
» ce vers :

Le flot qui l'apporta recule épouvanté.

(1) Le Clerc.

» La douleur, disent-ils, ne cherche pas les ornements. » Ce n'est pas non plus un ornement que cherche Thé» ramène; il parle le langage de la douleur, qui lui fait » croire que toute la nature a horreur comme lui de ce » monstre vomi par les flots (1).

» Dans la tragédie d'*Alzire*, Alvarès dit à Gusman :

> Votre hymen est le nœud qui joindra les deux mondes.

» Image frappante, qui offre à l'esprit un magnifique » spectacle. Cette autre métaphore est encore belle et » heureusement préparée :

> L'Américain farouche est un monstre sauvage,
> Qui mort en frémissant le frein de l'esclavage.

« Celle-ci, dans *Zaïre*, est touchante et vraie :

> Le Dieu qui rend la force aux plus faibles courages,
> Soutiendra ce roseau plié par les orages. »

« Les métaphores sont défectueuses, 1° quand elles » sont tirées de sujets bas : on reproche à Tertullien d'avoir » dit que *le déluge universel fut la lessive générale de la* » *nature : Dilivium, naturæ generale lixivium.* Le style ne » vaut pas mieux que la pensée. On lit dans un poëte : *Dieu* » *lava bien la tête à son image.* Benserade pouvait mieux » choisir ses modèles. 2° Quand elles sont forcées, prises de » loin, et que le rapport n'est point assez naturel, ni » la comparaison assez sensible. Théophile a dit : *Je bai-*

(1) Racine le fils.

» *gnerai mes mains dans les ondes de tes cheveux;* et ail-
» leurs : *La charrue écorche la plaine.* Mais Théophile,
» suivant La Bruyère, charge ses descriptions, s'appe-
» santit sur les détails ; il exagère, il passe le vrai dans la
» nature, il en fait le roman. 3° Quand les termes méta-
» phoriques, dont l'un est dit de l'autre, excitent des idées
» qui ne peuvent pas être liées, comme si l'on disait d'un
» orateur, *c'est un torrent qui s'allume*, au lieu de, c'est
» un torrent qui entraîne. Dans les premières éditions du
» *Cid*, Chimène disait :

Malgré des *feux* si beaux qui *rompent* ma colère.

» Feux et rompent ne vont point ensemble (1). »

La métaphore se change en allégorie lorsqu'elle se prolonge. Ainsi, quand on dit : Achille s'élance comme un lion, on fait une comparaison. On parle métaphoriquement lorsqu'on dit : Ce lion s'élance. La métaphore devient allégorique, si, continuant la phrase, on dit : Ce lion s'élance sur ses ennemis, les atteint, les déchire et les traîne à terre, écumant de colère et de rage. La *catachrèse* est une espèce de métaphore qui consiste en cette manière de parler : une feuille de papier. Le papier n'est pas une feuille. Nous ne nous y arrêtons pas davantage, il n'y a en elle rien à déduire pour notre art. Il en est de même de la *métonymie*, de la *synecdoche*, de *l'autonomase*, de la *métalepse*, de *l'antiphrase*, de *l'hypallage*. Mais nous en exceptons le *sarcasme* que nous ferons entrer dans l'ironie.

En raison de sa nature, la métaphore exige une interpré-

(1) Le Clerc.

tation toujours facile. Il faut savoir trouver les mots qui contribuent le plus aux images qu'elle crée et les faire ressortir avec assez d'art pour déguiser l'art que l'on emploie. Trop de prétention la dénaturerait et ferait imputer à l'auteur la faute du lecteur, de l'interprète.

DES FIGURES DE MOTS PROPREMENT DITES.

« Parmi les figures de mots, il y en a quatre qui sont » plus grammaticales qu'oratoires, mais qui ne laissent » pas de faire un bel effet dans le discours. Ces figures » sont l'*ellipse*, le *pléonasme*, l'*hyperbate*, la *syllepse* (1). »

Nous n'avons aucune remarque à faire sur l'ellipse. Il n'en est pas de même du pléonasme, parce que, contrairement à l'ellipse, qui retranche des mots dans une phrase, le pléonasme ajoute ce que la grammaire rejette comme superflu. En voici un exemple tiré du *Tartuffe*, de Molière :

> Je l'ai vu, dis-je, vu, de mes propres yeux vu,
> Ce qu'on appelle vu.

Il suffit pour le sens de dire : Je l'ai vu.

On comprend que l'intention de l'auteur doit être secondée par celui qui dit ces vers, et que chaque fois que le mot *vu* se présentera de nouveau, il devra être de plus en plus accentué. Dans ce cas, il faut avec soin mesurer la portée de sa voix, et la proportionner au degré d'intention graduée que l'on désire donner au mot répété, pour ne point dépasser la mesure de ses moyens, dans ce qui

(1) Le Clerc.

leur est facile ; oui, facile, car il ne faut jamais paraître les forcer.

Nous n'avons rien à dire de l'hyperbate.

« Les figures de mots qui sont purement oratoires, ne » dérangent rien aux règles de la grammaire ; elles n'ont » pour objet que de rendre la course de l'écrivain plus » leste et sa marche plus ferme. Voici les principales :

» La *répétition* est une des plus communes et des plus » énergiques. Le mot emporte la définition. On emploie » cette figure pour insister sur quelque preuve, sur quel- » que vérité, ou pour peindre la passion qui s'occupe » fortement de son objet, et répète souvent le mot qui » en exprime l'idée. On en voit un exemple dans ces vers » admirables où Virgile peint la douleur d'Orphée après » la mort d'Eurydice :

Te, *dulcis conjux*, te *solo in littore secum*,
Te, *veniente die*, te, *decedente*, *canebat*.

(*Georg*., IV, 465.)

Tendre épouse, c'est *toi* qu'appelait son amour,
Toi qu'il pleurait la nuit, *toi* qu'il pleurait le jour.

(DELILLE.)

» Mentor, retrouvant Télémaque dans l'île de Cypre, » lui dit d'un ton de voix terrible : « Fuyez, fuyez ; » hâtez-vous de fuir. » Cette répétition est très-propre à » faire sentir au jeune Télémaque le danger du pays » qu'il habite, et la nécessité de le quitter promptement : » Joad dit de même dans *Athalie*, acte I, sc. 1 :

Rompez, rompez tout pacte avec l'impiété (1).

Vous le voyez, la répétition est une espèce de pléonasme, et nous recommandons les mêmes choses pour elle que pour lui. Il est à remarquer que le pléonasme a plus souvent lieu à l'occasion des pronoms, et la répétition sur toutes les espèces de mots. Il y a un exemple ravissant de répétition dans le premier acte et la septième scène de *l'Avare* de Molière, c'est la répétition de : *Sans dot.* Nécessairement, chaque fois que ces deux mots se représentent, il faut les faire valoir de plus en plus.

« La *disjonction* (ἀσύνδετον, διάλυτον, *dissolutio*) supprime, » au contraire, les particules conjonctives, pour rendre » le discours plus rapide. Hermione, dans Racine, laisse » éclater son emportement et sa fureur, après l'assassinat » de Pyrrhus, lorsqu'elle dit à Oreste :

Adieu, tu peux partir. Je demeure en Épire ;
Je renonce à la Grèce, à Sparte, à son empire,
A toute ma famille.

» Liez ce discours par des conjonctions qui enchaînent » chaque membre de phrase avec le suivant ; le style » languit, la passion n'y est plus. Il en est de même de » ces vers de *la Henriade*, chant VI :

Français, Anglais, Lorrains, que la fureur assemble,
Avançaient, combattaient, frappaient, mouraient ensemble.

» Ces vers ne sont que l'imitation d'un passage de

(1) Le Clerc.

» Xénophon, cité par Longin (c. 16) comme exemple
» de cette figure, et que Despréaux traduit ainsi
» *Ayant approché leurs boucliers les uns des autres, ils*
» *reculaient, ils combattaient, ils tuaient, ils mouraient*
» *ensemble* (1). »

Dès que l'auteur, avec intention, emploie la disjonction pour donner plus de mouvement à ses pensées, il faut le seconder par le débit et ne pas les rendre lentes quand il les précipite.

Nous nous arrêterions inutilement à l'*apposition*, à la *déclinaison* ou *dérivation*, à l'*expolition*, à la *synonymie* à la *tautologie* ou *périssologie*, à la *regression*, à l'*épanalepse*, l'*antistrophe* ou la *conversion*, l'*antimétabole* ou la *commutation*, à l'*énallage*, à l'*hellénisme* et au *latinisme* Mais nous dirons un mot de la *gradation*, qui arrange les mots selon leur degré de force ou de faiblesse. Le diseur doit suivre la marche de l'auteur; et si la gradation est longue et atteint haut, dans le développement de l'intelligence ou du sentiment, bien calculer les ressources dont on dispose, pour ne pas les épuiser dès les premiers mots et arriver jusqu'au dernier avec facilité. Il faut se conformer à ce que nous avons dit du pléonasme et de la répétition. Du reste, la répétition est aussi une gradation. La seule différence qui les distingue, c'est que, dans la première, la gradation est dans l'intention; dans la dernière, elle est dans l'emploi de mots à signification graduée.

Nous n'avons aucune réflexion à faire sur l'*anastrophe*

(1) Le Clerc.

et la *tmèse*, mais nous allons nous arrêter à la *parenthèse*.

La *parenthèse* ou *diolyse* interrompt le sens d'une phrase par une autre phrase qu'elle jette au milieu :

Tityre, dum redeo (brevis est via), pasce capellas.

En français, la langue oratoire, et surtout la poésie, n'aiment point les parenthèses.

La parenthèse interrompt le sens d'une phrase; la parenthèse finie, le sens continue. Eh bien ! pour la rendre, on s'applique à bien changer la voix que l'on a pour la phrase quand on arrive à la parenthèse et à la reprendre sitôt la parenthèse articulée. Il ne faut pas cependant, si l'on a une voix haute, recourir à une voix trop grave, faire des contrastes heurtés, à moins que la situation ne soit très-accusée; une parenthèse ne doit être qu'indiquée. On la fait encore sentir en ralentissant le débit lorsqu'on la dit, si le mouvement de la phrase où elle se trouve est précipité, ou en le précipitant s'il est lent, mais il faut surtout ne faire sentir le changement qu'à partir de la première syllabe de cette figure, et sitôt sa dernière articulée, reprendre la voix et le mouvement qu'elle est venue interrompre. Bien rendue, elle est d'un très-agréable effet dans le débit, surtout si elle se trouve dans une phrase froide, et qu'elle exprime un bon, un tendre sentiment et que ce sentiment soit sûrement et parfaitement exprimé, et qu'on revienne vite au ton froid que l'on a soudainement quitté. Dans quelque situation que se trouve cette figure, il faudra toujours procéder de la même manière. Tous mots que l'on peut retrancher d'une phrase placée entre des parenthèses doivent être dits avec un léger changement de voix ; c'est un moyen naturel de nuancer beaucoup le débit, et l'on ne saurait trop s'attacher à le rendre agréable et intelligible par la variété des inflexions. Nous appelons toute l'attention du lecteur sur cette recommandation.

DES FIGURES DE PENSÉES.

« C'est surtout des figures de pensées qu'on peut dire
» qu'elles sont comme les attitudes du discours, *quasi*
» *gestus orationis*. Nous avons vu que c'était l'expression
» de Cicéron (*Ora.*, c. 25). Les Grecs les considéraient
» de même, puisqu'ils les nommaient σχήματα, *gestùs*,
» *habitus*, *formæ*. Le discours qui n'est point figuré (*oratio*
» *recta*), c'est la statue droite, sans gestes, sans attitudes;
» le discours que les figures animent (*flexa*, *figurata*),
» c'est la statue qui, sous la main de l'artiste, prend toutes
» les formes et tous les mouvements de la nature ; c'est
» Apollon qui vient de lancer une flèche meurtrière, et
» qui lève un front noble et calme, où se peint la victoire;
» c'est Laocoon, dont tous les membres cèdent à l'im-
» pression de la douleur. On doit s'étonner que Quin-
» tilien, qui paraît avoir saisi ces rapports, vienne dire
» ensuite (IX, 1) que les figures sont des manières de
» s'exprimer *éloignées de la forme commune et ordinaire*,
» comme si le mouvement ne nous était pas si ordinaire
» que l'immobilité. Mais il est tout simple qu'après s'être
» ainsi trompé, il reproche à Cicéron d'avoir compris
» parmi les figures plusieurs formes du discours qui, sui-

» vant lui, ne sont point des figures. C'est que Cicéron
» n'a jamais cru que des figures fussent des façons de
» parler singulières, et qu'il entend par là tous les mouve-
» ments et les tours qu'on peut donner au langage. Il
» n'a point d'autre doctrine dans *l'Orateur* et dans ses
» trois Dialogues : on la trouve même déjà dans le qua-
» trième livre de la *Rhétorique à Herennius*, où l'on voit
» au rang des figures de pensées l'*amplification*, la *divi-*
» *sion*, l'*exemple*, etc. ; point remarquable de conformité
» entre cet ouvrage et ceux que l'on ne conteste pas à
» Cicéron. Il ne faut jamais perdre de vue cette idée en
» lisant ses traités sur l'art oratoire. Les grands génies ne
» cherchent qu'à simplifier ; les rhéteurs divisent et sub-
» divisent.

» Scaliger, dans le troisième livre de sa *Poetique*, se
» vante d'avoir trouvé le premier la véritable classification
» des figures de pensées, ce qu'on n'avait pu faire jus-
» qu'à lui, dit-il, faute de l'esprit philosophique, *quippe*
» *ignari philosophiæ* (1). La grande découverte de Scaliger
» consiste à distinguer ainsi les figures : ou elles disent
» plus, comme l'hyperbole ; ou elles disent moins, comme
» la litote : ou le contraire, comme l'ironie ; ou une seule
» chose en plusieurs façons, comme la périphrase, etc.
» Suivant cette division, qui ne paraît pas demander un
» si grand effort de philosophie, il range en différentes
» classes toutes les figures.

» Sans chercher, comme lui, des subdivisions compli-

(1) Poetices, lib. III, qui et idea, c. 31.

» quées, nous suivrons dans cette énumération la mar-
» che même de la nature.

» L'*interrogation*, mouvement naturel dans l'indi
» gnation, la douleur, la crainte, l'étonnement, anime le
» discours, tient l'auditeur en haleine, et le force à rece-
» voir l'impression. Massillon commence ainsi son ser-
» mon sur le mauvais riche, qui a pour texte *Crucior*
» *in hac flamma* (*Luc*, XVI, 24) : *Je suis tourmenté par*
» *cette flamme :* « Quels sont donc les crimes affreux
» qui ont creusé à cet infortuné ce gouffre de tourments
» où il est enseveli, et allumé le feu vengeur qui le
» dévore ? Est-ce un profanateur de son propre corps ?
» A-t-il trempé ses mains dans le sang innocent ? A-t-il
» fait de la veuve et de l'orphelin la proie de ses injus-
» tices ? Est-ce un homme sans foi, sans mœurs, sans
» caractère, un monstre d'iniquité ? » Les interrogations
» accumulées expriment l'émotion de l'orateur, et la font
» passer dans le cœur de ceux qui l'écoutent (1).

» Ce demi-vers de Virgile

Usque adeone mori miserum est?
(*Æn.*, XII, 646.)

» peint l'ardeur d'un guerrier qui va combattre. Un vieil-
» lard malade et près de mourir dirait froidement : *Non*
» *est usque adeo miserum mori.*

» Racine procède souvent par interrogations dans les
» situations passionnées; et cette figure donne aussitôt la
» plus vive rapidité à son style, et anime tous ses rai-

(1) Le Clerc.

» sonnements, qui ne sont jamais ni froids, ni languis-
» sants, ni abstraits (1) :

Pourquoi l'assassiner? qu'a-t-il fait? à quel titre?
Qui te l'a dit? » (*Andromaque.*)

L'interrogation finit toujours en l'air et exige un mouvement de la voix dont la forme du point interrogatif peut donner une idée. Ainsi, pour s'en convaincre, il suffit de mettre en opposition l'inflexion interrogative naturelle avec l'inflexion affirmative naturelle qui convient à la réponse. *Êtes-vous allé à la campagne? Oui. Fait-il beau? Non.* Nous savons bien qu'instinctivement tout le monde le fait ainsi; mais, dans les arts, l'instinct ne suffit pas; puis, lorsqu'on sait comment se fait une chose, on arrive par l'application à la faire bien mieux que lorsqu'on ne la fait que par routine. Toujours, toujours, dans n'importe quelle situation où elle se trouve, l'inflexion interrogative exige que la voix reste en l'air, la main aussi, quand on l'accompagne d'un geste.

« La *subjection* est une interrogation moins vive, par
» laquelle l'orateur s'adresse à son adversaire ou à son
» auditoire, en se chargeant lui-même de répondre pour
» eux. (Cicéron, *pro Roscio Amerino*, c. 19; *pro lege Ma-*
» *nil.*, c. 21; *in Verr.*, II, 78.) Cette sorte d'interrogation
» anime l'esprit de l'auditeur; il cherche la réponse, il
» se fait un plaisir de la prévoir. Par exemple : « Je
» demande comment cet homme est devenu si riche? Lui
» a-t-on laissé un ample patrimoine? Tous les biens de

(1) Le Clerc.

» son père ont été vendus. Lui est-il survenu quelqu
» héritage? Non, tous ses parents l'ont déshérité. A-t-i
» gagné quelque procès? Non-seulement il n'en est rien
» mais il a eu, après avoir perdu sa cause, une fort
» amende à payer. Si donc, comme on le voit, il ne s'es
» enrichi par aucun de ces moyens, ou il a chez lu
» quelque mine d'or, ou il est arrivé à la fortune par de
» voies illégitimes (1). » Nous ne dirons rien de la se-conde subjection que les anciens nomment *ratiocination*

Comme nous venons de le voir, la subjection se com-pose d'une interrogation et d'une réponse au moins, faite par la même personne. Une réponse est une affirmation En effet, même quand je réponds *non* à cette demande *fait-il beau*? j'affirme qu'il ne fait pas beau. L'inflexion affirmative est très-arrêtée et en opposition complète ave l'interrogative ; l'une finit en l'air, l'autre finit en bas. I suffit d'en être averti pour s'en convaincre par l'applica-tion et pour arriver à rendre exactement toutes les subjec-tions. Supposons maintenant une personne ne procédan que d'instinct, dans une situation naturelle, personnelle, s elle est amenée à se servir de cette figure, elle pourra parfaitement la rendre, parce qu'elle sera servie par un sentiment intime ; mais si c'est la pensée d'une autre per-sonne que l'on ait à interpréter, croit-on que la connais-sance des deux inflexions qui lui conviennent ne sera pas un moyen infaillible pour arriver à une exacte interpré-tation, surtout lorsqu'on se sera longuement exercé à bien interroger et à bien répondre?

(1) Le Clerc.

L'*apostrophe* se fait, non lorsqu'on adresse la parole à quelqu'un, mais lorsqu'on la détourne de ceux à qui on parlait d'abord, pour l'adresser à d'autres. Fléchier, dans l'Oraison funèbre de Turenne, s'exprime ainsi : « Puis- » sances ennemies de la France, vous vivez ; et l'esprit » de la charité chrétienne m'interdit de faire aucun » souhait pour votre mort. Puissiez-vous seulement re- » connaître la justice de nos armes, recevoir la paix que, » malgré vos pertes, vous avez tant de fois refusée ! etc. »

« On trouve au second livre des Rois un des plus beaux » exemples de cette figure. David s'écrie, en pleurant Saül » et Jonathas : «Et vous, monts de Gelboë, que jamais la ro- » sée ni la pluie ne rafraîchissent vos coteaux, que jamais on » n'y offre les prémices des moissons, puisque c'est là qu'est » tombé le bouclier des braves, le bouclier de Saül, comme » s'il n'était pas l'oint du Seigneur ! » *Reg.*, II, 1, 12 (1).

L'apostrophe exige, comme la parenthèse, un soudain changement de voix, comme elle exige aussi que sitôt terminée, on reprenne le ton et le mouvement qu'elle est venue interrompre. Mais il faut, surtout, qu'elle soit bien directe, même lorsqu'elle s'adresse à des êtres inanimés, ainsi que le fait David ; que le geste, le regard et la voix aillent bien droit à la personne ou à l'objet de l'apostrophe. Nous en trouvons un exemple dans le vieux Rodrigue du *Cid* parlant à son épée :

Et toi, de mes exploits glorieux instrument,
Mais d'un corps tout de glace, inutile ornement,

(1) Le Clerc.

Fer, jadis tant à craindre et qui dans cette offense,
M'as servi de parade et non pas de défense,
Va, quitte désormais le dernier des humains,
Passe pour me servir en de meilleures mains.

C'est une des figures de rhétorique dont un habile interprète peut tirer un grand parti, surtout lorsqu'il procède de l'interrogation et de l'outrage. Dans ce cas une grande assurance dans l'attitude, dans le geste ; une voix ferme et vive, très-articulée et allant droit au but, sont d'un effet saisissant et d'autant plus certain que l'imprévu est son élément. Quelle puissance d'action sur l'auditoire ne renferme-t-elle pas, puisqu'on peut se préparer à rendre cet imprévu, et qu'elle n'est employée que pour dire des choses de quelque importance !

« L'*exclamation* est l'expression de tout sentiment vif » et subit qui saisit l'âme. Elle éclate d'ordinaire par des » interjections ; c'est ainsi que Cornélie, lorsqu'elle entend » vanter la douleur de César à la vue de l'urne qui ren- » fermait les cendres de Pompée, s'écrie :

O soupirs ! O respect ! O qu'il est doux de plaindre
Le sort d'un ennemi, quand il n'est plus à craindre !

» Bossuet, en prononçant l'Oraison funèbre de la du- » chesse d'Orléans enlevée à la fleur de son âge, fut » obligé de s'arrêter après cette exclamation : « O nuit dé- » sastreuse ! ô nuit effroyable, où retentit tout à coup » comme un éclat de tonnerre, cette étonnante nouvelle : » *Madame se meurt, madame est morte !* « L'auditoire s'é-

» mut à ce cri et la voix de l'orateur fut interrompue
» par les pleurs et les sanglots (1). »

L'inflexion exclamative part de la poitrine ou de la tête, selon qu'elle est l'expression d'une idée vive ou d'une vive douleur, et s'échappe comme une fusée en montant droit et s'arrêtant en l'air; en se représentant, renversé, le point qui l'indique dans l'écriture, on peut se rendre une juste idée du mouvement de la voix qui lui convient. L'inflexion interrogative finit en l'air aussi, mais il y a entre elles deux la différence que nous remarquons entre les deux signes qui les annoncent. En effet, dans l'une, la voix, en expirant en l'air, décrit une petite parabole, tandis que, dans l'autre, elle s'élance d'un jet et s'arrête dans son mouvement ascensionnel comme le ferait le signe exclamatif renversé. Il suffit pour s'en rendre compte de dire : Ciel ! ô ciel ! ah ! oh ! quoi ! Dieu !

Ces figures nous conduisent naturellement à la *prosopopée*, qui exprime encore mieux les émotions touchantes ou profondes, puisqu'elle prête de l'action et du sentiment aux choses inanimées; puisqu'elle fait parler les présents, les absents, le ciel, la terre, les êtres insensibles, réels, abstraits, imaginaires et quelquefois même les morts, dont elle ouvre les tombeaux. Fléchier nous en fournit un exemple dans l'éloge funèbre de Montausier, dont le caractère propre avait été une noble franchise :
« Oserais-je, dit l'orateur, dans un discours où la franchise
» et la candeur font le sujet de nos éloges, employer la
» fiction et le mensonge ? Ce tombeau s'ouvrirait, ces

(1) Le Clerc.

» ossements se rejoindraient et se ranimeraient pour me
» dire : *Pourquoi viens-tu mentir pour moi qui ne mentis*
» *jamais pour personne? Ne me rends pas un honneur que*
» *je n'ai point mérité, à moi qui n'en voulus jamais rendre*
» *qu'au mérite. Laisse-moi reposer dans le sein de la vérité,*
» *et ne viens pas troubler ma paix par la flatterie que j'ai*
» *haïe. Ne dissimule pas mes défauts, et ne m'attribue pas*
» *des vertus : loue seulement la miséricorde de Dieu qui a*
» *voulu m'humilier par les uns et me sanctifier par les au-*
» *tres...* » Pourquoi faut-il que les antithèses viennent donner un air de petitesse à de si grands traits ?

La prosopopée est plutôt une situation anormale de notre âme qu'elle n'est une figure, surtout au point de vue où nous considérons les figures : elle est un composé de l'exclamation, de l'interrogation, de l'apostrophe, de la prière, de la supplication, de l'antithèse, comme le prouve celle que nous venons de citer en exemple. Mais comme elle témoigne d'un vif mouvement de l'âme, elle doit être toujours nettement, hardiment, largement mise en action. La timidité, la réserve, la lenteur, en détruiraient l'effet, ordinairement très-puissant.

Le *dialogisme* ressemble beaucoup à la subjection ; comme nous n'aurions qu'à nous répéter, nous n'en dirons rien.

L'*obsécration* tient de la prière, des instances, des supplications ; elle se compose aussi de plusieurs figures ; elle n'a point d'inflexion propre, mais elle a un ton général qu'il faut toujours lui donner : c'est celui de l'humilité, de la soumission, de l'empressement, et très-souvent de la douleur, de l'inquiétude, du désespoir. Ainsi, dans le

Télemaque, Philoctète dit à Néoptolème : « O mon fils ! » je te conjure par les mânes de ton père, par ta mère, » par tout ce que tu as de plus cher sur la terre, de ne » pas me laisser seul dans les maux que tu vois ! »

L'*imprécation*, figure par laquelle on invoque le ciel, les enfers, ou quelque puissance supérieure contre un objet odieux : *Dii te perduint, fugitive ! ita non modo nequam et improbus, sed fatuus et amens es.* Cic., *pro Dejot.*, c. 7.

Règne, de crime en crime enfin te voilà roi...
Et pour vous souhaiter tous les malheurs ensemble,
Puisse naître de vous un fils qui me ressemble !
(CORNEILLE, *Rodogune.*)

Il suffit d'indiquer le rapport de ces deux figures avec l'*optation* qui exprime un vœu : *Vellem, dii immortales fecissent, Patres conscripti, ut vivo potius Serv. Sulpicio gratias ageremus, quam honores mortuo quæreremus.* Cic., *Philippic.*, IX, 1 (1).

Qui ne sait par cœur les imprécations de Camille, qui se trouvent dans *les Horaces*, de P. Corneille. Comme la prosopopée, l'imprécation se compose de plusieurs figures et n'a point d'inflexion personnelle, mais elle a un ton qui lui est inhérent et dont il ne faut jamais la séparer. Elle est une révolte de l'âme, et n'exprime que de mauvais sentiments. On doit réserver pour elle les accents de sa voix, ses gestes et ses expressions les plus énergiques et les plus caractéristiques de la colère, de la haine et de la

(1) Le Clerc.

vengeance ; mais il ne faut pas oublier que, même dans ce déchaînement d'une âme qui s'oublie, il faut savoir rester digne et se conformer toujours à ce vers de Shakspeare :

Garde au trouble du cœur la dignité de l'art.

Vous figurez-vous, en effet, une Camille criant, vociférant ses imprécations à son frère ? — C'est en ces circonstances surtout qu'il faut justifier cet axiome : « Souvent un beau désordre est un effet de l'art. »

L'*hypotypose* peint l'objet avec des couleurs si vives et des images si vraies, qu'elle le met en quelque façon sous les yeux. En voici un exemple :

Un poignard à la main, l'implacable Athalie
Au carnage animait ses barbares soldats,
Et poursuivait le cours de ses assassinats.

Ce seul trait, *un poignard à la main*, fait une image. Mais d'ordinaire l'hypotypose a plus d'étendue ; elle copie l'objet par différents traits rassemblés ; et ainsi elle amène l'accumulation, qui ramasse toutes les circonstances avec force et vivacité sous un seul point de vue.

Peindre, c'est non-seulement décrire les choses, mais en représenter toutes les circonstances d'une manière si vive et si sensible, que l'auditeur s'imagine presque les voir. Par exemple, un froid historien qui raconterait la mort de Didon, se contenterait de dire : Elle fut si accablée de douleur après le départ d'Énée, qu'elle ne put supporter la vie ; elle monta au haut de son palais ; elle se mit sur un bûcher, et se tua elle-même. En écoutant ces paroles, vous apprenez le fait, mais vous ne le voyez pas. Écoutez Virgile, il le mettra devant vos yeux. N'est-il pas vrai que quand il ramasse toutes les circonstances de ce désespoir, qu'il vous montre Didon furieuse, avec un visage où la mort est déjà peinte, qu'il la fait parler à la vue de ce portrait et de cette épée, votre imagination vous transporte à Carthage ; vous croyez voir la flotte des Troyens sur le rivage, et la reine, que rien n'est capable de consoler; vous entrez dans tous les sentiments qu'eurent alors les véritables spectateurs ? Ce n'est plus Virgile que vous écoutez ; vous êtes trop attentif aux dernières paroles de la malheureuse Didon pour penser à lui. Le poëte disparaît ; on ne voit plus que ce qu'il fait voir, on n'entend plus que ceux qu'il fait parler (1).

Nous pouvons comprendre sous le nom général d'*hypotypose :*

L'*effiction* ou la *prosopographie*, qui représente les traits d'une personne, le visage, l'air, le maintien. Nous venons d'en voir un exemple.

Dans ces trois figures, on comprend très-bien que l'on doit chercher avec soin les mots qui mettent particulièrement en saillie les caractères particuliers des choses ou des personnes que l'on peint. Une fois qu'on les a trouvés, il faut s'attacher à leur donner de la valeur, soit par l'articulation, la qualité de la voix, le mouvement, ou par l'expression si le mot tient plus du sentiment que de l'idée.

« L'*éthopée*, représentation des mœurs, qui décrit les

(1) Fénelon.

» vertus ou les vices, les qualités ou les défauts. Salluste : » L. Catilina, né d'une famille patricienne, eut en partage » la force du corps et de l'âme, mais un esprit méchant, » un cœur pervers. Les guerres civiles, les meurtres, les » brigandages, les factions charmèrent son premier âge, » et devinrent les soins de sa jeunesse. Il opposait à » l'excès du froid, de la faim et des veilles, une incroya- » ble fermeté. Hardi, artificieux, souple ; capable de tout » feindre et de tout dissimuler ; avide du bien d'autrui, » prodigue du sien, il joignait à toutes les passions ar- » dentes une élocution facile, mais peu de jugement : cet » esprit démesuré ne formait que des vœux excessifs, chi- » mériques, trop grands pour sa fortune.

» De la réunion de la *prosopographie* et de l'*éthopée*, se » forme le *caractère* ou *portrait* (*notatio*), qui nous montre » en action le personnage tout entier. Le caractère du » faux riche ou du glorieux, dans la Rhétorique à Héren- » nius, IV, 50, mérite d'être comparé à ceux qu'on ad- » mire dans Théophraste et La Bruyère.

» La *chronographie* caractérise le temps d'un événe- » ment par le détail des circonstances :

Nox erat, et placidum carpebant fessa soporem
Corpora per terras; silvæque et sæva quierant
Æquora, etc.

(*Æneid.*, IV, 521.)

» La *topographie* nous fait voir le lieu de la scène, un » temple, un palais, un paysage, etc. Telle est celle de la » grotte de Calypso qui commence le *Télémaque*. On » peut y joindre le tableau de Jérusalem tracé, dans le

» livre XVII des *Martyrs*, par un grand écrivain de nos
» jours, qu'il est déjà permis de citer.

» La *démonstration* ou *description* (διατύπωσις, ἐνάγεια,
» διαγαφή) rassemble quelquefois toutes les espèces d'hy-
» potyposes, l'extérieur, les sentiments, les lieux, etc.
» Voyez la tempête du premier livre de l'Énéide, la prise
» de Troie du second livre, et tant d'autres tableaux qui
» nous mettent sous les yeux la chose même (1). »

La *topographie*, l'*effiction* ou la *prosopographie*, les *caractères* ou *portraits*, la *chronographie* se réunissent dans la démonstration ou description. En effet, que l'on décrive les mœurs, l'extérieur, les sentiments d'une personne, les choses ou les lieux, c'est toujours une description. Mais c'est surtout au point de vue de l'étude que nous faisons de la rhétorique, que nous considérons toutes ces figures comme une seule, et que nous leur appliquons ce que nous avons dit de l'hypothypose.

L'*accumulation* semble aussi devoir être comprise dans les figures que nous venons de citer. Pour notre art il n'en est point ainsi. Cette figure, que son nom définit, exige un certain artifice de diction que nous allons indiquer. Lorsque l'accumulation est naturelle, que les mots ont l'air de s'être présentés à l'esprit sans effort, le débit doit être vif, précis; le substantif, le verbe et l'adjectif doivent être bien séparés les uns des autres par l'articulation et le geste, et l'action orale et la physique doivent subir un mouvement ascendant jusqu'au dernier terme de l'accumulation. Si, au contraire, elle paraît

(1) Le Clerc.

être le fruit d'un effort couronné de succès, il faut, en l'interprétant, peindre ce travail actif de l'esprit, et, à chaque nouvelle expression trouvée, manifester cette rapide satisfaction qui résulte d'une pensée heureusement formulée, et courir bien vite à la recherche d'une nouvelle, en procédant à son égard dès qu'on l'aura trouvée, comme on l'a fait à l'égard de la précédente :

« L'*ironie* (ou *contre-vérité*) s'emploie lorsqu'on dit » précisément le contraire de ce qu'on pense et de ce » qu'on veut faire entendre. L'ironie socratique est » fameuse dans l'antiquité. Cicéron (*in Pison.*, c. 24) a » recours à cette figure pour se moquer de Pison, qui » disait que, s'il n'avait pas triomphé de la Macédoine, » c'était parce qu'il n'avait jamais souhaité les honneurs du » triomphe : « Que Pompée est malheureux de ne pou- » voir plus t'imiter ! il s'est mépris, il n'avait pas étudié » sous les mêmes philosophes que toi. L'insensé ! il a » déjà triomphé trois fois. J'en rougis pour vous, Cras- » sus. Quoi ! après avoir terminé une guerre formidable, » vous avez demandé au sénat, avec tant d'empressement, » la couronne de laurier ! etc. »

» Despréaux, voulant donner Quinault pour un mau- » vais poëte, a dit par ironie :

Je le déclare donc, Quinault est un Virgile (1).

» Le public n'a pas confirmé le jugement de Despréaux, » jugement insoutenable sur le Parnasse, dit Fontenelle, » et recévable seulement dans un tribunal infiniment res-

(1) Le Clerc.

» pectable, où le satirique n'eût pas trouvé son compte. »

» Expression favorite de l'enjouement, du mépris, de » la colère, l'ironie est quelquefois la dernière ressource » de la fureur et du désespoir. Oreste apprend qu'Her- » mione n'a pu survivre à Pyrrhus, qu'il vient lui-même » d'immoler ; il s'écrie :

> Grâce aux dieux, mon malheur passe mon espérance !
> Oui, je te loue, ô Ciel, de ta persévérance !

» Et il termine cette affreuse ironie par un vers qui y met » le comble :

> Eh bien ! je suis content, et mon sort est rempli.

» Dans la situation d'Oreste, dit La Harpe, ce mot, *je* » *suis content*, est le sublime de la rage.

« *L'astéisme*, qui déguise le blâme sous le voile de la » louange, et réciproquement, est une espèce d'ironie. » Ce tour, comme le mot l'exprime, porte surtout le ca- » ractère de l'urbanité. Ainsi Virgile, *Eclog.*, III, 90 :

> *Qui Bavium non odit, amet tua carmina, Mævi* (1). »

L'ironie est une arme bien dangereuse à manier, car il est facile, en la mettant en action, de tomber dans l'exagération et dans le ridicule. Ce qui fait la difficulté de son interprétation, c'est qu'elle est toujours l'expression d'un double sentiment — l'un pénible, qui est le sincère, et l'autre gai, mais simulé. —

(1) Le Clerc.

Le danger est ou de paraître de trop bonne foi dans l'expression de la joie feinte, ou d'être trop réellement affecté, et de cesser, alors, d'être ironique. Mais lorsque cette figure est bien rendue, elle est d'un puissant effet, parce qu'elle prouve une lutte entre le cœur et la tête, le sentiment et l'idée...... Mais voilà que ces derniers mots, en raison de nos principes et grâce à la conséquence qui les unit, qui les soude, qui les rive les uns aux autres, nous amènent à trouver comment il faut procéder pour mettre en action l'ironie : l'esprit et le cœur sont en lutte, dans cette figure ; chacun est tour à tour prêt à prendre le dessus sur l'autre. Le cœur malgré lui, la tête par la volonté. Nous savons les deux qualités de voix qui conviennent aux idées et aux sentiments. Eh bien ! il faudra, avec habileté, passer de l'une à l'autre. Plus l'effort sera visible, sans cesser d'être digne, plus l'effet sera heureux. Mais il faut bien faire attention de ne pas donner une voix voilée, émue, expressive à un mot qui tient essentiellement de l'idée, et une voix haute et claire à un mot expressif. Cependant il est à remarquer, que la voix de tête incisive, argentine, bien dirigée, bien filée, aiguisée, est celle que l'on doit employer. Mais si l'on sait avec art glisser quelques accents voilés, quelques demi-sanglots, quelques soupirs, pendant les silences, on se prépare un succès assuré. Le sourire qui accompagne l'ironie ne saurait être calme et limpide ; la bouche doit s'efforcer de sourire, mais elle est plutôt contractée que souriante et, de temps en temps, un certain mouvement fébrile doit l'agiter, comme involontairement. Nous parlons de l'ironie dans les grandes et poignantes situations du cœur humain ; dans le badinage, l'ironie a la langue pointue, le sourire piquant, elle contrarie, irrite, elle joue à coup d'épingle ; dans la tragédie, le drame héroïque, elle poignarde, et, la plaie faite, elle y verse un poison qu'elle se plaît à distiller de son cœur et à faire tomber goutte à goutte de sa lèvre inférieure inclinée ; elle nous offre un exemple de la justesse de cet aphorisme, les extrêmes se touchent. En effet, la douleur extrême amène le rire sur les lèvres d'Oreste, et le rire excessif amène des larmes et des suffocations dans Martine du *Bourgeois gentilhomme*.

« L'*hyperbole* donne à l'objet dont on parle quelques » degrés de plus ou de moins qu'il n'en a dans la réalité. » Elle est l'effet d'une imagination vivement frappée, à » qui les expressions ordinaires paraissent trop faibles. » Sénèque a dit : *In hoc ommis hyberbole, extenditur ut ad* » *verum mendacio veniat* (*de Benef.*, VII, 23) ; et La Bru- » yère après lui : « L'hyperbole exprime au delà de la » vérité pour ramener l'esprit à la mieux connaître (1). »

Un poëte a dit, en parlant de Louis XIV et du Louvre qu'il trouvait trop petit pour la demeure d'un tel roi :

Une si grande majesté
A trop peu de toute la terre.

Si l'hyperbole est exagérée, on peut en la disant vite et en l'articulant légèrement, ou la faire passer inaperçue, ou

(1) Le Clerc.

en diminuer le danger ; si elle est bouffonne, il faut la faire ressortir dans toutes ses parties. Mais, soit en lisant soit en causant, il ne faut pas avoir l'air d'être de bonne foi en la disant ; une certaine précaution qui appelle l'attention, sert l'effet que l'on veut produire en le préparant ; dans ce cas, un air très-sérieux ou, selon la position de la personne qui parle, un sourire intelligent est un auxiliaire des plus heureux.

« La *litote* ou *diminution*, qui peut être regardée » comme une autre espèce d'hyperbole, dit moins pour » faire entendre plus. Ce tour, pris à la lettre, paraît » affaiblir la pensée ; mais les idées accessoires en font » sentir toute la force. Quand Chimène dit à Rodrigue » (*Cid*, III, 4) : *Va, je ne te hais point*, elle lui fait en- » tendre bien plus que ces mots-là ne veulent dire. Horace » (*Od*., 1, 28, 14) désigne Pythagore par ces mots, *non* » *sordidus auctor naturæ verique ;* Virgile (*Eclog.*, II, » 25) fait dire à Corydon, *Nec sum adeo informis :* ce sont » deux exemples de la litote ; le premier fait entendre » clairement que Pythagore est un philosophe de la plus » grande autorité ; le second, que c'est par une espèce de » pudeur que Corydon ne dit pas affirmativement ce » qu'il pense de sa beauté. Ainsi cette figure est quelque- » fois l'expression de la fausse modestie (1). »

L'interprétation de la litote exige une certaine précaution orale qui révèle l'intention bien arrêtée de faire remarquer le mot que l'on souligne par l'inflexion, afin de forcer l'auditoire à saisir la nouvelle signification que

(1) Le Clerc.

cette inflexion lui donne, signification toujours contraire à celle du sens du mot employé. Ainsi, dans cet exemple : Cette personne est jeune, jolie, aimable mais elle est... *un peu légère*, on sent bien que le petit temps d'arrêt que l'on aura pris avant les mots *un peu légère* et la manière apprêtée dont on les aura articulés avec une voix pointue et filée, en donnant trois vibrations à *peu* et à *gère* et en hochant la tête, aura fait naître la pensée que cette personne est légère beaucoup plus qu'un peu. Il faut procéder de la même manière pour l'*exténuation*.

La *signification* (ou *emphase*) laisse à deviner aussi plus qu'elle n'exprime. « Garde toi, Saturninus, d'avoir trop de confiance dans cette multitude qui t'environne ; les Gracques sont morts et ne sont pas vengés. » Il faut leur donner le ton et le mouvement qui conviennent à la clairvoyance, au conseil et à un bienveillant intérêt.

« La *périphrase* ou *circonlocution* exprime, au contraire, » par un circuit de paroles, ce qu'on aurait pu dire en » moins de mots, mais d'une manière moins gracieuse ou » moins noble. On se sert de périphases pour l'ornement » du discours, surtout en poésie. Homère exprime ainsi » le commencement du jour : « l'Aurore ouvre avec ses » doigts de rose les portes de l'Orient. » On s'en sert » encore pour envelopper des idées basses ou rebutantes » que rappellerait le terme propre. Voyez, dans *Sémi-* » *ramis*, de Voltaire, comme l'idée des médicaments est » ennoblie (1).

(1) Le Clerc.

Ces végétaux puissants qu'en Perse on voit éclore,
Bienfaits nés dans ses champs de l'astre qu'elle adore.
(VOLT., *Sémiram.*, acte IV, sc. 2.)

» Corneille, dans *Polyeucte* :

Ainsi du genre humain l'ennemi vous abuse.

» Le mot propre eût été ridicule.

» Enfin la passion a aussi ses périphrases. Dans la tra-
» gédie de *Britannicus*, où Néron est appelé *César*, empe-
» reur, *Domitius*, Agrippine lui trouve un autre nom,
» quand elle veut le rendre méprisable :

D'un côté, l'on verra le fils d'un empereur,
Redemandant la foi jurée à sa famille,
Et de Germanicus on entendra la fille ;
De l'autre, l'on verra le fils d'Ænobarbus...

» Britannicus est ici le fils d'un empereur ; Agrippine est
» la fille de Germanicus tant chérie des Romains ; et Né-
» ron n'est que le fils de Domitius Ænobarbus. (1) »

« Toutes les fois, dit Voltaire, qu'un mot présente une
» image ou basse, ou dégoûtante ou comique, ennoblis-
» sez-le par des images accessoires ; mais aussi ne vous
» piquez pas de vouloir ajouter une grandeur vaine à ce
» qui est imposant par soi-même. Si vous voulez expri-
» mer que le roi vient, dites *le roi vient* et n'imitez pas
» ce poëte qui, trouvant ces mots trop communs, dit :

Ce grand roi roule ici ses pas impérieux. »

(1) Le Clerc.

Il n'y a point de figure dont l'usage s'étende plus loin que la périphrase (1).

La périphrase se développe lentement ; une articulation vive, une gesticulation empressée ne lui conviennent point; les deux actions doivent être lentes comme elle l'est, et presque molles dans leur manifestation. Racine emploie souvent cette figure; La Fontaine rarement ; lorsqu'elle abonde dans la chose à dire, on la dissimule en hâtant le débit. Dans la tragédie, elle dispose les débutants à la déclamation et les rend lourds, fatigants; ils ont l'air de s'étendre sur ce qu'ils disent comme on s'étend sur un canapé, et cela avec une articulation des plus exagérées de tous les mots qui contraste sensiblement avec la lenteur de leur débit.

« L'*antithèse* oppose les mots aux mots, les pensées aux » pensées :

Vicieux, pénitent, courtisan, solitaire,
Il prit, quitta, reprit la cuirasse et la haire.
(*Henriade*.)

» Cette figure, quand elle naît du sujet et qu'elle est » placée à propos, produit un bel effet. Phocas, dans l'*Héraclius* de Corneille, voyant Héraclius et Martian se » disputer le titre de fils de Maurice, et ne vouloir ni l'un » ni l'autre être regardés comme fils de Phocas, s'écrie » avec douleur :

O malheureux Phocas ! O trop heureux Maurice !
Tu recouvres deux fils pour mourir après toi,
Et je n'en puis trouver pour régner après moi !
(Acte IV, sc. 4.)

(1) Le Clerc.

» Ici l'antithèse est la chose même, et elle devient non
» seulement brillante, mais pathétique. Elle est noble e
» élevée dans ces paroles de Bossuet : « Malgré le mau
» vais succès de ses armes infortunées (il parle de Char
» les Ier, roi d'Angleterre), si on a pu le vaincre, on n'
» pu le forcer ; et comme il n'a jamais refusé ce qui étai
» raisonnable, étant vainqueur, il a toujours rejeté ce qu
» était faible et injuste, étant captif. »

» Tous les contrastes nous frappent, parce que le
» choses en opposition se révèlent toutes les deux : ce
» sortes de surprises font le plaisir que l'on trouve dan
» toutes les antithèses et figures pareilles (1). »

Ces oppositions d'idées exigent des oppositions d voix, et l'on doit avec soin faire ressortir dans la dic tion les mots qui forment l'antithèse. Cependant on n saurait trop s'appliquer à le faire d'une manière naturel et comme sans y faire attention, à moins que cette f gure ne soit bien réussie et bien placée ; dans ce ca un air de négligence nuirait à l'impression que l'on do produire. Victor Hugo est surtout d'une prodigieuse fé condité en antithèses et son étonnant génie en trouv d'admirables.

En voici une bien belle, de lui :

L'esprit humain a une cîme.
Cette cîme est l'idéal.
Dieu y descend, l'homme y monte.

Il faut savoir distinguer celles-là des médiocres et le

(1) Le Clerc.

faire valoir avec tout l'art possible, quand l'écrivain les prodigue, ce qui arrive surtout au grand poëte que nous venons de citer ; on tâche d'amoindrir ce défaut en passant rapidement sur quelques-unes.

« La *comparaison,* au lieu d'opposer ainsi les idées, rap-
» proche deux choses qui se ressemblent, soit par plu-
» sieurs côtés, soit par un seul : c'est une *métaphore* con-
» tinuée. L'effet de cette figure est de donner plus de
» grâce au discours, ou plus de force et de clarté au
» raisonnement. La poésie aime à se parer de comparai-
» sons riches, grandes, expressives. On en voit un exemple
» dans ces beaux vers de *la Henriade :*

Tel qu'échappé du sein d'un riant pâturage,
Au bruit de la trompette animant son courage,
Dans les champs de la Thrace un coursier orgueilleux,
Indocile, inquiet, plein d'un feu belliqueux,
Levant les crins mouvants de sa tête superbe,
Impatient du frein, vole et bondit sur l'herbe ;
Tel paraissait d'Egmont, etc.

» Et dans ceux-ci, où le même poëte représente d'Aumale
» désolant l'ennemi par ses fréquentes sorties, sous les
» traits d'un aigle ou d'un vautour qui se jette sur sa
» proie :

Tels du fond du Caucase ou des sommets d'Athos,
D'où l'œil découvre au loin l'air, la terre et les flots,
Les aigles, les vautours aux ailes étendues,
D'un vol précipité fendant les vastes nues,

Vont dans les champs de l'air enlever les oiseaux ;
Dans les bois, sur les prés déchirent les troupeaux,
Et dans les flancs affreux de leurs roches sanglantes
Remportent à grands cris ces dépouilles vivantes.

» Les orateurs, sans se permettre trop souvent de telles » comparaisons, ne se les interdisent pas. Bossuet, dans » l'éloge de la reine d'Angleterre, voulant la peindre seule » debout au milieu d'une révolution qui avait renversé le » monarque et le trône, exprime sa pensée par cette image : » Comme une colonne, dont la masse solide paraît le plus » ferme appui d'un temple ruineux, lorsque ce grand » édifice qu'elle soutenait fond sur elle sans l'abattre ; » ainsi la reine se montre le ferme soutien de l'État, lors- » qu'après en avoir porté le faix, elle n'est pas même » courbée sous sa chute (1). »

Il faut user pour la comparaison des moyens tout contraires à ceux que nous avons indiqués pour l'antithèse, et s'appliquer à bien rapprocher, par des accents semblables, les termes de la comparaison, afin de rendre plus sensibles les côtés similaires des choses ou des personnes comparées. Cette figure est avec la périphrase une des plus variées, une de celles qui permettent le plus de nuances dans le débit. Quand on rapproche deux hommes illustres, la comparaison se nomme parallèle, son changement de nom n'entraîne aucune modification dans nos procédés d'interprétation.

La *gradation*, que l'on pourrait aussi joindre, comme

(1) Le Clerc.

nous l'avons dit, aux figures de mots, monte ou descend par degrés d'une chose à une autre. Tel est cet endroit de Cicéron (*in Verr.*, V, 66) : « C'est un crime de mettre aux » fers un citoyen romain ; c'est un attentat de le battre de » verges ; c'est presque un parricide de le faire mourir : » que sera-ce de l'attacher à une croix ? » Ailleurs il dit à Atticus (*Ep. ad. Att.* II, 23) : *Si dormis, expergiscere ; si stas, ingredere ; si ingrederis, curre ; si curris, advola.* « Dans cette autre période du même auteur (*in Catil.*, 1, » 3), la gradation est *descendante* d'abord, et ensuite » *ascendante : Nihil agis, nihil moliris, nihil cogitas, quod* » *ego non modo non audiam, sed etiam non videam, plane-* » *que sentiam.* Tu ne fais rien, tu ne trames rien, tu ne » projettes rien que je n'apprenne, ou plutôt que je ne » voie et ne pénètre (1). »

Dans la gradation que nous venons de citer, on sent que tout, dans l'interprète, doit subir un mouvement ascendant jusqu'au dernier terme de cette figure ; mais il faut, comme l'orateur le fait, séparer parfaitement les quatre parties qui la composent. Selon la nature et le développement de cette figure, on peut se trouver obligé de donner tout ce que l'on a de force orale, de puissance admirative ou répulsive; dans ce cas, il faudra parfaitement connaître l'étendue de sa voix et l'intensité de son expression physique pour en faire une sage distribution. Ainsi, en supposant que la gradation s'élève à cent degrés, qu'elle soit divisée en quatre parties, comme celle de Cicéron, et que l'on ait cent degrés d'intensité expressive, cent de force orale, et qu'on veuille donner

(1) Le Clerc.

tout ce que l'on a de moyens, on les divisera en quatre parts de vingt-cinq degrés chaque. Si, au contraire, on ne veut donner que soixante parties de ce que l'on a d'action, les divisions ascendantes seront de quinze degrés. Si, encore, la position qu'occupe la gradation est déjà élevée à soixante, par exemple, et que l'on veuille aller jusqu'à cent, comme il ne reste que les quarante derniers degrés supérieurs à franchir, les divisions seront de dix. Mais, on le sent, il faut, pour se conformer au sage conseil que nous donnons ici, être parfaitement maître de soi, se savoir bien par cœur, et s'être exercé à ses divisions qui, bien réussies, sont toujours d'un effet certain sur l'auditoire.

« La *prolepse* (ou *antioccupation*) prévient l'objection » pour la réfuter d'avance ; c'est un tour adroit qui élude, » qui affaiblit du moins les raisons que l'adversaire ne » manquerait pas de présenter avec beaucoup de force; » elles perdent ainsi le mérite et l'effet de la nouveauté. » On pouvait reprocher à Despréaux son goût pour la » satire et la manière dont il traitait Chapelain. Il pré» vient cette objection et y répond :

Il a tort, dira l'un ; pourquoi faut-il qu'il nomme ?
Attaquer Chapelain ! Ah ! c'est un si bonhomme ;
Balzac en fait l'éloge en cent endroits divers,
Il est vrai, s'il m'eût cru qu'il n'eût point fait de vers ;
Il se tue à rimer, que n'écrit-il en prose ?
Voilà ce que l'on dit : Eh, que dis-je, autre chose ?
En blâmant ses écrits, ai-je, d'un style affreux,
Distillé, sur sa vie, un venin dangereux ?

(1) Le Clerc.

Ma muse, en l'attaquant, charitable et discrète,
Sait, de l'homme d'honneur, distinguer le poëte.

« Dans l'éloquence du barreau surtout, une objection » pressentie et repoussée avec art est comme un trait » déjà émoussé, quand l'adversaire veut s'en servir. Cette » espèce de triomphe, dont l'orateur jouit d'avance, aug- » mente ses forces et lui donne un air de confiance qui » subjugue et entraîne les esprits (1). »

Cette figure, qui tient essentiellement de l'intelligence, qui appartient à l'ordre des idées, exige toujours la voix haute, claire, fine, intelligente ; des inflexions malignes et un ton persifleur; mais il faut s'attacher à faire ressortir surtout les mots qui la composent, et ne pas se tromper en donnant à d'autres, à ceux qui leur servent comme de cadre, l'intention qui leur revient en propre : une erreur à cet égard dénaturerait cette figure et la rendrait inintelligible.

« La *suspension* est une figure qui sert à tenir l'auditeur » dans l'incertitude, pour lui montrer ensuite un tout » autre objet que celui qu'il attendait. Voyez un bel exem- » ple de suspension, *Verr.*, V., 5. Bossuet emploie ce » tour à la fin de l'Oraison funèbre de la reine d'Angle- » terre : Combien de fois a-t-elle remercié Dieu humble- » ment de deux grandes grâces ; l'une, de l'avoir fait » chrétienne; l'autre... Messieurs, qu'attendez-vous ? peut- » être d'avoir retabli les affaires du roi son fils ? Non, c'est » de l'avoir fait reine malheureuse. On sent quelle force

(1) Le Clerc.

» la suspension donne ici au discours, combien elle re
» les auditeurs attentifs, et contribue à faire naître da
» leurs cœurs la surprise et l'admiration. Dans le gen
» simple, on connaît la fameuse lettre de madame de S
» vigné à M. de Coulanges : Je vais vous marquer
» chose du monde la plus étonnante, la plus surpr
» nante, la plus merveilleuse, etc. (1) »

Comme procédé d'interprétation nous réunissons suspension et la réticence, elles ont entre elles, même littérature, une grande analogie.

« Il y a *réticence* ou *aposiopése*, lorsque l'orateur, s'i
» terposant lui-même au milieu de son discours, pas
» subitement à une autre idée. On se sert de la réticen
» quand on craint de s'expliquer, quand on aurait tr
» de choses à dire, quand on fait entendre par ce q
» suit ce qu'on n'a pas voulu énoncer d'abord, et qu'
» le fait plus fortement entendre que si l'on s'expliqua
» Ainsi, dans le *Britannicus* de Racine Agrippine dit :

Et ce même Sénèque et ce même Burrhus
Qui depuis... Rome alors estimait leurs vertus.

» Et dans *Phèdre*, Aricie dit à Thésée.

Prenez garde, seigneur : vos invincibles mains
Ont, de monstres sans nombre, affranchi les humains,
Mais tout n'est pas détruit, et vous en laissez vivre
Un... Votre fils, seigneur, me défend de poursuivre;
Instruite du respect qu'il veut vous conserver,
Je l'affligerais trop, si j'osais achever. »

(1) Le Clerc.

Il faut pour rendre très-saisissant l'effet de la suspension et de la réticence, dire tout ce qui précède avec une grande apparence d'abandon, pour qu'au moment où l'on s'arrête, l'esprit de l'auditeur soit soudainement saisi et reste en suspens, comme la jambe d'un voyageur avancée et retenue sur un abîme s'entr'ouvrant devant ses pas, et qui le force, ne voulant ou ne pouvant pas le franchir, à faire volte-face. On comprend que si ce voyageur s'avançait avec précaution, il ne serait point saisi; or, il en est de même de celui qui met en action une réticence, s'il la faisait prévoir par une trop grande réserve dans son débit, elle serait sans effet ; il faut au contraire, avec un adroit artifice, précipiter un peu ce que l'on dit jusqu'au point où l'on s'arrête subitement; du reste, quelques exercices suffisent pour arriver promptement à bien interpréter cette figure, qui est beaucoup plus difficile à trouver et à placer heureusement qu'à bien dire.

La *communication* et la *permission* n'exigent qu'un air de grande confiance en l'équité de sa cause ; une simple, facile et noble désinvolture dans l'action orale et dans l'action physique.

« La *dubitation* exprime l'incertitude de celui qui parle;
» il ne sait ou ce qu'il doit dire ou ce qu'il doit faire.
» Cicéron (*de Orat.*, III, 56) rapporte que les ennemis
» mêmes de C. Gracchus ne purent s'empêcher de pleurer
» lorsqu'il prononça ces paroles : *Misérable! où irai-je?*
» *quel asile me reste-t-il? Le Capitole? il est inondé du*
» *sang de mon frère. Ma maison? j'y verrais ma malheu-*
» *reuse mère fondre en larmes et mourir de douleur.* Voilà
» des mouvements. Qu'on supprime la figure, presque

» toute la force de la pensée disparaît. *Je ne sais où aller* » *dans mon malheur ; il ne me reste aucun asile. Le Capi-* » *tole est le lieu où l'on a répandu le sang de mon frère;* » *ma maison est un lieu où je verrais ma mère gémir et verser* » *des larmes.* C'est la même chose : qu'est devenue cette » vivacité ? où sont ces paroles coupées qui marquent si » bien la nature dans les transports de la douleur? La » manière de dire les choses fait voir la manière dont on » les sent, et c'est ce qui touche davantage l'auditeur (1). » Germanicus, haranguant ses soldats révoltés, s'exprime » ainsi dans Tacite : « Quel nom donner à cette foule » séditieuse ? Vous appellerai-je soldats, vous qui avez » assiégé dans son camp le fils de votre empereur en le » menaçant de vos armes ? Citoyens, vous qui foulez aux » pieds avec tant de mépris l'autorité du sénat ? Ennemis » même ? Non, vous avez violé les droits de la guerre, » et ceux des ambassadeurs, et ceux de l'humanité. »

En raison des rapports constants qui existent entre les quatre actions, et la direction que leur imprime l'âme, en remarquant la nature de la figure qui nous occupe, on se rendra un compte exact de la manière de l'interpréter. Ainsi, l'incertitude de l'âme amène comme conséquence l'incertitude de la parole, celle des attitudes et des gestes; les inflexions doivent être tourmentées, diffuses, le ton incertain. Le corps doit accuser une certaine indécision d'attitudes et de mouvements. Si, par hasard, une interrogation est bien accentuée, comme si l'âme avait pris une décision, une nouvelle interrogation vient aussitôt

(1) Le Clerc.

détruire l'effet de la première; une troisième, celui des deux précédentes. Cette figure est très-employée dans le monologue, et l'on doit s'exercer à la rendre heureusement, car elle se trouve encore dans toutes les situations extrêmes; dans le drame et la tragédie. Il faut, pour elle, une grande souplesse de voix et un registre d'inflexions très-varié.

La *correction*, littérairement, diffère de la subjection. Elle n'en diffère, dans l'art de dire, que par de si délicates nuances qu'elles se confondent comme les couleurs de la lumière décomposée par le prisme.

La *licence* est un ton de liberté qui tend à plaire sans efforts. Il faut bien cependant se garder de justifier, comme écrivain et comme diseur, le sens que l'on attache ordinairement à ce mot. Ce dernier, quand il s'agit de cette figure, doit se montrer facile, simple, naturel, aisé et élégant sans affectation. L'émission de la voix doit être comme involontaire, sa modulation, des moins heurtées et des plus alertes.

« La *concession*. — Faire une *concession*, c'est accorder » quelque chose à son adversaire, mais pour en tirer sur- » le-champ avantage contre lui. Cette figure est très- » fréquente dans les orateurs (Cic., *pro Ligario*, c. 1; » *pro Flacco*, c. 4; *pro Quintio*, c. 18; *in Verr.*, II, 19), » et dans les poëtes :

Je veux que la valeur de ses aieux antiques
Ait fourni de matière aux plus vielles chroniques,
Et que l'un des Capets, pour honorer leur nom,
Ait de trois fleurs de lis doté leur écusson :

Que sert ce vain amas d'une inutile gloire,
Si, de tant de héros célèbres dans l'histoire,
Il ne peut rien offrir aux yeux de l'univers
Que de vieux parchemins qu'ont épargnés les vers ?
Si, tout sorti qu'il est d'une source divine,
Son cœur dément en lui sa superbe origine,
Et n'ayant rien de grand qu'une sotte fierté,
S'endort dans une lâche et molle oisiveté? »

(Boileau.)

Voici une autre concession. Elle est dans *Cinna* de P. Corneille.

Oui, j'accorde qu'*Auguste* a droit de conserver
L'empire où sa *vertu* l'a fait seule arriver,
Et qu'au prix de son *sang*, au péril de sa *tête*,
Il a fait de l'*état* une juste *conquête*.
Mais, que, sans se *noircir*, il ne puisse quitter
Le *fardeau* que sa *main* est *lasse* de porter :
Qu'il *accuse* par là *César* de *tyrannie*,
Qu'il *approuve* sa *mort*, c'est ce que je *dénie*.

Comme, par cette figure, l'orateur ou le causeur s'empresse d'accorder à son interlocuteur une partie de ce qu'il désire obtenir, afin de lui refuser avec plus de force et sous une apparente impartialité, ce qu'il ne veut point lui concéder, on ne saurait mettre trop d'apparence de bonne volonté, de généreux abandon dans la première partie, qui, en général, s'arrête à la conjonction disjonctive *Mais ;* tout, dans la parole et dans l'action physique doit aller au-devant de la personne à qui l'on parle. Mais dès qu'on arrive à la conjonction qui divise cette figure, on doit mettre à retenir la voix, à faire des gestes de retraite, le même empressement qu'on avait mis à les diriger avec bienveillance vers sa partie adverse.

L'*épiphonème* est une sorte d'exclamation sententieuse qui termine un raisonnement ou un récit, comme :

> Mourir pour son pays n'est pas un triste sort,
> C'est s'immortaliser par une belle mort.
>
> (CORNEILLE.)

> Détestables flatteurs! présent le plus funeste
> Que puisse faire aux rois la colère céleste.
>
> (RACINE.)

> Il n'est point ici-bas de moisson sans culture ;
> Le bonheur est un bien que nous vend la nature.
>
> (VOLTAIRE.)

> Tel brille au second rang, qui s'éclipse au premier.
>
> (*Id.*)

> Nous ne vivons jamais, nous attendons la vie.
>
> (*Id.*)

> O que la nuit est longue à la douleur qui veille !
>
> (SAURIN.)

> Le crime fait la honte, et non pas l'échafaud.
>
> (TH. CORNEILLE.)

Nous comprenons dans l'épiphonème, les *sentences* et les *maximes*.

Ces sortes de figures nécessitent une voix ferme, une articulation nerveuse, des inflexions très-arrêtées, des gestes emporte-pièce, concluants comme des coups de hache.

La *prétérition* (ou *prétermission*) se fait lorqu'on dit une chose en assurant qu'on se gardera bien de la dire :

Qu'est-il besoin, Nabal, qu'à tes yeux je rappelle
De Joad et de moi la fameuse querelle,
Quand j'osai contre lui disputer l'encensoir,
Mes brigues, mes combats, mes pleurs, mon désespoir ?

(*Athalie.*)

Je ne vous peindrai point le tumulte et les cris,
Le sang de tous côtés ruisselant dans Paris :
Le fils assassiné sur le corps de son père,
Le frère avec la sœur, la fille avec la mère ;
Les époux expirant sous leur toits embrasés,
Les enfants au berceau sur la pierre écrasés.

(*Henriade.*)

Selon la situation et l'air d'importance ou d'indifférence que l'on tient à donner au sujet, l'on passera légèrement ou l'on s'arrêtera complaisamment sur les mots qui font la prétérition ; le goût, l'intelligence du lecteur le guideront suffisamment à cet égard.

Nous terminons ainsi l'étude que nous avions à faire de chaque figure et des procédés d'interprétation qui conviennent à chacune d'elles. Tout ce que nous en avons dit ne justifie que trop la nécessité de bien posséder tous ses moyens mécaniques pour en tirer tout le parti possible, pour arriver à jouer de l'instrument vocal comme un instrumentiste joue de son instrument. Du reste, après le chapitre suivant, que nous allons consacrer en entier aux passions, nous nous occuperons de la parole comme mécanisme et comme instrument.

SEPTIÈME ENTRETIEN.

DES PASSIONS.

MESDAMES, MESSIEURS.

En raison du plan que nous avons cru devoir suivre dans nos entretiens, et de notre résolution bien arrêtée de ne négliger aucune des connaissances qui se rattachent directement à l'art qui en est l'objet, nous avons examiné avec soin, et les uns après les autres, tous les préceptes de la rhétorique, et prouvé par des démonstrations pratiques, la justesse des principes qui composent notre méthode.

Quand nous sommes arrivé au chapitre III de la rhétorique, dans lequel il est question des passions, nous vous avons dit que cet intéressant sujet y étant traité trop laconiquement pour le but que nous nous proposons, nous remettions à la fin des autres chapitres de vous en entretenir.

A présent donc que nous en avons fini avec tout ce qui a rapport à l'éloquence, aux divers styles, et aux figures, nous allons étudier les passions.

C'est une des plus intéressantes parties de la matière qui nous occupe ; aussi, avant de l'aborder, nous sommes-nous longtemps recueilli, et avons-nous cherché avec soin ce qu'en disent les auteurs qui en parlent : nous avons le regret de n'avoir rien trouvé qui nous ait complétement satisfait.

Des passions.

D'abord, nous ne nous rendons pas bien compte pourquoi l'on traite plutôt des *passions* que des *sentiments*, des *sympathies* et des *antipathies* dont elles ne sont qu'un degré supérieur de développement. Les tempéraments susceptibles d'éprouver jusqu'à la passion existent dans la nature, mais les passions, pour en être une conséquence toute naturelle, n'existent point à l'état normal. Ainsi, l'amour, celui de tous les sentiments qui s'élève le plus vite jusqu'à la passion, a pour cela différents degrés à traverser. L'observation exacte de cette échelle de gradation dans l'expression des sentiments est une des grandes difficultés de notre art à cause de la disposition qui porte à l'exagération les personnes douées pour exprimer ; rien n'est plus difficile en effet que de régler ces précieuses dispositions. Une échelle graduée que nous établirons bientôt nous servira de guide.

Les rhéteurs et les philosophes, dit Le Clerc, *nomment passions ces mouvements vifs et irrésistibles qui nous emportent vers un objet ou qui nous en détournent.*

Voyons, tâchons d'être logique, et quoique les rhéteurs et les philosophes soient d'accord pour la définition des passions, sans être ni philosophe ni rhéteur, et à cause de cela peut-être, nous ne pouvons accepter leur définition comme bonne. Pourquoi? Le voici.

D'abord, les passions ne sont point des mouvements vifs et irrésistibles ; elles nous portent à ces mouvements, elles en sont les causes, mais ils n'en sont que les effets.

Ensuite, il est vrai qu'elles nous emportent vers un objet. Mais elles ne nous en détournent pas.

Et comment, je vous prie, mettre d'accord les deux parties de cette définition, dont la première dit : *Les passions sont ces mouvements vifs et irrésistibles qui nous emportent vers un objet,* et dont l'autre dit : *ou qui nous en détournent?* Il n'est pas dans la nature de se contredire ainsi; Dieu, qui l'a créée, n'est pas inconséquent; il ne se donne point de démenti à lui-même ; il n'en est point ainsi des hommes. Nous admettons bien que des mouvements vifs et irrésistibles *nous entraînent vers un objet,* mais nous ne comprenons point que ces mêmes mouvements *nous en détournent.*

La passion, plus impérieuse que la raison, nous porte effectivement à des élans irrésistibles vers un objet, mais, lorsque nous nous détournons de cet objet, c'est que la raison reprend subitement le dessus. Si imprévue que soit la reprise de son empire, et si courte qu'en soit la durée, la raison a triomphé. C'est ainsi que dans une lutte entre deux hommes, leurs dispositions à une commune antipathie développées jusqu'à la passion les portent à se provoquer, à se battre, à se déchirer. Après quelques coups échangés, quand ils se séparent, c'est que leur passion assouvie laisse la raison reprendre ses droits. Mais si, sous l'impression de quelque nouvel outrage de l'un d'eux, ils s'attaquent de nouveau, c'est que cette injure aura rallumé leur antipathique passion, plus puissante que leur raison momentanément évanouie. Ces provocations, ces attaques et ces retraites, entre deux hommes qui se haïssent et se battent, se renouvellent presque toujours et toujours aussi par suite des réactions alternatives de la raison et dela passion. Encore une nouvelle preuve : Pierre et Paul se promènent ensemble ; ils causent paisiblement; un ennemi de Paul passe, en l'apercevant sa passion s'éveille et il s'élance vers lui Pierre le retient, le raisonne, l'arrache à l'empire de son aveugle passion, le ramène à l'état raisonnable, et ils continuent leur promenade et leur conversation brusquement interrompue.

De ce que nous venons de dire, et des exemples que nous venons de citer, nous tirons cette conséquence, que les passions ne sont point des mouvements vifs et irrésistibles; mais qu'elles nous portent à ces mouvements; qu'elles nous entraînent vers un objet, mais qu'elles ne nous en détournent point.

Après avoir combattu la définition ci-dessus, nous avons la tâche difficile de vous en donner une autre; la voici :

Une passion est une disposition bonne ou mauvaise, qui, en se développant en nous, a pris une possession si absolue de notre âme, qu'elle la maintient dans un état de surexcitation et de dépendance, qui l'aveugle dans ses propres vues, la rend sourde à ses propres intérêts, à ses raisons personnelles, comme à celles d'autrui, et la porte à agir excentriquement, c'est-à-dire en dehors, pour ou contre les objets et les personnes qui l'ont fait naître.

Toutes dispositions sont donc susceptibles de devenir des passions? Oui, et on peut compter autant des unes que des autres, et de même qu'il y a de bonnes et de mauvaises dispositions, il y a de bonnes et de mauvaises passions.

Nous ferons une division et nous conviendrons entre nous, pour procéder clairement, qu'il y a trois sortes de passions : celles de l'ordre intellectuel, qui tiennent de l'esprit ; celles de l'ordre sentimental, qui tiennent du cœur ; celles de l'ordre physique, qui tiennent de la matière. Grâce à cette division, nous allons arriver facilement et de suite, à nous rendre compte de quelle manière ces trois sortes de passions se manifestent en nous, physiquement et oralement et par quels moyens nous arriverons à les bien interpréter.

Les passions qui tiennent de l'esprit entraînent comme conséquence physique une certaine roideur de maintien, des gestes anguleux, vifs, secs et très-arrêtés. Une voix claire, incisive ; une articulation mordante ; une parole sans harmonie, sans charme. Nous pourrions ranger dans cette catégorie, les militaires, les philosophes et les savants.

Les passions qui tiennent du cœur se manifestent à l'extérieur par des attitudes souples, aisées ; des gestes empreints d'affabilité ; une expression souriante, si la passion est heureuse, mélancolique, si elle est insatisfaite. La voix sera voilée, émue ou empreinte d'un souvenir d'émotion ; l'articulation sera tempérée et l'ensemble de la parole harmonieuse et suave. Nous pouvons ranger dans cette catégorie ; les artistes, en général ; la plupart des êtres aimants et aimés et la presque totalité des femmes de bonne éducation.

Les passions qui tiennent de la matière se trahissent par des attitudes pleines de laisser-aller ; des traits en désordre ; des manières lâches ; des mouvements multipliés ; une articulation diffuse ; une voix rauque ou voilée, ou voilée et rauque tout à la fois, qui empêche parole d'avoir le moindre agrément quand cela ne rend pas désagréable. Nous rangerons dans cette catégori les hommes enclins à la luxure, au jeu et à l'ivrogneri

Le degré de développement auquel nos dispositions transforment en passions n'est pas, dans leur ascension, dernier degré auquel elles s'élèvent, mais c'est le derni degré au moins raisonnable, et tous les températmen sont sujets, en raison de certaines circonstances, à le fran chir, et à se laisser entraîner jusqu'à l'extravagance, à l folie, au délire, à la mort. L'interprétation qui convient ces trois états peut se tirer du principe que nous avon posé sur les rapports constants de l'âme avec le corps Prouvons; mais, à quoi bon ? — vous vous êtes déjà ré pondu affirmativement vous-mêmes, nous en somme sûr. En effet, serait-il conséquent de recourir à une inter prétation raisonnable, tempérée et harmonieuse dan toutes ses parties pour peindre l'état d'une âme extrava gante, folle ou en délire ? Il faut pour une peinture de ce ordre-là, détruire l'accord qui existe naturellement dan l'état normal entre les quatre actions; intellectuelle sentimentale, orale et physique. Mais, encore, il ne fau point perdre de vue à laquelle des divisions appartient le sujet à mettre en action; et si c'est en traversant le degré des passions qui tiennent des idées qu'il est arrivé à son regrettable excès, il conviendra de se conformer aux attitudes, aux gestes, aux accents dont il aura l'habitude. Ainsi il serait inconsidéré de prêter à un savant devenu fou, le débraillé de langage et d'allure d'un homme adonné à l'ivrognerie ; et *vice versâ*. C'est ainsi que, dans les œuvres d'art, le désordre le plus saisissant n'est jamais que le résultat d'un esprit des mieux ordonnés, ou d'un mouvement heureux d'imagination, d'inspiration fixé soudainement et à jamais dans l'œuvre qu'il anime.

Nous venons de voir que toute disposition développée jusqu'au delà d'un certain degré tombe dans le déplorable. Il n'en est pas ainsi lorsqu'elle reste en deçà, car, jusqu'à ce degré, elle peut être suivie, appréciée et mesurée dans son développement. Nous n'entrerons point ici, sur chacune d'elles, dans de longs détails, dans une fastidieuse classification; deux raisons s'y opposent, la première, c'est qu'en raison de nos principes, il est des développements qui seraient superflus; la seconde, c'est que le nombre des états et des mouvements de l'âme, de ses défauts et de ses qualités, est si varié, qu'une classification détaillée, complète et parfaitement ordonnée nous a paru un travail presque impossible à accomplir en raison de la difficulté de bien s'entendre sur la signification du nombre considérable des mots à classer par degré de force et d'expression; car l'âme humaine est sujette à ressentir une quantité d'impressions, à traverser un nombre d'états et à se porter à des mouvements beaucoup plus nombreux qu'on n'oserait le supposer de prime abord.

Nous avons voulu nous en rendre un compte exact : pour cela nous avons pris un dictionnaire, nous l'avons parcouru avec soin depuis la lettre *A*, jusqu'à la lettre *Z*; nous avons pris une note fidèle de tous les mots qui désignent un état, un mouvement, une qualité ou un travers de l'âme humaine; le nombre total de ces mots est de *mille cent cinquante-six*, ceux qui désignent les qualités sont au nombre de deux cent quatre-vingt-onze, dont quarante-huit tiennent plus de la volonté, de l'esprit et de la tête que du cœur. Les deux cent quarante-trois qui restent, tiennent plus du cœur, du sentiment que de l'idée. Deux cent trente-sept mots désignent les défauts de l'âme. Pour l'honneur de l'humanité, la dose des qualités est encore plus considérable que celle des défauts. Cent cinquante-six mots désignent les bons mouvements auxquels l'âme peut se laisser aller. Cent vingt-neuf mots rappellent les mauvais. Deux cent quatorze mots représentent les différents états ou mauvais mouvements de l'âme lorsqu'elle s'abaisse au-dessous de l'état calme et ordinaire. Vingt-cinq mots sont employés pour rendre les différents degrés de l'hypocrisie.

Vous comprendrez aisément, Mesdames, et vous aussi, Messieurs, que la nécessité de s'entendre sur la juste signification de ces mille cent cinquante-six mots, avant de les classer, était indispensable, et qu'en raison de leur synonymie souvent apparente, mais point complète, ce travail préliminaire était impossible à accomplir dans des entretiens comme les nôtres.

Seulement, et comme règle générale, nous allons prendre une des dispositions de notre âme et lui faire traverser tous les degrés qui la séparent de la passion, pour donner une idée de la manière dont on doit procéder. L'accentuation de l'interprétation doit être en rapport avec le degré de développement de la chose à interpréter; on ne saurait manquer à la loi de ses rapports sans tomber dans une regrettable inexactitude, et sans faillir à la vraisemblance, la première et la plus essentielle des règles dans les arts d'imitation. Ainsi, par exemple, serait-il vraisemblable que pour la plus légère surprise l'on recourût à des cris et à des gestes excentriques propres à l'expression de la plus grande épouvante, de la plus invincible terreur? ou bien que, pour rendre les deux avant-derniers degrés de la surprise, dans le domaine du raisonnable, on n'eût recours qu'à de tous petits cris et qu'à des gestes pleins d'afféterie ? La réflexion que nous faisons peut vous paraître superflue. Eh bien! cependant, rien n'est plus fréquent que de voir violer la règle qui nous la suggère, et de voir une action orale ou physique, et quelquefois toutes les deux, en deçà ou au delà de la pensée à rendre ou des sentiments à exprimer. Maintenant que nous voilà d'accord sur l'utilité de l'étude d'un sentiment, non-seulement au point de vue de sa nature, mais encore au point de vue de sa marche progressive, et des degrés où il est arrivé quand on veut l'interpréter, nous allons procéder par démonstration.

Nous avons dit, dans notre définition, qu'une passion est une disposition bonne ou mauvaise de notre âme développée jusqu'à, etc. Nous ne pouvons pas dire que c'est un sentiment, car la disposition à boire, arrivée jusqu'à l'ivrognerie, est une mauvaise passion, et le mot sentiment eût été impropre à représenter cet état de dégradation de notre nature; de plus, il n'eût point donné une idée aussi exacte que le mot disposition, de l'état passif, latent de l'âme. Et ne pouvant pas, au gré de notre imagination, élargir l'horizon dans lequel nous avons à nous mouvoir, pour ne pas le rétrécir, nous avons dû descendre en nous-même et y chercher le premier signe de manifestation de notre esprit et de notre cœur, et les prendre pour point de départ de la voie que nous avons à parcourir.

Aussi, nous adoptons le mot *disposition* comme celui qui peint le mieux l'état dans lequel nous nous trouvons lorsque nous sortons du vague de la somnolence, et que nous rentrons dans la vie par l'exercice des sens et la perception des sensations.

Nous dirons donc, état passif, latent de l'être; exercice des sens, perception des sensations, aussitôt manifestation des dispositions des trois ordres, intellectuel sentimental et matériel; dès lors mouvement ascensionnel de l'esprit pour ce qui tient de l'idée, du cœur pour ce qui tient du sentiment, de la sensualité pour ce qui tient de la matière. Le premier ordre élève et roidit, le second émeut et assouplit, le troisième agite et avilit. Mais chacune de ces manifestations produit en nous deux mouvements contraires qui nous portent, l'un à nous approcher des êtres et des objets, l'autre, qui nous porte à nous en éloigner, et auxquels on a donné les noms, au premier, de sympathie, au second, d'antipathie; mais, en se développant, ces deux mouvements changent plusieurs fois de noms, et chacun de ces noms représentant une nouvelle situation de l'âme, exige une interprétation à lui relative. Comme exemple de la marche progressive d'une bonne disposition pour une personne, développée jusqu'à la passion, nous allons supposer un jeune homme dont le cœur s'ouvre à la véritable vie, à celle du sentiment, et lui faire traverser, à l'aide d'une fable que nous allons imaginer, tous les degrés de cette bonne disposition, depuis l'état de somnolence jusqu'aux dernières limites du raisonnable.

Nous admettons que la veille, ce jeune homme a rencontré une jeune personne pour laquelle il s'est soudainement senti des dispositions que, jusqu'alors, il n'avait ressenties pour personne. Nous admettons qu'il dort, et, qu'en s'éveillant, dans cet état qui succède au sommeil et précède le réveil, lorsqu'on revient tranquillement à la vie réelle, sa mémoire lui rappelle confusément la vive impression à laquelle il a été inopinément en proie le jour précédent. C'est ici le sixième sens ou sens intime qui agit, car ses yeux ne sont point encore ouverts, le silence le plus absolu règne autour de lui, et le goût, le tact et l'odorat sont inactifs.

Cette situation peut être mimée, elle ne peut être rendue par la parole, parce que du moment où il parlerait la situation cesserait d'être vague, elle s'accentuerait.

Mais, si la personne qui a produit sur lui une si vive impression, a parlé lorsqu'il l'a rencontrée, et qu'il entende de nouveau sa voix, le sens de l'ouïe fonctionnant soudainement l'arrachera à sa somnolence et le rappellera à la vie.

Il y a changement brusque d'état de l'âme : un vif mouvement du corps le révélera. C'est l'oreille qui aura été frappée, instinctivement aussi, en s'éveillant, notre jeune homme tendra l'oreille vers le côté d'où la voix lui sera venue, et les yeux, après avoir vainement cherché la personne entendue se refermeront, comme pour faire tourner au profit de l'ouïe la part d'activité qu'ils pourraient lui dérober en apercevant et considérant les objets qui l'entourent. Il est facile de se représenter notre sujet dans cet état. Tout à l'heure il n'aurait pu parler sans changer de situation, à présent il le pourrait, mais par monosyllabes, seulement : la parole l'empêcherait d'écouter.

La voix se fait entendre de nouveau et plus rapprochée que tout à l'heure; les yeux se rouvrent et cherchent à voir, et quoique personne ne soit dans la pièce où se passe cette action, ils cherchent vainement et très-activement. Enfin, au travers d'un rideau ils ont cru entrevoir la personne entendue. Cela n'est qu'une erreur, c'est égal, la vue et l'ouïe ont été si puissamment sensibilisées, ont produit de si vives sensations, et ont rappelé une trop douce émotion pour que le cœur et l'esprit n'en soient point profondément occupés, et pour que notre jeune homme puisse se rendormir. Le voilà réveillé, et bien réveillé, cette fois.

Dans l'état précédent il n'aurait parlé que par monosyllabes; maintenant il se parle, il s'interroge, il se répond, il marche, il va, il vient : mais en se réveillant, en cherchant à se rendre compte de la voix qu'il a cru entendre, de la personne qu'il lui a semblé voir, il reconnaît qu'il s'est trompé.

Nouvel état. Nous le retrouvons tel qu'il était hier au soir en s'endormant.

Alors il se rappelle celle qui lui est apparue, mais il ignore son nom, sa famille, le pays qu'elle habite, d'où elle vient, où elle va, s'il la reverra jamais. Comme tous les êtres doués de sensibilité dans une situation analogue à celle-ci, il sent en lui une inquiétude vague et indéfinie dont il cherche en vain à se rendre compte, car chaque fois qu'il s'essaye à se l'expliquer, les mots lui manquent pour définir une chose qu'il ne connaît point, et chaque fois qu'il s'applique à combattre son inquiétude, dans l'intérêt de son repos, il ne sait où porter ses coups pour en triompher, à moins de les porter contre lui-même, parce qu'il sait bien qu'il est seul son propre ennemi, que sa tristesse même n'est point sans charme. Enfin, impuissant à rien changer à son état, il s'y abandonne avec une instinctive crainte pleine d'attractives incertitudes.

Il y a dans cette phase de notre nature, du vague dans l'esprit, de l'inquiétude, de la rêverie, de la concentration, de la froideur apparente pour les êtres et les choses, de furtives et inexplicables joies, d'inconnus désirs, de longues insomnies, de soudains élans, de profonds découragements. Voici quelle est l'action physique qui répond à cette phase :

Des attitudes irrésolues et de peu de durée, des gestes incohérents, tantôt lents, tantôt vifs et multipliés; des yeux tournés vers la terre quand on se rappelle en face, quand on se représente la personne, et vers le ciel quand on espère ; des soupirs étouffés; des mouvements langoureux mêlés d'impatience; d'éphémères expressions d'intime satisfaction. On devine l'action orale après ce que nous venons de dire de l'action physique et de l'intellectuelle.

A présent, admettons que notre jeune héros se trouve subitement transporté à l'endroit où, la veille, il a rencontré celle qui l'a ainsi métamorphosé, et qu'elle se représente soudain devant lui ; que cette fois leurs regards se rencontrent, qu'ils se devinent créés l'un pour l'autre, et que, marchant en sens inverse, ils se trouvent séparés par la foule.

Aussitôt son incertitude cesse, il sait de quel nom se nomme le trouble qui l'agite et qui va maintenant remplacer en son cœur la vague inquiétude qu'il ne pouvait définir. Tout à l'heure le soleil n'était pas moins beau, la brise n'était ni moins douce ni moins parfumée, ni le monde moins peuplé que maintenant, cependant il trouve au soleil une splendeur qu'il ne lui connaissait pas; les parfums de la brise l'enivrent, il l'aspire avec ivresse; le monde, avant, froid et vide pour lui s'anime et se peuple à ses yeux. Et qui lui donne cette nouvelle vie, qui le peuple ainsi? une jeune fille qui vient de passer. Qui a ajouté de la splendeur à l'éclat du soleil? l'éblouissement que viennent de produire en lui des regards qui ont rencontré les siens; son cœur, quelques instants avant plein de doute et de vague, se transforme et s'ouvre à toutes les meilleures dispositions de notre nature; il devient accessible à tous les sentiments tendres. Il n'était point inventif, il le devient. Son imagination s'échauffe; la voilà déjà en travail pour tâcher de découvrir comment il pourra revoir encore celle qu'il aime; car, il le sent, il l'aime! mille moyens et mille obstacles, tous imaginaires, se présentent en foule et tour à tour à son esprit, mais il se sent un courage inconnu pour triompher de tout, comme de tous ceux qui pourraient s'opposer à ses fins. La transformation est imprévue, soudaine, complète; examinons-la en détail.

Si subite et si rapide qu'ait été la rencontre qui a si complétement transformé notre sujet, il y a eu : surprise, étonnement, saisissement, confusion, enchantement, éblouissement, élans et réticences du cœur, immobilité du corps, trouble général et profond, complète, furtive et immense joie, saisissante tristesse causée par la crainte de voir disparaître, peut-être à jamais, celle qui le fait tant et si étrangement vivre et pour laquelle déjà il voudrait mourir.

Voici l'état physique propre à ce mouvement de transformation. Commotion vive et générale de tout l'individu, en apercevant la jeune personne. Les yeux et la bouche se seront subitement ouverts, les narines se seront dilatées, les mains se seront ouvertes, les doigts se seront séparés, les oreilles auront été attentives, le cœur aura bondi, et par ses battements précipités aura rendu la respiration haletante ; la commotion subie, le corps sera resté immobile et comme pétrifié par une impression si profonde, si douce et si puissante à la fois. L'action orale aura été nulle après une exclamation de surprise tout intime.

Après la disparition de la jeune personne il y aura durée de l'immobilité, persistance de trouble, continuation de surprise, de confusion, d'éblouissement et d'enchantement. Mais, enfin, il y aura certitude d'un fait : elle vit, elle existe, il vient bien de revoir, là, devant lui, celle qu'il a cru reconnaître en la voyant pour la première fois ; leurs regards se sont rencontrés, ils se sont parlé et compris comme si dès longtemps déjà leurs cœurs étaient d'intelligence. Tout ce qu'il a ressenti, elle l'a ressenti. Qui le lui a dit ? Personne, mais il le sent, mais il le sait, mais il en est sûr ; parce que la voix qui parle, qui chante maintenant en lui ne peut se tromper. Mais, qui est cette jeune fille? d'où vient-elle? où va-t-elle? quel est son nom, sa demeure? Comment! elle était là, à l'instant, et il n'a su que lui dire, que faire? Il s'en veut et se gronde.

En raison de l'harmonie des quatre actions, après l'analyse que nous venons de faire de l'action intellectuelle et de la physique, on connaît les deux autres. Poursuivons.

Dans l'état où se trouve notre jeune homme, un de ses amis l'aperçoit, vient à lui, lui prend le bras et l'emmène dans une autre allée. A peine y ont-ils fait quelques pas que la jeune fille de tout à l'heure lui apparaît au bras d'un homme distingué, de quarante à quarante-cinq ans, son père; l'ami le connaît très-intimement; en se voyant ils courent l'un à l'autre, notre jeune homme se sépare vivement du bras de son ami et l'attend immobile à quelques pas de lui; mais, en le quittant, il ne l'a point fait sans avoir salué le père et la jeune fille, et cela avec une certaine gaucherie si naturelle à tous les hommes dans une situation analogue à la sienne, et parfaitement comprise du reste de celles qui la causent, et qui n'est point sans charmes pour elles, car elles savent y découvrir la preuve incontestable du naissant empire que leur séduisante et irrésistible faiblesse exerce sur notre contestable puissance. Quant à elle, elle l'a salué sans embarras, au moins apparent, et son émotion ne l'a point empêchée de réunir dans un simple salut toutes les grâces de sa poétique personne, et cela sans affectation, tant est naturel à la femme, à peine même jeune fille, de se connaître et de savoir de bonne heure et en toute circonstance tirer le meilleur parti possible de tous ses avantages.

Après son salut, notre jeune homme, isolé et honteux de sa maladresse, voudrait pouvoir fuir, mais il ne le peut pas ; il ne sait quelle attitude prendre et garder ; il est tout décontenancé, il désirerait ardemment regarder cette jeune fille, il sent son existence liée à la sienne, mais il n'ose tourner ses yeux vers elle ; tout à coup son ami vient lui prendre la main et le présente au père de la jeune personne, qui fut longtemps l'ami de son père, à lui, qu'il a perdu depuis dix ans. Il lui exprime sa satisfaction de l'avoir rencontré, le présente à sa fille, veut le présenter à sa femme, et pour cela l'invite à le venir voir chez lui dès le lendemain ; cela reste convenu ; le père retient l'ami et l'on se sépare en se donnant la main. Le jeune homme et la jeune fille se saluent en échangeant cette fois un regard plus profond, plus prolongé et plus discret que le premier ; enfin, il se retrouve seul, il en a besoin.

Quel jour ! quelle heure ! quel instant ! quelle émotion ! quelle joie ! quels transports ! Quoi ! ce matin le doute glacé faisait le froid et la nuit dans son cœur, tout était ténèbres, vague et indifférence dans son esprit ; il se sentait ennuyé de vivre, inutile sur terre et à la société, souvent à charge à lui-même ; nulle étude ne le captivait, nul devoir ne s'imposait à sa conscience, il vivait par habitude et sans but. Il est venu au bois attiré par un souvenir, et là, en quelques minutes, son cœur s'échauffe, sort de sa nuit et entre dans la lumière et dans la vie; il bat à briser sa poitrine, à peine peut-il en supporter les puissants battements. Il ne sait ce qu'il doit croire de tout ce qui vient de se passer, de ce qu'il sent, de ce qu'il ose concevoir et espérer ; car, enfin, il aime et il commence à croire qu'il pourra être payé de retour. Il est confondu, ravi, et si quelques nuages d'incrédulité traversent rapidement son esprit, ce n'est que pour le prémunir contre les irrésistibles transports d'une ivresse qui l'entraînerait trop loin s'il s'y abandonnait avec trop de foi. Se figure-t-on l'océan de pensées et d'émotions qui traversent son cœur et son esprit ? Son impatience en l'attente du lendemain, son assoupissement du soir, ses rêves de la nuit, son réveil, qui, d'abord, le trouve incrédule à son bonheur qui lui semble un songe, mais qui est une réalité, et quelle réalité ! Rapprochez maintenant son état actuel de son état de la veille à la même heure, et voyez quelle distance les sépare. Qu'il est autre, qu'il est loin du point de départ où nous l'avons pris, et cependant qu'il lui reste encore de chemin à parcourir pour arriver au but auquel nous devons le conduire ! Voyez, pour être fidèle, exacte, par combien de divisions, presque insensibles, l'interprétation aura été obligée de passer, divisions pour lesquelles il faudrait créer une langue exprès faute de trouver dans la nôtre des mots pour les désigner. C'est dans ces demi, dans ces quarts de nuances que se révèlent les grands comédiens. Mais quel art il faut pour cela ! — Continuons. — Il se sait attendu à trois heures, il en est huit du matin seulement ; n'importe ! il se préoccupe de ne pas arriver trop tard ; il se représente son arrivée ; l'accueil qu'il recevra du père, de la mère, de la jeune fille surtout. Enfin, l'heure du départ approche, et si pressé qu'il soit de partir, il n'avait jamais mis plus de temps à sa toilette ; il en devient minutieux, il s'est presque mis en retard. Le voilà dehors, arrivé, introduit, reçu, présenté, et causant avec toute la famille.

Quelle retenue dans son maintien ! quelle modération dans ses gestes ! quelle aménité dans ses manières ! quelle politesse ! quelle prévenance ! quelle condescendance ! que d'amabilité, d'attentions, de bienveillance, de bonté, de courtoisie, de délicatesse, d'humilité, d'indulgence, de modestie, de sentimentalité dans toute sa personne, de zèle à approuver tout ce qui lui semble juste, de tolérance dans ses jugements, de timidité et de réserve dans l'énoncé des idées nouvelles qu'il peut hasarder; quel respect pour tout le monde, et mieux, quel respect pour lui-même. Car tel est l'heureux, le précieux privilége de toute noble passion ; en s'éveillant en nous, elle nous grandit à nos propres yeux et nous dispose à notre propre estime.

Notre jeune héros, après avoir montré dans cette visite et dans vingt autres les meilleures intentions d'une excellente nature et d'une parfaite éducation, en viendra, insensiblement, en se voyant compris et payé de retour, à éprouver si vivement que son âme en deviendra aveugle en ses desseins, sourde à toute raison et sujette à le porter à des mouvements irrésistibles et irréfléchis. Pourquoi? Parce que la bonne disposition qu'il aura ressentie pour la jeune fille la première fois qu'il l'a vue se sera développée jusqu'au degré de passion. Mais si nous admettons qu'encouragée un moment par les plus flatteuses espérances, les plus aimables promesses de toute la famille, cette passion se trouve subitement contrariée, et en butte à des obstacles imprévus, mais indépendants de toute volonté humaine, tristes conséquences de fortuites circonstances, nous la verrons s'accroître et s'efforcer à paraître résignée ; mais si les obstacles sont le résultat de la volonté du père et de la mère, changés à son égard, par suite de l'influence d'un rival, la passion en grandissant s'irritera au lieu de se résigner, surtout si elle est encouragée par de nouvelles promesses de celle qu'il aime ; mais encore si, quand il se croit au moment de triompher de la rivalité qui le tourmente, il s'aperçoit qu'il n'est plus le préféré de personne, sa passion qui s'irritait s'exaspère et peut le porter cette fois à des mouvements regrettables, surtout s'il ne peut vaincre l'amour qu'il ressent. Nous voyons ici sa disposition développée jusqu'au delà du degré passion et arriver au déplorable. A présent, que celle qu'il aime épouse son rival... il peut en devenir fou, il peut en mourir de désespoir.

Nous venons de nous efforcer de démontrer par cette fable la manière de procéder dans notre art. Ce n'est pas assez de connaître la nature d'un sentiment, il est indispensable de se bien rendre compte de son point de développement, autrement l'on s'expose à tomber dans une fatigante monotonie et dans une fastidieuse exagération, aussi pénibles pour l'interprète que pour l'auditoire. Ainsi, se fait-on une idée d'un tragédien commençant le premier acte de son rôle sur le ton et dans le mouvement qui conviennent au cinquième? Que fera-t-il, arrivé au dénouement ? Hé ! mon Dieu ! ce que font la plupart des tragédiens, il criera à faire fuir tout le monde. Vous représentez-vous d'ici, le héros de notre fable au sortir de la somnolence où nous le trouvons, s'agiter fiévreusement, parler haut, ouvrant avec violence la fenêtre derrière le rideau de laquelle il a cru apercevoir celle qu'il a vue la veille ? Que fera-t-il, s'il est conséquent avec lui-même, lorsqu'il la reverra ; lorsqu'il lui sera présenté ; lorsqu'elle lui sera promise pour femme ; plus tard, lorsque les obstacles fortuits surgiront et viendront entraver son bonheur, lorsqu'il saura qu'il a un rival, et qu'enfin il n'est plus aimé, et que celle qu'il adore se marie ?

Eh bien, il n'est point rare, par suite de la violation du principe que nous posons, de voir des interprètes de profession se nuire énormément, et cela se comprend. Si merveilleusement doués qu'ils soient, s'ils ne savent point faire une sage distribution de leur moyens et en ménager habilement l'usage, ils les usent bien vite ou paraissent ne point en avoir du tout. — Nous pourrions comparer une personne ignorante à cet égard, à quelqu'un qui ayant cinq octaves dans sa voix, ce qui fait trente-cinq notes, ne parlerait jamais que sur le ton des dix dernières, c'est-à-dire de vingt-cinq à trente-cinq, quel avantage tirerait-il des autres s'il ne s'en servait jamais ? Les auteurs mettent en action tous les degrés des sentiments; il faut posséder tous les degrés d'interprétation correspondants.

Ce qui fait l'une des grandes difficultés du rôle de Néron, dans Racine, c'est que le poëte, avec son admirable génie, nous a représenté en lui, non l'homme tout à fait cruel, mais le jeune tyran s'essayant au crime, retenu encore par de bonnes habitudes, craignant les longs reproches de sa mère, les prières de Burrhus, le jugement de Rome, de l'univers entier :

> Et ne connais-tu pas l'implacable Agrippine ?
> Mon amour inquiet déjà se l'imagine
> Qui m'amène Octavie, et d'un œil enflammé
> Atteste les saints droits d'un nœud qu'elle a formé....

C'est quelque chose, mais voici ce qui le préoccupe davantage :

> Et, portant à mon cœur des atteintes plus rudes,
> Me *fait un long récit de mes ingratitudes*...
> De quel front soutenir ce fâcheux entretien?

Il ne craint point que la voix de sa conscience trouble son repos s'il répudie Octavie, non, il sait qu'elle est muette, mais il craint les longs reproches de sa mère, et il en redoute bien plus la longueur que les termes, parce que, tant qu'ils dureront, il ne sera plus empereur, il faudra être le fils obéissant et respectueux. Une certaine pudeur le retient encore, il ne sait pas : *de quel front soutenir ces fâcheux entretiens*. Qu'il y a loin de ce vers à ceux-ci, du cinquième acte, dits par Burrhus; il s'agit de la mort de Britannicus empoisonné par Néron lui-même.

> Mais, s'il vous faut, madame, expliquer ma douleur,
> Néron l'a vu mourir sans changer de couleur.
> Ses yeux indifférents ont déjà la constance
> D'un tyran dans le crime endurci dès l'enfance.

Nous venons de voir le point de départ de Néron et celui

où il est arrivé. Le poëte a suivi la loi de progression à laquelle on ne saurait impunément faillir dans les œuvres théâtrales. Il n'est pas sans intérêt de voir comme il nous montre le jeune tyran arrivé à ce moment où, violemment entraîné par ses cruels instincts, favorisé par sa toute-puissance, il hésite, soumis encore à l'honnête éloquence de Burrhus, à commettre son premier crime. Cette scène et la suivante sont deux des plus belles scènes de notre théâtre français, et l'antiquité n'a rien de plus vrai, de plus saisissant, de plus émouvant et de plus instructif pour les princes.

Voici ces deux scènes :

Néron vient de feindre pour sa mère le plus profond respect, Burrhus prend cette feinte pour de la franchise et s'exprime ainsi :

BURRHUS.

Que cette paix, seigneur, et ces embrassements
Vont offrir à mes yeux des spectacles charmants !
Vous savez si jamais ma voix lui fut contraire,
Si de son amitié j'ai voulu vous distraire,
Et si j'ai mérité cet injuste courroux.

NÉRON.

Je ne vous flatte point, je me plaignais de vous,
Burrhus ; je vous ai crus tous deux d'intelligence ;
Mais son inimitié vous rend ma confiance.
Elle se hâte trop, Burrhus, de triompher :
J'embrasse mon rival, mais c'est pour l'étouffer.

Enfin, voilà l'homme qui jette le masque et le monstre

qui apparaît. Burrhus ne peut que laisser échapper cette exclamation.

BURRHUS.

Quoi, seigneur!

NÉRON.

C'en est trop; il faut que sa ruine
Me délivre à jamais des fureurs d'Agrippine :
Tant qu'il respirera, je ne vis qu'à demi.
Elle m'a fatigué de ce nom ennemi ;
Et je ne prétends pas que sa coupable audace
Une seconde fois lui promette ma place.

Place, pour empire. Un simple employé de nos jours se serait-il exprimé autrement à l'égard de quelqu'un qui lui aurait disputé son modeste emploi? Cependant rien ne choque dans ce vers. C'est ainsi que, toujours, Racine sait employer des mots qui gagnent de la noblesse par la manière dont il les associe avec d'autres. Ici, c'est le mouvement terrible et irrésistible de la colère débordante de Néron, qui entraîne la signification du mot *place* et empêche d'en saisir le peu de noblesse. — Mais Burrhus n'est frappé que d'une chose, de la menace de mort de son jeune élève.

BURRHUS.

Elle va donc bientôt pleurer Britannicus?

NÉRON.

Avant la fin du jour je ne le craindrai plus.

Étrange contradiction des situations humaines! voilà un monstre qui veut tuer, qui tuera son frère aujourd'hui. Et son précepteur, qui sait bien qu'il sera fait ainsi qu'il dit, au lieu de s'occuper d'y mettre obstacle même par la force, comme tout le monde le ferait contre un simple particulier, se borne à lui demander :

BURRHUS.

Et qui de ce dessein vous inspire l'envie?

NÉRON.

Ma gloire, mon amour, ma sûreté, ma vie.

Comme le lâche, qui plus tard n'eut pas le courage de se tuer, se révèle bien par les deux derniers mots de ce vers : *ma vie !*

Mais le ministre qui sait que son maître a l'autorité, qu'il peut s'en servir même pour le crime, comme l'ont fait ses horribles prédécesseurs à l'empire, s'efforce de paraître douter encore de l'existence réelle d'un pareil projet, espérant que ce doute pourra encourager Néron à revenir sur ce qu'il a dit et qu'il médite ; il s'efforce surtout de rejeter l'horreur d'une si épouvantable idée sur Narcisse, et jamais l'éloquence de l'honnête homme n'a été ni plus simple, ni plus vraie, ni plus persuasive. Enfin, le tigre s'en émeut. Écoutez :

BURRHUS.

Non, quoi que vous disiez, cet horrible dessein.
Ne fut jamais, seigneur, conçu dans votre sein?

NÉRON.

Burrhus !

BURRHUS.

De votre bouche, ô ciel! puis-je l'apprendre?
Vous-même sans frémir avez-vous pu l'entendre ?
Songez-vous dans quel sang vous allez vous baigner ?
Néron dans tous les cœurs est-il las de régner ?
Que dira-t-on de vous ? Quelle est votre pensée ?

NÉRON.

Quoi ! toujours enchaîné de ma gloire passée,
J'aurai devant les yeux je ne sais quel amour
Que le hasard nous donne et nous ôte en un jour?
Soumis à tous leurs vœux, à mes désirs contraire,
Suis-je leur empereur seulement pour leur plaire ?

BURRHUS.

Et ne suffit-il pas, seigneur, à vos souhaits
Que le bonheur public soit un de vos bienfaits ?
C'est à vous à choisir, vous êtes encor maître.
Vertueux jusqu'ici, vous pouvez toujours l'être ;
Le chemin est tracé, rien ne vous retient plus :
Vous n'avez qu'à marcher de vertus en vertus.
Mais si de vos flatteurs vous suivez la maxime,
Il vous faudra, seigneur, courir de crime en crime,
Soutenir vos rigueurs par d'autres cruautés,
Et laver dans le sang vos bras ensanglantés.

Dieu ! que ces quatre derniers vers, si bien résumés par

le dernier, sont justes ! et que Shakespeare les a bien justifiés par son *Macbeth*, cette grande conception de ce puissant génie, conçue du reste avant que Racine ne vînt au monde. Mais laissons se développer jusqu'au bout sans l'interrompre ce sublime mouvement du cœur.

> Britannicus mourant excitera le zèle
> De ses amis, tout prêts à prendre sa querelle.
> Ces vengeurs trouveront de nouveaux défenseurs,
> Qui, même après leur mort, auront des successeurs :
> Vous allumez un feu qui ne pourra s'éteindre.
> Craint de tout l'univers, il vous faudra tout craindre,
> Toujours punir, toujours trembler dans vos projets.
> Et pour vos ennemis compter tous vos sujets.
> Ah ! de vos premiers ans l'heureuse expérience
> Vous fait-elle, seigneur, haïr votre innocence?
> Songez-vous au bonheur qui les a signalés?
> Dans quel repos, ô ciel ! les avez-vous coulés!

Quelle adresse dans cette tirade! après le tableau de l'horreur que Néron inspirera s'il suit la sinistre voie à l'entrée de laquelle Burrhus s'efforce de l'arrêter, il lui fait le tableau le plus simple, le plus vrai et le plus séduisant à la fois de son règne, s'il continue d'être seulement ce qu'il a été jusqu'ici.

> Quel plaisir (*lui dit-il*) de penser et de dire en vous-même :
> « Partout en ce moment on me bénit, on m'aime;
> » On ne voit point le peuple à mon nom s'alarmer;
> » Le ciel dans tous leurs pleurs ne m'entend point nommer;
> » Leur sombre inimitié ne fuit point mon visage;
> » Je vois voler partout les cœurs à mon passage! »

Tels étaient vos plaisirs. Quel changement, ô dieux!
Le sang le plus abject vous était précieux :
Un jour, il m'en souvient...

Comme la citation qui va suivre est naturellement amenée, comme elle naît bien de la situation présente, et quel admirable contraste elle vient établir entre le Néron d'hier, de tout à l'heure presque, et le Néron d'à présent!

Un jour, il m'en souvient, le sénat équitable
Vous pressait de souscrire à la mort d'un coupable :
Vous résistiez, seigneur, à leur sévérité ;
Votre cœur s'accusait de trop de cruauté ;
Et, plaignant les malheurs attachés à l'empire,
Je voudrais, disiez-vous, ne savoir pas écrire.

Ce souvenir fait tressaillir Néron. Burrhus s'en aperçoit et redouble ses pressantes instances :

Non, ou vous me croirez, ou bien de ce malheur
Ma mort m'épargnera la vue et la douleur :
On ne me verra point survivre à votre gloire.
Si vous allez commettre une action si noire,

Se jetant aux genoux de Néron :

Me voilà prêt, seigneur ; avant que de partir,
Faites percer ce cœur qui n'y peut consentir ;
Appelez les cruels qui vous l'ont inspirée ;
Qu'ils viennent essayer leur main mal assurée...
Mais je vois que mes pleurs touchent mon empereur;
Je vois que sa vertu frémit de leur fureur.
Ne perdez point de temps, nommez-moi les perfides
Qui vous osent donner ces conseils parricides;

Appelez votre frère, oubliez dans ses bras...

NÉRON.

Ah! que demandez-vous?

BURRHUS.

Non, il ne vous hait pas,
Seigneur; on le trahit : je sais son innocence;
Je vous réponds pour lui de son obéissance.

NÉRON.

Dans mon appartement qu'il m'attende avec vous.

BURRHUS.

J'y cours. Je vais presser un entretien si doux.

Le conseiller sort, le flatteur entre. Le premier était tout élan, tout émotion, celui-ci va être froid, cauteleux, hypocrite, mesuré. Exemple :

NARCISSE ET NÉRON.

NARCISSE.

Seigneur, j'ai tout prévu pour une mort si juste :
Le poison est tout prêt. La fameuse Locuste
A redoublé pour moi ses soins officieux :
Elle a fait exprier un esclave à mes yeux;
Et le fer est moins prompt pour trancher une vie,
Que le nouveau poison que sa main me confie.

Quelle époque horrible que cette époque des Césars! à

Rome, une empoisonneuse osait exercer en plein jou et avec sécurité son épouvantable métier de pourvoyeus de la mort, et elle était consultée pour tuer avec autan d'empressement que, de nos jours, nos illustrations médi cales sont consultées pour guérir !

NÉRON.

Narcisse, c'est assez : je reconnais ce soin,
Et ne souhaite pas que vous alliez plus loin.

NARCISSE.

Quoi ! pour Britannicus votre haine affaiblie
Me défend...

NÉRON.

Oui, Narcisse : on nous réconcilie.

NARCISSE.

Je me garderai bien de vous en détourner,
Seigneur. Mais il s'est vu tantôt emprisonner :
Cette offense en son cœur sera longtemps nouvelle ;
Il n'est point de secrets que le temps ne révèle :
Il saura que ma main lui devait présenter
Un poison que votre ordre avait fait apprêter.
Les dieux de ce dessein puissent-ils le distraire !
Mais peut-être il fera ce que vous n'osez faire.

NÉRON.

On répond de son cœur ; et je vaincrai le mien.

NARCISSE.

Et l'hymen de Junie en est-il le lien?
Seigneur, lui faites-vous encor ce sacrifice?

NÉRON.

C'est prendre trop de soin. Quoi qu'il en soit, Narcisse,
Je ne le compte plus parmi mes ennemis.

NARCISSE.

Agrippine, seigneur, se l'était bien promis :
Elle a repris sur vous son souverain empire.

NÉRON.

Quoi donc? Qu'a-t-elle dit? Et que voulez-vous dire?

NARCISSE.

Elle s'en est vantée assez publiquement.

NÉRON.

De quoi?

NARCISSE.

Qu'elle n'avait qu'à vous voir un moment;
Qu'à tout ce grand éclat, à ce courroux funeste,
On verrait succéder un silence modeste;
Que vous-même à la paix souscririez le premier;
Heureux que sa bonté daignât tout oublier!

NÉRON.

Mais, Narcisse, dis-moi, que veux-tu que je fasse ?
Je n'ai que trop de pente à punir son audace ;
Et, si je m'en croyais, ce triomphe indiscret
Serait bientôt suivi d'un éternel regret.
Mais de tout l'univers quel sera le langage?
Sur les pas des tyrans veux-tu que je m'engage,
Et que Rome, effaçant tant de titres d'honneur,
Me laisse pour tout nom celui d'empoisonneur ?
Ils mettront ma vengeance au rang des parricides.

NARCISSE.

Et prenez-vous, seigneur, leurs caprices pour guides?
Avez-vous prétendu qu'ils se tairaient toujours?
Est-ce à vous de prêter l'oreille à leurs discours ?
De vos propres désirs perdrez-vous la mémoire ?
Et serez-vous le seul que vous n'oserez croire ?
Mais, seigneur, les Romains ne vous sont pas connus .
Non, non; dans leurs discours ils sont plus retenus.
Tant de précaution affaiblit votre règne :
Ils croiront, en effet, mériter qu'on les craigne.
Au joug, depuis longtemps, ils se sont façonnés;
Ils adorent la main qui les tient enchaînés.
Vous les verrez toujours ardents à vous complaire :
Leur prompte servitude a fatigué Tibère.
Moi-même, revêtu d'un pouvoir emprunté
Que je reçus de Claude avec la liberté,
J'ai cent fois, dans le cours de ma gloire passée,
Tenté leur patience, et ne l'ai point lassée.
D'un empoisonnement vous craignez la noirceur?
Faites périr le frère, abandonnez la sœur ;

Rome sur les autels prodiguant les victimes,
Fussent-ils innocents, leur trouvera des crimes :
Vous verrez mettre au rang des jours infortunés,
Ceux où jadis la sœur et le frère sont nés.

NÉRON.

Narcisse, encore un coup, je ne puis l'entreprendre.
J'ai promis à Burrhus, il a fallu me rendre.
Je ne veux point encore, en lui manquant de foi,
Donner à sa vertu des armes contre moi.
J'oppose à ses raisons un courage inutile :
Je ne l'écoute point avec un cœur tranquille.

NARCISSE.

Burrhus ne pense pas, seigneur, tout ce qu'il dit.
Son adroite vertu ménage son crédit,
Ou plutôt ils n'ont tous qu'une même pensée;
Ils verraient par ce coup leur puissance abaissée:
Vous seriez libre alors, seigneur; et, devant vous,
Ces maîtres orgueilleux fléchiraient comme nous.
Quoi donc! ignorez-vous tout ce qu'ils osent dire?
Néron, s'ils en sont crus, n'est point né pour l'empire;
Il ne dit, il ne fait que ce qu'on lui prescrit:
Burrhus conduit son cœur, Sénèque son esprit.
Pour toute ambition, pour vertu singulière,
Il excelle à conduire un char dans la carrière,
À disputer des prix indignes de ses mains,
A se donner lui-même en spectacle aux Romains,
À venir prodiguer sa voix sur un théâtre,
A réciter des chants qu'il veut qu'on idolâtre,
Tandis que les soldats, de moments en moments,
Vont arracher pour lui les applaudissements.

Ah ! ne voulez-vous pas les forcer à se taire ?

NÉRON.

Viens, Narcisse : allons voir ce que nous devons faire.

Et le maître et le serviteur, César et le lâche affranchi de Claude sortent comme un tigre et un chacal, pour aller saisir leur innocente proie, vouée déjà à une mort certaine.

Il est aisé de se faire une idée de la difficulté de bien jouer le rôle de Néron dans ces deux dernières scènes, où il traverse alternativement tous les sentiments d'une âme en proie à la poignante anxiété d'une terrible résolution à prendre, d'un épouvantable crime à commettre !

HUITIÈME ENTRETIEN.

DES NEUF PARTIES DU DISCOURS, DE LA PONCTUATION, DE L'INSTRUMENT VOCAL. — DES EXERCICES, DE L'ACTION PHYSIQUE DANS TOUS SES DÉTAILS.

Mesdames et Messieurs,

Nous en avons fini avec la partie philosophique et rhétorique de notre sujet; il ne nous reste plus, avant d'en arriver à la partie complétement mécanique, qu'à nous entretenir des neuf sortes de mots, des neuf parties du discours. Nous ne vous en dirons que ce que nous croirons indispensable, et nous ne recourrons jamais qu'à une seule démonstration pour prouver ce que nous avons avancé.

DES RÔLES QUE JOUENT LES MOTS DANS NOTRE LANGUE.

Nous avons plusieurs mots qui, en général, ont peu d'importance par eux-mêmes, tels sont les substantifs composés, les articles, les pronoms indéfinis et les possessifs, les conjonctions, les prépositions et la plupart des adverbes.

Il en est d'autres, au contraire, qui jouent toujours un rôle important dans une phrase quelconque; tels sont les substantifs simples, propres ou communs, les adjectifs qualificatifs, les pronoms personnels, les verbes, et surtout les interjections.

Dans ces deux catégories de mots, il s'en trouve qui

perdent de leur importance ou qui en acquièrent, selon la place qu'ils occupent dans le discours, comme, par exemple, *et* et *ou* conjonctions.

Un homme raconte à un autre que Pierre et Paul ont volé Jean; l'homme qui écoute a mal entendu, il demande: Est-ce Pierre *et* Paul qui ont volé Jean? ou bien est-ce Pierre *ou* Paul qui l'a volé? On lui répond : Non, ce n'est pas Pierre *ou* Paul, c'est Pierre *et* Paul. Ainsi ces deux conjonctions qui exigent peu d'articulation dans le langage ordinaire, en exigent beaucoup dans cette phrase en raison du rôle qu'elles y jouent. Cet exemple est applicable à toutes les espèces de mots. Nous allons dire quels sont ceux qui, presque toujours, exigent d'être marqués par une plus forte articulation, et une inflexion bien déterminée.

DU SUBSTANTIF.

Le substantif, subsistant par lui-même, représentant à lui seul un être réel, comme le bœuf, le cheval, ou réalisé, en quelque sorte, par l'idée que nous nous en formons, comme l'abondance, la blancheur, a toujours une certaine importance dans le discours, principalement dans l'énumération et la concession.

Ex. d'énumération, pris dans le 2e acte des Horaces *de P. Corneille.*

Tous les substantifs en lettres italiques doivent ressortir dans le débit par la manière dont on les articulera.

C'est Curiace qui parle.

Que désormais le *ciel*, les *enfers* et la *terre*
Unissent leurs *fureurs* à nous faire la *guerre*

Que les *hommes*, les *dieux*, les *démons* et le *sort*,
Préparent contre nous un général *effort*.
Je mets à faire pis, en l'état où nous sommes,
Le *sort*, et les *démons*, et les *dieux*, et les *hommes*;
Ce qu'ils ont de cruel, et d'horrible, et d'affreux,
L'est bien moins que *l'honneur* qu'on nous fait à tous deux !

Ex. de concession, pris dans la 1re scène du 2e acte de Cinna *de P. Corneille.*

C'est Maxime qui parle.

Oui, j'accorde qu'*Auguste* a droit de conserver
L'empire où sa *vertu* l'a fait seule arriver,
Et qu'au prix de son *sang*, au péril de sa *tête*,
Il a fait de l'*État* une juste *conquête*.
Mais que, sans se *noircir*, il ne puisse quitter
Le *fardeau* que sa *main* est *lasse* de porter;
Qu'il accuse par là *César* de *tyrannie*,
Qu'il approuve sa *mort*, c'est ce que je *dénie*.

Ces deux exemples doivent servir de règle et de règle sans exception.

DE L'ADJECTIF.

L'adjectif, ne désignant ni un être physique ni un être métaphysique, et n'exprimant que la qualité ou la manière d'être du substantif, exige une inflexion en rapport avec la qualité qu'il exprime; souvent, il est le seul mot de valeur d'une phrase, et l'inflexion qui lui est propre doit s'étendre à toute la phrase qui le renferme.

Ex. : Il y a plus de huit jours que je vous cherche,

Monsieur ; enfin, je vous trouve, et je m'empresse de vous dire que vous êtes de tous les hommes, l'homme le plus *infâme*. — Il n'est personne qui ne reconnaisse qu'en effet l'adjectif infâme est le seul mot de valeur de cette phrase, et qu'il entraîne avec lui une inflexion conforme au sens que nous y attachons. Eh bien ! changeons l'adjectif seulement ; substituons *aimable* à *infâme*, tout le sens en sera changé ; l'inflexion devra l'être aussi, mais elle devra l'être non-seulement sur le nouveau mot, mais sur tous les autres.

DU PRONOM PERSONNEL.

Le pronom personnel, tenant la place d'une personne ou d'une chose, exige une inflexion qui caractérise l'opinion que l'on a de la personne dont on parle.

Ex. : Achille, dans le quatrième acte d'*Iphigénie en Aulide*, dit à Agamemnon, en lui parlant de Troie :

> Je n'y vais que pour *vous*, barbare que vous êtes !
> Pour *vous*, à qui des Grecs moi seul je ne dois rien ;
> *Vous*, que j'ai fait nommer et leur chef et le mien ;
> *Vous*, que mon bras vengeait dans Lesbos enflammée,
> Avant que *vous* eussiez assemblé votre armée.

Dans cette scène, Achille est en colère. On devine aisément quelle inflexion et quel degré de force on doit donner aux cinq *vous* contenus dans ces cinq vers. L'inflexion doit exprimer le mépris et chaque répétition du pronom doit en accroître l'expression.

DU VERBE.

Le verbe exprimant un état, une action, une affirmation

quelconque, doit ressortir dans une phrase plus ou moins selon son importance; moins quand il exprimera un état que quand il exprimera une action ou une affirmation.

Exemple d'un verbe exprimant un état.

Monsieur, je viens vous dire que votre père *est* malade. — On ne doit point appuyer sur le verbe.

Exemple d'un verbe exprimant une action.

Viens! suis-moi! courons! vite! dit un jeune homme à l'un de ses amis : il s'agit de porter secours à un homme qui se noie.

Exemple d'un verbe exprimant une affirmation.

Nous continuons la phrase qui précède.

Tu veux donc le sauver?
Je *crois* bien, que je le *veux!*

L'adjectif qualificatif, le pronom personnel et le verbe, exprimant une action ou une affirmation, peuvent atteindre le *nec plus ultrâ* de l'articulation. Le substantif le peut quelquefois, mais moins souvent. Deux cas où il peut en être ainsi sont, le premier, lorsque dans un élan de passion, on dit le nom de la personne aimée, le second lorsqu'au contraire, on articule le nom de quelqu'un que l'on hait. Jamais, même dans un état calme, le nom d'un ennemi, comme celui de la personne préférée ne doivent être indifféremment articulés. Supposons Napoléon Ier disant Blücher ou Wellington, Virginie disant *Julius*, Juliette disant

Roméo, quelle expression d'amer souvenir ne devrions-nous pas trouver dans les deux premiers substantifs, et quelle ineffable douceur dans les deux derniers !

DES ADVERBES.

Les adverbes auxquels on doit donner toujours une certaine valeur, sont :

Adverbes de temps : *Jadis*, *bientôt*, *tantôt*.

Adverbes de lieu : *Ici*, *là*, *devant*, *derrière*, *dessus*, *dessous*, en *haut*, en *bas*.

Adverbes d'ordre : *Premièrement*, *secondement*, *d'abord*, *après*, *devant*, *auparavant*, *ensuite*, etc.

Adverbes de quantité : *Assez*, *trop*, *peu*, *beaucoup*, *bien*, *fort*, *très*, *au plus*, *au moins*, *tout*, *du tout*, *tout à fait*.

Adverbes de qualité, tous sans exception. Il en est de même de ceux d'affirmation, de négation, de doute, de comparaison et d'interrogation.

DE L'INTERJECTION.

L'interjection est la plus importante de toutes les parties du discours : à elle seule, elle rend une pensée, elle exprime un sentiment, elle peint toute une situation de l'âme, tandis que les autres mots ont besoin d'être combinés entre eux pour arriver au même but, encore ne l'atteignent-ils pas toujours ; car ils ne forment trop souvent qu'une analyse plus ou moins savante, plus ou moins éloquente, et qui sera toujours au-dessous d'une interjection bien rendue. C'est moins à l'aide de l'articulation que de la voix que l'on rend l'interjection, et, comme pour l'adjectif, l'inflexion qui lui convient est celle qu'il faut donner à toute la phrase qui la renferme.

La différence que nous remarquons entre les autres parties du discours et l'interjection, c'est que, pour les premières, les dix opérations de l'esprit et du cœur dont nous avons parlé, si rapides qu'elles soient, sont successives, progressives et peuvent être comptées, tandis que pour l'interjection, l'âme est si vivement saisie, impressionnée, et son expansion réactive est si soudaine, que les dix opérations qui précèdent la parole sont insaisissables. Par cela même qu'une interjection révèle et exprime toute une situation de l'âme, on doit apporter un très-grand soin à son interprétation et posséder parfaitement son art pour la bien réussir.

La ponctuation faisant partie de la grammaire, et jouant un rôle considérable dans la diction orale, le moment nous semble opportun de vous en entretenir pour n'être point obligé de revenir sur mes pas.

DE LA PONCTUATION.

La ponctuation est l'art de distinguer, par des signes, les phrases entre elles, les sens partiels qui constituent ces phrases, et les différents degrés de subordination qui conviennent à chacun de ces sens.

Il en est à peu près de la parole écrite comme de la parole prononcée. « Les repos de la voix dans le discours, dit Diderot (*Encyclop.*, au mot PRONONCIATION), et les signes de la ponctuation dans l'écriture, se correspondent toujours, indiquent également la liaison ou la disjonction des idées, et suppléent à une infinité d'expressions. Ainsi, il y aurait autant d'inconvénient à supprimer ou à ma placer, dans le discours écrit, les signes de la ponctuation qu'à supprimer ou à mal placer, dans la parole, les repo de la voix : les uns et les autres servent à déterminer l sens ; et il y a telle suite de mots qui n'auraient, sans l secours des pauses ou des caractères qui les indiquent qu'une signification incertaine et équivoque, et qui pourraient même présenter des sens contradictoires, selon l manière dont on y placerait ces caractères. » (BEAUZÉE *Gr. gén.*, p. 572.)

La ponctuation est donc de notre ressort.

Les caractères de la ponctuation sont : la virgule (,); l point-virgule (;) ; les deux-points (:) ; le point (.) ; le poin interrogatif (?) ; le point exclamatif ou admiratif (!) ; le points suspensifs (.....) ; le trait de séparation (—) ; le guillemet («) et l'alinéa.

DE LA VIRGULE.

Ce signe se marque dans le discours ou la lecture pa un petit temps d'arrêt, auquel, par comparaison avec les autres signes de la ponctuation, nous donnerons la valeur d'un quart de repos, le repos sera représenté par le point. Pour prendre le temps d'arrêt, le repos qu'exige la virgule, il faut avoir soin de ne pas laisser tomber la voix sur le mot qui la précède ; au contraire, il faut l'élever, mais très-peu.

Il faut toujours marquer, par un changement de voix, toute phrase incidente placée entre deux virgules, et reprendre, sur le premier mot qui suit la phrase incidente, l'inflexion que l'on a laissée interrompue sur le dernier mot qui l'a précédée. Ex. : Les hommes, *en général*, sont méchants. — *En général*, sera détaché, par un changement de voix, de ces mots : les hommes sont méchants, qui doivent avoir la même inflexion, bien qu'elle ait été interrompue.

Voici un vers dans lequel une virgule mal placée dénaturerait le sens que le poëte lui a donné ; c'est Cléopâtre dans *Rodogune* qui parle, elle dit à son fils Antiochus :

> Règne, de crime en crime, enfin, te voilà roi.

Si on ne mettait point de virgule après *règne*, elle aurait l'air de conseiller à son fils de régner par le crime, tandis que c'est elle qui, de crime en crime, l'a conduit au trône qu'elle voulait encore conserver.

DU POINT-VIRGULE.

Le point-virgule exige un demi-repos, qui doit être, comme la virgule, précédé d'une légère élévation de la voix.

DES DEUX POINTS.

Les deux points exigent trois quarts de repos, et, contrairement à ce que l'on fait pour la virgule, pour le point-virgule, on doit laisser tomber un peu la voix sur le mot qui les précède.

LE POINT.

Le point exige un repos, et annonce presque toujours un changement d'inflexion après lui.

DU POINT INTERROGATIF.

Le point interrogatif est, de tous les signes de la ponctuation, le plus arbitraire dans la durée de ses repos : ils dépendent de la situation, du caractère du personnage, enfin, de la ponctuation qui l'avoisine. S'il y a plusieurs points d'interrogation, il faut généralement les dire successivement avec une grande vivacité ; il en est de même si l'exclamation suit immédiatement le mot qui précède le point interrogatif. Nous avons dit en parlant de l'interrogation, comme figure de rhétorique, tout ce qui y a rapport comme inflexion.

DU POINT EXCLAMATIF.

Nous avons dit tout ce qui le concerne en parlant de l'exclamation.

DES POINTS SUSPENSIFS.

A propos de la suspension et de la réticence, nous en avons dit tout ce qui nous intéresse.

DU TRAIT DE SÉPARATION.

Le trait de séparation, indiquant les changements d'interlocuteurs et les répétitions de *dit-il*, annonce un changement de voix.

DU GUILLEMET.

Le guillemet, servant à indiquer quelque chose d'important dans le sujet, exige un changement de ton.

DE L'ALINÉA.

L'alinéa annonce, sinon un changement de sujet, du moins un nouvel argument à l'appui du sujet principal. On peut changer totalement d'inflexion dans le premier cas ; pour le second, on accroît l'articulation et la voix dans les mêmes proportions.

DE LA PAROLE.

Nous n'avons plus désormais qu'à nous occuper de la partie complétement mécanique de notre art, de cette partie qui s'adresse à l'ouïe et à la vue de l'auditoire, et à l'aide de laquelle nous nous mettons en rapport direct avec lui pour lui faire part de nos pensées et lui communiquer nos sentiments. Nous faisons deux divisions de cette partie ; nous les nommons, la première, action intellectuelle ; la deuxième action physique. Nous allons nous occuper de la première.

Le phénomène par lequel naissent, vivent, grandissent, meurent et se renouvellent en nous les pensées et les sentiments nous semble la chose la plus étonnante de notre nature et la plus digne de notre admiration. Nous sommes obligés d'en reporter toute la gloire à la Providence, car ce phénomène est un don tout divin ; nous pouvons le constater, le suivre dans son accomplissement, mais il ne nous est point permis d'en expliquer la céleste cause.

Il n'en est point ainsi de la parole; sans doute Dieu nous a donné, en nous créant, les organes qui nous servent à la former et l'intelligence qui nous a guidés dans les recherches qui l'ont eue pour but, mais l'honneur, la gloire des conventions par lesquelles elle existe, revient à l'humanité ; et elle a droit de s'en montrer fière, car elle est la plus admirable de ses inventions.

Conçoit-on, en effet, en y réfléchissant, quelque chose de plus extraordinaire, de plus inattendu que le hasard de l'intelligence qui a porté l'homme à concevoir le projet d'arriver à représenter les idées à l'aide de sons articulés? Et ce projet une fois conçu, accepté, propagé, conçoit-on tout ce qu'il a fallu de temps, de patience, de volonté et de génie pour arriver à sa réalisation ?

Quand on pense, comme le dit M. de Lamartine, qu'une langue se forme moins vite parmi les hommes que le granit dans le sein de la terre, l'humanité, nous le répétons, a le droit d'être fière d'avoir créé la parole, celle de toutes ses inventions dans laquelle se révèlent le mieux la subtilité de son intelligence, la délicatesse de son ouïe et la perfection de l'instrument vocal. C'est incontestablement aussi à cause de tout ce qu'elle a d'admirable, qu'elle est, quand on la met au service de nobles pensées et de sentiments tendres ou élevés, le moyen d'action le plus puissant, le plus irrésistible pour agir sur les hommes réunis.

Nous vous avons dit ailleurs que l'instrument vocal qui sert à la former est le plus admirable de tous les instruments ; si lorsque nous vous avons dit cela nous n'avons point cherché à vous le démontrer, c'est que cette démonstration n'eût point été à sa place ; ici, elle naît de la situation et nous ne saurions la différer.

L'instrument vocal est le plus complet de tous les instruments pour deux raisons également décisives. La première ; c'est que, comme sons, comme harmonie, comme expression, nul autre ne lui est comparable. La seconde ; c'est qu'à tous ces avantages, lui seul unit la pensée, qui est l'intelligence, et l'expression, qui est le sentiment, et la prononciation qui est la poésie. Comme comparaison de la différence qui existe entre lui et tout autre instrument, nous vous parlerons de la *Marseillaise*. Nous ne vous citons cet exemple que parce qu'il est celui de tous nos souvenirs qui peut nous aider le plus heureusement dans notre démonstration, et cela pour prouver que le poëte et le compositeur de cet hymne national se sont élevés tous deux à une égale hauteur.

Joué sur un instrument, ou par un nombreux orchestre, l'air de ce chef-d'œuvre de Rouget de Lisle, est d'un immense effet, mais chanté par un grand chanteur ou un chœur nombreux qui sait unir au mouvement musical la mâle énergie de ces patriotiques paroles, il devient entraînant, irrésistible, grâce au secours que le sens du mot vient prêter aux accents de la voix.

Nous nous plaisons, en cette occasion, à payer à mademoiselle Rachel un juste tribut d'admiration ; elle était, dans la *Marseillaise*, au dessus de tout ce qu'on peut concevoir de sauvage héroïsme, de patriotiques élans, d'intestines fureurs, de force et de précision d'articulation et de véhémence dans l'action physique. Nous n'essayerons point de vous en donner une idée en vous l'analysant, nous nous bornerons à vous dire : que c'est une des plus grandes choses de l'art de l'interprétation qu'il nous a été donné d'entendre, de voir et d'admirer.

Premier degré de la parole.

Le premier degré de la parole est la voix.

Nous entendons par voix l'air aspiré et expiré par les poumons et que, par leurs mutuelles contractions ou dilatations, le larynx et la glotte rendent sonore en le dirigeant contre un des corps résistants du mécanisme de l'instrument vocal : les fosses nasales, la luette, le palais, les dents et les lèvres.

Ex. : Ouvrons la bouche, et, sans imprimer le moindre mouvement ni au larynx, ni à la glotte, expirons l'air que nous avons aspiré ; cet air s'échappera sans produire aucun son. Au contraire, expirons cet air en contractant le larynx et la glotte, il viendra heurter les fosses nasales, la luette, le palais, les dents ou les lèvres, et il en résultera un son ; ce son, c'est la voix.

En s'échappant des poumons, l'air passe dans les bronches, qui le conduisent dans un canal appelé trachée-artère. Ce dernier se termine par un autre canal appelé larynx, couronné par la glotte. Ce sont ces deux organes qui, par leurs mutuelles contractions et dilatations, règlent et dirigent la distribution de l'air. C'est par eux que nous pouvons accélérer ou ralentir notre voix, la rendre forte ou faible, sèche ou moelleuse, roulante, sifflante, chantante, expressive, grave, indifférente, haute, claire, intelligente.

2e *degré de la parole.*

Le deuxième degré de la parole, c'est la voix modifiée

de façon à produire des sons simples ou composés, articulés ou inarticulés, intelligibles pour l'oreille, et représentés aux yeux par des signes que l'on appelle lettres. ces modifications de la voix se produisent par le concours des organes situés entre le larynx et les lèvres, les lèvres comprises. Ces organes sont : les fosses nasales, la luette, le palais, les dents, les lèvres et la langue.

DES FOSSES NASALES.

Les fosses nasales sont situées au-dessus du larynx et à l'arrière de la luette. Par l'air qui les frappe, elles produisent un son auquel elles ont donné leur nom. En effet, le son nasal existe. Il sert à former les voyelles composées : *an*, *on*, *in*, *un*.

DE LA LUETTE.

La luette sert à diviser l'air qui s'échappe du larynx, afin qu'il se distribue avec ordre dans la bouche, et qu'il puisse mieux être modifié.

DU PALAIS.

Après avoir passé sous les arcades de la luette, l'air frappe le palais, auquel sa forme concave permet d'en retenir une certaine quantité, et de le repousser en le faisant résonner par la résistance qu'il lui oppose.

DES DENTS.

Les dents, par leur forme et leur nature osseuse, contribuent à rendre la voix plus ou moins claire, selon qu'elles sont plus ou moins longues, plus ou moins fines.

DES LÈVRES.

Les lèvres, par leurs mouvements, servent à former les sons simples et composés, articulés et inarticulés.

DE LA LANGUE.

La langue est, de tous les organes qui contribuent à la formation de la parole, celui dont le concours est le plus utile à l'articulation des consonnes.

Formation des sons simples et composés, articulés et inarticulés, qu'on appelle lettres.

Les lettres se divisent en deux catégories : les voyelles et les consonnes.

Les voyelles sont de deux sortes : simples et composées.

Les voyelles simples sont :

â, circonflexe; comme dans *â*me, fl*â*mme.

a, bref, comme dans *a*nim*a*l; *a*, verbe, il a.

e, muet, comme dans hont*e*: prononcer comme *eu*, très-bref.

é, fermé, comme dans *cé*l*é*brit*é*, *é*ternit*é*, bont*é*.

è, grave, comme dans m*è*re, p*è*re, mis*è*re, aust*è*re.

ê, circonflexe, comme dans m*ê*me, bapt*ê*me.

Les puristes comptent un cinquième *é* dont nous croyons inutile de parler tellement il se confond avez le muet.

i, comme dans ennem*i*, authent*i*c*i*té, merc*i*.

ô, circonflexe, comme dans ch*o*se et ap*ô*tre.

o, bref, comme dans Rome, h*o*mme, c*o*mme.

u, comme dans t*u*rl*u*t*u*t*u*, men*u*.

Nous avons fait circonflexes *â* et *ô*, pour les distinguer de *a* et *o* brefs. Pourquoi? C'est parce que le son de ces deux lettres change, à l'aide de l'accent qui les couronne. Si nous n'avons pas donné d'autres noms aux lettres *î* et *û* longs, c'est que l'accent circonflexe qu'on place parfois sur ces deux lettres comme dans *abîme* et dans *flûte*, bien qu'il indique de prolonger le son sur l'*i* et sur l'*u*, ne le change pas. Ainsi, on ne pourra jamais produire que le son de l'*i* bref en émettant *î* long, tandis qu'il n'en est pas de même pour *â* et *ô* longs et graves : c'est un tout autre son que pour l'*o* et l'*a* brefs.

Les voyelles composées sont :

Ou, comme dans t*ou*t*ou*, l*ou*p-gar*ou*, n*ou*s.

An, comme dans *en*t*en*dem*en*t, mam*an*, tr*an*ch*an*t.

On, comme dans t*on*t*on*, ment*on*.

In, comme dans dest*in*, mat*in*, chem*in*.

Un, comme dans import*un*, comm*un*.

Fonctions des différents organes qui servent à la formation de la parole dans l'émission des voyelles simples et composées.

Quatre positions des lèvres, quatre mouvements de la bouche suffisent pour l'émission de toutes les voyelles.

— La bouche grande ouverte, demi-ouverte, retirée vers les oreilles, et les lèvres en avant sont les quatre positions. Exemple :

Â circonflexe.

Ouvrir beaucoup la bouche, pousser l'air. Il doit résonner dans les fosses nasales sans être cependant ni nasillard, ni guttural.

A bref.

Ouvrir la bouche à moitié, pousser l'air. Au lieu de résonner dans les fosses nasales, il doit résonner en heurtant le palais dans le milieu.

E muet.

Allonger les lèvres, chasser l'air. Il doit résonner en frappant à la fois le palais près des dents et les lèvres.

É fermé.

Donner aux lèvres la forme d'un *i* imprimé et horizontal, et pousser l'air. Il résonne en frappant les dents.

È grave.

La bouche à moitié ouverte, on chasse l'air. Il doit résonner en frappant le palais près de la luette.

Ê circonflexe.

La bouche ouverte comme pour *â*, on chasse l'air. Le son doit être un peu nasal, non nasillard.

I

Placer les lèvres comme pour prononcer *é* fermé, pousser l'air de la même manière. Pour l'émission de cette voyelle, la luette et le fond de la langue se joignent presque.

Ô circonflexe.

Donner aux lèvres, en les allongeant, la forme de la lettre *o*, et chasser l'air en le faisant résonner à la fois dans les fosses nasales, le palais et les lèvres.

O bref.

La bouche au tiers ouverte, les lèvres un peu allongées, on chasse l'air contre le fond du palais.

U

Les lèvres allongées comme pour la lettre *ô*, on les rapproche un peu et on chasse l'air. Il doit résonner à la fois contre les dents et la lèvre supérieure.

Voyelles composées.

Ou.

Les lèvres étant placées comme pour *u*, on fait résonner l'air contre les lèvres seulement.

An.

La bouche à moitié ouverte, on pousse l'air comme

pour émettre *â*; on intercepte le passage de cet air en faisant frapper le fond de la langue contre la luette. Le son doit être nasal, mais non nasillard.

On.

De même que pour *an*, avec cette différence qu'il faut allonger les lèvres. Le son doit être nasal.

In.

La bouche à moitié ouverte, les lèvres un peu retirées vers les dents, on pousse l'air comme pour *è*, avec cette différence qu'en même temps qu'il résonne contre le palais, il doit résonner un peu dans les fosses nasales.

Un.

Placer les lèvres comme pour *ô*, les serrer un peu moins, et chasser l'air en le faisant résonner un peu dans les fosses nasales, contre tout le palais, les dents et les lèvres.

DES CONSONNES.

Nous les divisons en *labiales*, *labio-dentales*, *vibrantes*, *linguales*, *dentales*, *gutturales*, *chuintantes*, *sifflantes*, *mouillées* et une *expirée*. Nous allons nous occuper des consonnes dans un ordre autre que celui que leur assigne l'alphabet. Nous avons cru bien faire en rapprochant les lettres dont l'articulation est la même. Nous ferons remarquer que, pour l'articulation de toutes les consonnes, les organes de la parole n'ont que neuf mouvements à faire, quoiqu'il y ait dix-neuf lettres à articuler. Nous les appelons *principales* et *diminutives*. Il y a trois labiables : la *principale* est *p*, les *diminutives* sont *b* et *m*. Nous avons toujours mis la principale en premier, les diminutives après. On ne trouvera point parmi les consonnes les lettres *ch* dur, *q*, *g*, comme dans ména*g*e, *c* comme dans *c*itoyen, ni comme dans *c*a*c*ao, ni *h* muet. Pourquoi ? — C'est que le son de toutes ces lettres se trouvant représenté, *q*, *ch*, *c* durs par *k*, *g* doux par *j*, *c* doux par *s*, et *h* muet, n'ayant aucun son qui lui soit propre, nous avons cru bien faire en les excluant de nos exercices, pour éviter des répétitions de son en pure perte. On remarquera aussi que nous avons changé le nom de *h* aspiré, pour lui donner celui plus juste de *h* expiré. En effet, de la dénomination de cette lettre résulte une erreur d'articulation : car ce n'est pas en aspirant qu'on la forme ; c'est, au contraire, en expirant en partie ou en totalité l'air contenu dans les poumons, et en contractant fortement le larynx au moment où l'air s'échappe.

DES LABIALES.

Nous avons trois labiales : P, B, M. On les articule en serrant et en desserrant les lèvres, et en chassant l'air au moment où elles se desserrent. Pour le P, la pression des lèvres doit être plus forte que pour B ; pour M, elle doit être moindre que pour B.

DES LABIO-DENTALES.

Nous avons deux labio-dentales : F et V. On les articule en approchant le rebord de la lèvre inférieure de dents supérieures, et en lui faisant reprendre sa plac naturelle, au moment où l'air s'échappe. Pour pro duire F, la lèvre doit appuyer plus fort contre les dent que pour V. Si nous conseillons pour l'articulation de ce deux consonnes de faire passer la lèvre inférieure sous le dents supérieures en exerçant contre elles une certain pression, c'est que cette manière permet une grande force d'articulation, au besoin, et devient un puissan avantage quand, après un long discours, la fatigue commence à se faire sentir.

DE LA VIBRANTE.

Nous n'avons qu'une vibrante : R. On l'articule en appuyant le bout de la langue contre le palais, au-dessus des dents, et en lui imprimant, dans cette position, un frémissement qui donne de la vibration à l'air. Nous ne saurions trop conseiller de s'appliquer à articuler cette lettre avec une très-grande facilité, car elle est la seule consonne qui donne de l'énergie à la parole; il faut savoir l'articuler avec force et avec délicatesse, l'exagération en est fort désagréable.

DES LINGUALES.

Nous avons deux linguales : L, N. On les articule en faisant frapper le bout de la langue contre le palais, au-dessus des dents. Pour articuler L, la langue doit frapper le palais plus haut et plus fort que pour N. Ces deux lettres sont très-douces; il faut les articuler avec une grande netteté. L doit toujours se faire sentir dans *il*, ils, il y a.

DES DENTALES.

Nous avons deux dentales: T, D. On les articule en plaçant le bout de la langue entre les dents et en la retirant pour laisser passer l'air. La pression des dents contre la langue doit être plus forte pour produire T que pour D.

DES GUTTURALES.

Nous avons deux gutturales : K et G, comme dans lan*gue*. On les articule en faisant toucher le fond de la langue contre l'extrémité du palais, et en lui faisant reprendre sa position naturelle pour laisser passer l'air. Pour la lettre K, il faut appuyer le fond de la langue contre le palais plus fortement que pour la lettre G. On doit s'attacher à bien faire entendre le G dans tous les mots où il est un diminutif de K, c'est ce qu'on ne fait pas en général. Quant au K, il faut l'articuler toujours durement, car sa nature est d'être dur, et nous n'avons que trop de lettres molles pour ne pas donner à celles qui ne le sont pas tout ce qu'elles exigent d'articulation.

DES CHUINTANTES.

Nous avons deux chuintantes : CH et J. On les articule en ramassant la langue au milieu de la bouche, en l'y maintenant haute, près du palais et des dents, et en faisant échapper l'air de chaque côté. Pour la chuintante CH, la langue est plus ramassée que pour J. Il est bon de s'habituer à bien filer ces deux lettres, le J surtout, il a une grande douceur et prête à d'agréables contrastes joint à d'autres lettres, ainsi il est très-doux dans séjour, bijou.

DES SIFFLANTES.

Nous avons trois sifflantes : S, Z, X. On les articule en portant le bout de la langue au niveau des dents supérieures, et en l'appuyant légèrement contre elles : en passant, l'air force la langue à se séparer des dents, et, par cette légère retraite, le son des sifflantes se trouve produit. Pour S, il faut appuyer, bien que légèrement encore, le bout de la langue contre les dents un peu plus que pour Z ; car pour X, c'est la lettre S qu'il faut produire en la faisant précéder de la lettre K. Le Z est aussi une lettre très-douce; il faut, pour le parti qu'on peut en tirer, s'exercer à bien produire cette consonne.

DES MOUILLÉES.

Nous avons deux syllabes mouillées: GNE, comme dans campa*gne*, ILLE, comme dans f*ille*. On les articule en joignant la luette et le fond de la langue, et en les séparant pour laisser passage à l'air. Pour *gne*, il faut que le choc de la langue et de la luette soit plus fort que pour *ille*. Cette dernière syllabe n'est même, par son articulation, qu'un composé de deux *i* et de *eu*. En effet, dans les mots *fille*, *famille*, on entend *fi ieu*, *fami ieu*. Les mouillées sont aussi négligées dans le débit, elles ne devraient point l'être.

De l'H expiré et non aspiré.

On articule cette lettre en expirant brusquement l'air contenu dans les poumons, et en l'interceptant au passage par une contraction subite du larynx. C'est à cause de la manière dont on articule cette consonne que nous lui changeons son nom. Ce serait, en effet, en vain que l'on s'efforcerait de former l'*H* du mot héros en aspirant. Nous croyons que si dans un enseignement quelconque il est bon d'employer le plus de noms qu'on peut faisant image, il est essentiel de ne pas donner comme dans ce cas, une image inexacte ou de la chose ou du procédé à suivre pour arriver à bien faire cette chose-là.

Ce n'est pas sans intention que nous venons d'indiquer la place de chaque organe de la parole, dans l'articulation de chaque consonne, ou l'émission de chaque voyelle. Afin de se convaincre de l'utilité de procéder ainsi que nous l'indiquons à la fin de chaque lettre, il suffira de placer les lèvres de manière à émettre la voyelle *i* et, dans cette position, de tâcher d'émettre la voyelle *u*. Par l'impossibilité de la produire, on se convaincra, nous l'espérons, de la nécessité de se conformer à ce que nous disons des fonctions de chaque organe dans la formation de chaque lettre. Ce que nous venons de dire des voyelles s'applique aux consonnes. Les lèvres serrées comme il faut qu'elles le soient pour l'articulation de la labiale P, on ne pourrait articuler la sifflante S. Le plus ou moins de précision dans les mouvements des organes produit des lettres plus ou moins pures.

Avant d'aller plus loin, disons que la simple émission

des voyelles et l'articulation des consonnes auront révél les défauts de prononciation et d'articulation. Nous avor dit ailleurs le sens que nous attachons à ces deux mot: Ces défauts sont le résultat ou d'organes mal conformé: ou fonctionnant mal. On les doit encore, comme les ac cents, au pays que l'on habite. Les accents ne sont qu des fautes de prononciation, soit parce qu'on fait longu des syllabes brèves ou réciproquement; soit encore parc qu'on fait subir à la voix des modifications inutiles.

Ex. : L'habitant du Midi fera bref, l'*â* d'âme, l'*ô* d chose, l'*ê* de baptême, l'*î* d'abîme, l'*û* de flûte, et nasillar *an*, de mam*an*, *on* de *tonton*, *in* d'*in*constant, *un* d'import*un* dans d'autres provinces, ce sera le contraire : on fera lon l'*a*, troisième personne du verbe avoir, comme dans l Mâconnais. Les étrangers aussi dénaturent la valeur d certaines voyelles. Les habitants du midi de l'Europe mo difient la voix sur certaines syllabes : à Marseille, o prononce le mot bien, en lui faisant subir une gamm ascendante très-sensible, et peu agréable à une oreill parisienne délicate, habituée à une prononciation pure

Mais, à son tour, une oreille méridionale est très-cho quée du grasseyement parisien. En général, on prononc mieux à Paris que dans le Midi; dans le Midi on articul mieux qu'à Paris, mais on prononce moins bien.

Pour ce qui est de la prononciation, nous renvoyons l lecteur à la prosodie de l'abbé d'Olivet, qui a établi quelques règles générales assez justes. Pour chaque mot en particulier, nous conseillons de ne s'en rapporter qu'au dictionnaire de l'Académie.

DE L'ARTICULATION.

Nous connaissons cinq défauts d'articulation : le grasseyement, le blaisement, le chuintement, ou *che* pour *s*, le bégayement et le bredouillement.

Il n'est aucun de ces défauts dont on ne puisse corriger un enfant en lui apprenant à lire. Il ne faut, pour cela, qu'un peu de soin de la part du maître. Nous nous sommes appliqué à créer des exercices par lesquels on peut à la fois apprendre à lire aux enfants, et les guérir des défauts de prononciation ou d'articulation qu'ils peuvent avoir.

La marche à suivre est des plus simples ; nous l'indiquons à la suite de nos réflexions sur la manière de corriger les vices d'articulation, et nous la conseillons également à toutes les personnes qui veulent arriver à bien parler, à bien lire ; elle n'offre par de grands charmes, mais nous en avons obtenu de si nombreux et de si bons résultats, que nous ne saurions trop les encourager à l'adopter. Mais procédons avec ordre.

DU BÉGAYEMENT.

Le bégayement est souvent la triste conséquence d'une vive contraction nerveuse produite par une trop subite et trop forte émotion, dès les premières années de la vie, quelquefois même avant l'âge où l'enfant commence à parler ; en ce cas, on attribue le bégayement à une cause naturelle, tandis qu'elle n'est que fortuite. Mais qu'il se révèle dès les premiers mots de l'enfance ou soudainement dans un âge plus avancé, dans l'un et dans l'autre cas, les moyens à employer pour le combattre sont les mêmes. Mais, avant de nous occuper d'eux, nous croyons devoir vous faire part d'une observation. La voici : Il y a dans le bégayement une cause qui produit un effet, lequel effet devient cause à son tour.

La contraction nerveuse qui met obstacle à la libre articulation d'un enfant qui bégaye finit par produire une certaine défiance, une perpétuelle hésitation dans son esprit, et le bégayement de sa langue l'amène à bégayer de l'intelligence. Voilà la cause produisant un effet : plus tard, lorsqu'il s'applique à se défaire de ce vice d'articulation, avec un peu de bonne volonté et quelques exercices, il arrive assez vite à articuler régulièrement de la langue et des lèvres; c'est alors que l'esprit, habitué à une constante défiance, réagit à son tour comme cause et met obstacle à la précision et à la délicatesse des mouvements de l'instrumént vocal.

Il est encore une chose assez généralement passée inaperçue, c'est qu'on ne bégaye pas que de la langue, des lèvres et de l'esprit, on bégaye aussi des poumons. Exemple : Écoutez un bègue s'acharnant à dire *incroyable*, il fera entendre cinq ou six *in*, quelquefois plus, avant de dire tout le mot. Vous le voyez, il n'y aura eu d'abord qu'un seul son répété plusieurs fois péniblement, et cela par suite de la contraction du larynx qui se sera opposée à l'émission suivie de la voix. Eh bien ! c'est cette contraction qui, en s'opposant aux mouvements naturels des poumons, les contraint à n'aspirer et à n'expirer que par saccades et les habitue à une espèce de bégayement.

Ce vice d'articulation devient presque une infirmité de l'intelligence qu'elle rend craintive, humble et paresseuse. Cette considération nous a inspiré le vif désir de trouver des moyens prompts et infaillibles pour arriver à ne plus bégayer. Les voici : On prie l'élève, non pas de faire tout ce qu'il peut pour ne pas bégayer, mais de faire son possible pour bégayer sur toutes les syllabes, et on l'y contraint en lui faisant répéter plusieurs fois chacune d'elles. Les premiers mots de l'élève, après avoir vainement essayé de les bégayer toutes, seront, *je ne puis pas.* Ainsi voilà un bègue qui dit ne pas savoir bégayer. Ceci a l'air d'une plaisanterie, eh bien, son aveu est sincère. Priez-le alors de bien remarquer comment il bégaye naturellement; que c'est surtout par suite d'une nuisible contraction du larynx, et d'une inutile répétition d'un son qui met obstacle à la formation d'un son nouveau. Lorsqu'il s'agit d'une voyelle simple ou composée, ou bien d'un mouvement réitéré de la langue ou des lèvres; lorsqu'il s'agit des consonnes, faites-lui bien comprendre en quoi consiste son défaut, et, nous le répétons, contraignez-le à bégayer avec connaissance de cause; du moment qu'il saura ce qu'il faut faire pour cela, il saura aussi comment s'y prendre pour se guérir du bégayement. Du reste voici la marche à suivre: faire aspirer et expirer naturellement de l'air à l'élève pour lui faire sentir que dans ces fonctions si simples des poumons il n'y a aucune contraction de formée; après cela, faites-lui filer un son, une voyelle, comme â, par exemple, en commençant très-bas, en enflant et en diminuant la voix insensiblement, depuis sa note la plus basse jusqu'à la plus élevée ; faites-lui bien comprendre que dès qu'il y a de la voix produite, c'est qu'il y a contraction ; faites-lui interrompre le son filé par des *â* dont l'un sera grave, l'autre haut et l'autre intermédiaire. Cela lui fera sentir que les contractions du larynx n'ont pas lieu toujours au même endroit; qu'il a été obligé d'en interrompre une pour en produire une nouvelle. Après ces trois différents *á*, faites-lui-en émettre d'intermédiaires, et toujours en filant des sons; mais que dans cet exercice l'élève ne tienne rien dans les mains, qu'il soit naturellement assis, et qu'il regarde en face, devant lui, qu'il ne fasse aucun mouvement des pieds ni des bras, qu'il n'ait point le moindre jeu des muscles de la face, que tout soit calme, souple et facile en lui; ensuite on lui fera émettre les autres voyelles, mais sans jamais le presser. Il est essentiel de ne lui faire énoncer une voyelle que quand il aura les lèvres comme elles doivent être placées pour la former purement. Cet exercice l'habituera à ne plus contracter inutilement le larynx.

Une lecture de cent lignes d'un ouvrage quelconque révélera les consonnes sur lesquelles il bégaye. Un crayon à la main pendant cette lecture, on marquera ces consonnes pour s'attacher plus particulièrement à elles. On appelle alors l'attention de l'élève sur la manière de les articuler, on l'engage à s'y conformer, on lui prouve par l'exemple combien cela est facile; de temps en temps on le prie de les bégayer, pour lui bien faire saisir la différence des deux procédés; enfin, on arrive à réunir dans un seul exercice toutes les consonnes dangereuses pour lui, et cela en combinant des syllabes, sans aucun sens le plus souvent, comme *ta, dé, ga, ma, dé, ta,* etc., si l'élève a l'habitude de bégayer sur les *t*, *d*, *g*, *m*, et ainsi de suite. Au bout d'une semaine passée en faisant trois heures par jour cet exercice, on lui fera relire lentement les cent lignes qu'il lut pour révéler les lettres sur lesquelles portaient son vice d'articulation. Si la marche que nous conseillons a été exactement suivie, et si l'élève a mis quelques soins dans ses études, nous affirmons qu'il ne fera pas le quart des fautes qu'il fit à la première lecture, ce progrès sera pour lui un encouragement. Sans doute il ne pourra pas encore l'appliquer dans la conversation; la longue mauvaise habitude de toutes les parties de l'instrument vocal s'y oppose; il y a encore un autre obstacle, c'est la défiance routinière de son esprit; mais on comprend fort bien que si c'est une articulation défectueuse qui a rendu l'esprit défiant, cette articulation, en s'améliorant, lui rendra la confiance, et ce n'est que du moment qu'il concevra sans crainte que l'articulation commencera à être facile et que le bégayement disparaîtra de la parole improvisée. Comme plusieurs personnes peuvent être intéressées à savoir en combien de temps un bègue peut arriver à parler couramment, nous dirons qu'il peut atteindre un résultat très-satisfaisant au bout de trois mois en travaillant trois heures par jour, et complet en six mois. Encore un moyen à employer pour amener l'élève à reconquérir la liberté d'esprit que son défaut lui a fait perdre, c'est de lui faire écrire et répéter, articuler avec soin, la plupart des phrases les plus usitées dans le commerce ordinaire de la vie, comme : bonjour, monsieur; adieu, madame; comment allez-vous? fait-il beau? sortez-vous? etc.

DU BREDOUILLEMENT.

Il faut procéder à l'égard du bredouillement comme l'égard du bégayement, quoique les causes et même le mauvais effets soient complétement différents. Comm c'est à un même point qu'il faut arriver, et qu'un seu chemin y conduit, il faut se hâter d'y entrer le plus tô possible, de quelque côté que l'on vienne, en rompan avec tout ce qui nous en tenait éloignés.

Ainsi ce sont des mouvements trop précipités de l voix, de l'articulation et de la prononciation qui, en don nant trop d'impulsion aux idées, nous amènent à parle trop vite et à bredouiller ; ou bien c'est la trop grand activité de l'esprit qui imprime à l'instrument vocal d trop rapides mouvements, lesquels en se confondant pro duisent cette confusion de sons inintelligibles, pâteux e mouillés qu'on nomme le bredouillement. Qu'y a-t-i à faire pour corriger ce défaut ? Il y a à mettre d l'ordre dans les fonctions du mécanisme de la parol comme dans l'intelligence ; dans l'énonciation des idée comme dans l'accentuation des mots qui les représen tent. Ces fonctions doivent toujours être les mêmes car elles sont immuables dans leurs principes comme elle sont infaillibles dans leurs résultats. Que l'on parl trop vite ou que l'on parle trop lentement, en bredouil lant ou en bégayant, que faut-il ? Arriver à parler conve nablement. Nous avons indiqué les moyens pour obteni ce résultat ; il n'y a qu'à s'y conformer ; mais il n'y a pa à s'y conformer que pour la correction du bégayement e du bredouillement seulement, il faut s'y conformer encore pour rendre une parole ordinaire, facile, élégante, vive, énergique, suave, expressive. Les exercices que nous conseillons doivent être pour la parole ce que les gammes sont pour les pianistes : ces dernières servent à délier les doigts, les premières servent à donner de la souplesse, de la force et de la précision au larynx, à la luette, à la langue et aux lèvres, et mieux on les fera et mieux on parlera.

DU GRASSEYEMENT.

Pourquoi grasseye-t on ? C'est qu'au lieu de produire la vibrante R avec le bout de la langue, on rapproche le fond de la langue de la luette. En passant, l'air fait mouvoir les voiles de cette dernière, et il en résulte une vibration qui n'appartient à aucune lettre, et par laquelle on croit articuler R ; tandis que cette vibrante se produit par un petit frôlement de la pointe de la langue contre le palais au-dessus des dents. Voici le petit travail que nous conseillons pour arriver à ne plus grasseyer :

On retire les lèvres de façon à laisser les dents à découvert. Celles-ci bien serrées, on appuie contre elles, de toute sa force, le bout de la langue. On tâchera de laisser la luette sans mouvement. Dans cette position, on pousse l'air avec violence ; la langue, appuyée fortement contre les dents, en bouche toutes les séparations, et l'air arrivant des poumons, ne peut se frayer un passage qu'en faisant frôler la langue contre les dents. Ce frôlement, dont le produit est *trrrrrre*, *trrrrrre*, c'est la vibration; c'est l'*R* articulé, mais articulé avec *t* devant lui. Il n'est personne qui ne puisse produire à l'instant même le petit frôlement dont nous parlons ici. Eh bien ! de ce frôlement à la vibration du *R* seul, il n'y a qu'un pas. Après dix heures d'exercice de *trrrrrre*, on desserrera un peu les dents pour produire *drrrrrre*, *drrrrrre ;* on pourra déjà voir les frémissements de la langue. On continuera ces exercices en ouvrant la bouche de plus en plus. Quand on en sera arrivé à les faire la bouche à demi ouverte, on tâchera de faire *lrrrrrre*, *lrrrrrre*. Voici pourquoi. Dans l'articulation de la lettre *L*, il faut que la langue vienne se mettre contre le palais, à la même place que pour *R*. On dira plusieurs fois, très-vite, *le*, *le*, *le*, *le*, et dans la rapidité de cette articulation, on s'efforcera de contraindre la langue au frémissement dont nous avons besoin.

Voici les phases par lesquelles on passe avant d'en venir à bien articuler *R*. Après le second exercice, on vibre un peu, les dents desserrées, mais la luette mêle sa vibration à celle de la langue, et une oreille délicate ne saurait s'y tromper. L'élève doit surtout s'attacher à distinguer le son guttural du frôlement ; cette distinction frappera vite son esprit s'il s'exerce à faire *k*, *r*, *k*, *r*, *r*, *k*, *r*, *k*, *k*, *r*, parce que pour produire ces deux lettres, la langue est contrainte à deux mouvements tout à fait opposés ; pour *k*, elle s'élève vers la luette, et c'est en la heurtant qu'elle forme cette lettre; pour *r*, au contraire, elle s'élève vers le palais au-dessus des dents supérieures. Cette opposition de mouvements doit frapper tout esprit prévenu. Dès que l'élève en aura été frappé, il commencera à ne plus grasseyer.

La seconde phase, c'est qu'alors qu'on est arrivé à la

vibration, on articule *R* d'une façon si lourde, si cotonneuse, qu'on cherche à éviter tous les mots dans lesquels se trouve cette lettre. Il faut les rechercher, au contraire, et si l'on n'ose pas appliquer ses progrès dans la conversation, on doit faire des lectures à haute voix. Nous avons eu des élèves qui, par cette méthode, ont cessé de grasseyer et ont vibré en huit jours, d'autres en quinze; un seul est resté un mois et demi.

En général, on essaye de corriger le grasseyement en faisant *t d*, *t d*, *t d*, *d t*, *d t*, *d t*. Cet exercice amène souvent à blaiser, et si l'on peut le faire quelquefois et le mêler à ceux que nous conseillons, il ne faut pas s'y abandonner avec trop de confiance.

DU BLAISEMENT.

On croit à tort que le blaisement est causé par le filet ou petit ligament que l'on voit sous la langue lorsqu'on en lève la pointe vers le palais; c'est dit-on, parce que le filet est trop court, qu'il ne permet pas à la langue de prendre la place qu'elle doit occuper, pour articuler *ch*, *ge*, *j*, *ce*, *s*, *z*, *x*. C'est une erreur : le blaisement serait plutôt causé par un filet trop long que par un filet trop court; comme par une langue trop longue ou trop épaisse.

Pourquoi blaise-t-on? C'est qu'on place la langue entre les dents comme pour produire *t* et *d*, alors qu'on veut articuler *ch*, *ge*, *j*, *ce*, *s*, *z*, *x*; tandis qu'il faut la placer ainsi que nous le disons plus haut. Pour *ch*, *ge* et *j*, on ramasse la langue dans le milieu de la bouche; on l'y maintient haute près du palais et des dents, et l'on fait échapper l'air de chaque côté. Pour la chuintante *ch*, la langue est plus ramassée et plus haute que pour *ge* et *j*. On articule les sifflantes *c*, *s*, *z*, *x*, en portant le bout de la langue au niveau des dents supérieures, en l'appuyant légèrement contre elles ; on pousse l'air qui la force à s'en séparer ; par cette légère retraite, le son des sifflantes se trouve produit. Pour *s* et *ce*, il faut en appuyer le bout un peu plus fort que pour *z*, car, pour *x*, c'est la lettre *s* qu'il faut produire en la faisant précéder immédiatement de la gutturale *k*.

Pour corriger le blaisement, voici quel est l'exercice que nous conseillons : ouvrir la bouche, placer le langue sur un petit morceau de bois cylindrique de la grosseur d'un gros crayon ; faire appuyer ce morceau de bois sur les dents inférieures, et assez avant dans la bouche pour qu'il presse légèrement le filet. Dans cette position, la langue ne peut produire les dentales *t* et *d* ; après quelques efforts, on arrive très-vite à articuler toutes les chuintantes et les sifflantes. Cependant on se corrige moins vite de ce défaut que du grasseyement.

DU CHUINTEMENT.

Le chuintement est un défaut d'articulation, par lequel on produit les *ge*, *j*, *ce*, *s*, *z*, *x*, comme *ch*. Pour s'en corriger, nous conseillons le même appareil que nous employons pour le blaisement.

DU SIFFLEMENT.

Qu'est-ce que le sifflement ?

Un son aigu produit par une émission surabondante

d'air, lorsqu'on articule les sifflantes. Il faut attribuer le sifflement à la séparation qui existe entre les dents, ou bien encore à des dents de différentes longueurs, qui ne permettent pas de rapprocher d'une façon régulière, dans toute leur surface, les dents de la mâchoire inférieure de celles de la mâchoire supérieure. Il en résulte que, ne pouvant pas retenir l'air qui vient des poumons, et dont on a besoin pour les lettres *s*, *z*, *x*, *ce*, on est forcé d'en chasser surabondamment pour qu'il en reste encore à l'articulation, la partie qui s'échappe est celle qui produit le sifflement; aussi, ce son désagréable précède-t-il toujours celui de la lettre.

Pour se corriger du sifflement, il faut donc étudier avec soin quelles en sont les causes; s'il est produit par la séparation des dents, on se corrigera en plaçant le bout de la langue sur la séparation même; s'il y a plusieurs séparations, il faudra s'étudier à diriger l'air sur la plus grande, qu'on bouchera avec la langue; s'il tient à ce que quelques dents dépassent les autres, on les fera limer; s'il n'est que l'effet d'une mauvaise habitude, on mettra la lettre *s* devant tous les exercices qui vont suivre et l'on parviendra très-vite à ne plus siffler.

Nous n'avons point compris au nombre des défauts d'articulation la mauvaise habitude qu'ont certaines personnes de mouiller des lettres qui ne doivent point l'être, *comme* N dans le mot *manière*, qu'elles articulent comme si l'on écrivait *magnère ;* ou bien encore de mettre un *v* dans des mots qui n'en exigent pas, comme quand elles disent *voui* pour *oui*. Ceci n'est point un défaut d'articulation, mais une mauvaise habitude, dont nos exercices feront vite justice.

Si nous avons placé l'art de corriger les défauts d'articulation avant les combinaisons de voyelles entre elles, puis des voyelles et des consonnes, c'est qu'il était indispensable de mettre l'élève à même de pouvoir suivre nos exercices sans entraves. On comprend bien qu'un élève qui aurait tous les défauts d'articulation connus, pourrait les corriger tous à la fois; mais aussitôt qu'il aurait fait assez de progrès pour pouvoir mêler d'autres lettres à celles qu'il articulait mal, on lui ferait commencer les exercices qui vont suivre. Si nous jugions à propos d'en expliquer l'utilité, nous dirions que, quoique la parole soit un don naturel à l'homme, on voit assez de gens qui parlent mal pour que l'on soit persuadé que ce don, tout naturel qu'il est, a besoin d'être perfectionné par le travail.

Au point où nous en sommes, grâce aux procédés indiqués plus haut, l'enfant n'a plus de défauts d'articulation; ceux de prononciation, ne consistant que dans la différence du son et de sa durée, se corrigeront par l'appellation des voyelles, dans la formation des diphthongues et des syllabes.

Nous ferons remarquer que les enfants aiment mieux parler que lire; que tout ce qui leur permet de s'agiter, de faire du bruit a pour eux du charme. C'est, en effet, un besoin pour ces petits êtres que de se mouvoir, de jouer. Eh bien! nous allons tâcher de les instruire en les amusant, en satisfaisant au besoin de leur âge.

EXERCICES GRADUÉS.

Premier exercice.

Pour donner de la rapidité aux mouvements de la mâchoire, nous conseillons d'ouvrir la bouche autant qu'on la peut ouvrir, de la refermer et de la rouvrir successivement, jusqu'à ce que la mâchoire ait acquis une grande facilité à se mouvoir. Il est indifférent de faire claquer les dents.

Deuxième exercice.

Les lèvres étant d'un grand secours dans la formation de la parole, nous devons nous appliquer à les faire agir avec dextérité, avec précision. Voici par quel procédé nous les rendrons telles qu'il nous les faut. Quelles sont les deux positions de lèvres les plus opposées? Ce sont celles qu'elles prennent pour produire *i* et *ou*. Eh bien! ce sont précisément ces deux mouvements opposés que nous conseillons. En parcourant la distance qu'il y a d'*i* à *ou*, les lèvres traversent toutes les places qu'elles doivent occuper, depuis leur plus complète retraite contre les dents jusqu'à leur plus entier développement en avant; par le mouvement de la mâchoire prescrit dans le premier exercice, elles ont déjà traversé toute la distance qu'elles doivent parcourir de bas en haut. Ce deuxième exercice consiste dans l'émission d'*i* d'abord, d'*ou* ensuite, l'on arrive insensiblement à dire *oui* avec une très-grande rapidité.

Quant à ce qui concerne la langue, elle est si souvent

employée dans l'articulation de nos exercices, que, sans la soumettre à des exercices spéciaux, elle acquiert forcément une grande facilité de mouvement et beaucoup de force.

Troisième exercice.

Nous allons appeler toutes les lettres, mais nous recommandons de faire cet exercice avec tout le soin possible : les enfants et les grandes personnes ne sauraient y donner trop d'attention, car c'est par lui que nous allons corriger les défauts de prononciation ; que nous préserverons les enfants de la mauvaise habitude qu'ont certaines personnes de faire précéder d'un son inutile la plupart des mots qu'elles disent.

Pour faire cet exercice ou pour le faire faire aux enfants, il faut savoir par cœur les différentes fonctions des organes de la parole dans la formation de chaque lettre. Pour les enfants, on écrira sur un tableau, dans l'ordre que nous leur avons assigné, toutes les lettres que nous donnons plus bas ; et, les tenant debout ou assis, peu importe, on leur fera placer les lèvres comme il faut qu'elles le soient pour la lettre qu'on veut qu'ils produisent, et alors seulement on leur permettra de chasser l'air ; autrement ils ne manqueraient pas de produire deux ou trois sons de tout autre nature que celui qu'on leur demande; comme, par ex. : s'ils ont à dire *i*, ils feront d'abord entendre *é*, *ë*, *eu* ; enfin viendra *i*, et quel *i* encore ! La méthode vicieuse que l'on suit d'ordinaire pour apprendre à lire aux enfants, nuit énormément à leur esprit ; elle le rend paresseux, incertain.

Pourrait-il en être autrement ? On dit à un enfant d'articuler *B*, mais sans lui avoir expliqué comment il faut placer les lèvres pour cela ; l'enfant essaye inutilement de dire la lettre qu'on lui demande ; on vient à son secours, on la lui dit une fois, deux fois ; et toujours il sait qu'il n'a pas le moindre effort d'esprit à faire : il s'habitue à être un perroquet, à apprendre les choses à force de les entendre répéter, par routine. Qui sait le nombre d'enfants chez lesquels, par cette funeste méthode, on a laissé s'étioler les germes d'un esprit doué d'une vivacité native ? Nous sommes étonné que les philosophes n'aient point été frappés des tristes effets que nous signalons, et que des milliers de volumes n'aient point encore été écrits sur cette matière. Il est chez nous un vieil adage qui dit : « Il n'y a que le premier pas qui coûte. » On le peut appliquer au bien comme au mal ; tout dépend de la manière dont on fait le premier pas en n'importe quoi. Eh bien ! le premier pas que fait l'esprit d'un enfant dans le domaine de l'intelligence, c'est lorsque cet enfant apprend à lire. Aussi ne saurait-on trop s'appliquer à captiver son attention dès ce premier travail intellectuel ; ne saurait-on trop s'appliquer à lui donner des explications brèves et claires sur ce qu'il doit faire ; et lorsqu'on serait persuadé qu'il a enfin compris, on ne saurait le placer trop souvent dans des conditions d'impossibilité de produire autre chose que ce qui aurait frappé son esprit. Ainsi, en forçant l'enfant à raisonner ce qu'il va faire, nous lui apprenons à penser avant de parler, à réfléchir avant d'agir. En ne lui permettant d'articuler aucune lettre avant de l'avoir mis dans des conditions à le bien faire, nous l'habituerons à avoir confiance dans les différents organes de la parole; confiance qui sert l'intelligence bien plus qu'on ne peut croire.

Nous voulons qu'un enfant produise *â*; nous écrivons cette lettre sur un tableau; nous veillons à ce qu'il ne se crispe pas : il faut l'habituer à tout faire sans peine, sans effort. Nous lui disons: « Vous voyez cette lettre? dites-la. Voici comment il faut vous y prendre. Ouvrez la bouche tant que vous pouvez; maintenant chassez l'air. » L'enfant ne pourrait, alors même qu'il l'essayerait, produire d'autre lettre que la voyelle *â*. Après *â* circonflexe vient le petit *a*. Il faut procéder pour celui-ci comme pour le précédent; et, après chaque lettre, faire refermer la bouche à l'enfant, pour qu'il sente bien que chacune d'elles a besoin d'une nouvelle fonction des organes de la parole pour être formée. Par les précautions que nous prenons pour ne point laisser faire à l'enfant une dépense d'air inutile, nous ménageons beaucoup ses forces, nous l'empêchons de se fatiguer, et de prendre la mauvaise habitude d'ânonner en lisant et en parlant.

Appellation des lettres voyelles et consonnes.

â, a, e, é, è, ê, i, ô, o, u, ou, an, on, in, un.

p, b, m, f, v, r, l, n, t, d, k, g *dur*, j, s, z, x, ille, ch, gne, h expiré.

Après avoir appelé les lettres, nous allons mêler les voyelles entre elles, pour former toutes les diphthongues de notre langue. On procédera, pour ce quatrième exercice, ainsi qu'on l'a fait pour le troisième, avec cette différence qu'on ne fermera plus la bouche après chaque voyelle ; mais il faudra toujours placer les lèvres avant de laisser échapper l'air.

Quatrième exercice.

A

â, a, e, é, è, ê, i, ô, o, u, ou, an, on, in, un.

A

â, a, e, é, è, ê, i, ô, o, u, ou, an, on, in, un.

E

â, a, e, é, è, è, i, ô, o, u, ou, an, on, in, un.

É

â, a, e, é, è, ê, i, ô, o, u, ou, an, on, in,un.

Ê

â, a, e, é, è, ê, i, ô, o, u, ou, an, on, in, un.

I

â, a, e, é, è, ê, i, ô, o, u, ou, an, on, in, un.

Ô

â, a, e, é, è, ê, i, ô, o, u, ou, an, on, in, un.

O

â, a, e, é, è, ê, i, ô, o, u, ou, an, on, in, un.

U

â, a, e, é, è, ê, i, ô, o, u, ou, an, on, in, un.

Ou

â, a, e, é, è, ê, i, ô, o, u, ou, an, on, in, un.

An

â, a, e, é, è, ê, i, ô, o, u, ou, an, on, in, un.

On

â, a, e, é, è, ê, i, ô, o, u, ou, an, on, in, un.

In

â, a, e, é, è, ê, i, ô, o, u, ou, an, on, in, un.

Un

â, a, e, é, è, ê, i, ô, o, u, ou, an, on, in, un.

L'exercice que nous donnons ici doit être fait aussi par les grandes personnes qui veulent arriver à parler facilement; car c'est pour elles que nous l'avons ainsi présenté, une voyelle dominant toutes les autres pour indiquer qu'on émet d'abord la dominante, puis toutes les autres, mais en les faisant toujours précéder de celle qui domine, comme s'il y avait : â, â, â a, â e, â é, â è, â ê, â i, â ô, etc.

Car, pour les enfants, comme en même temps que nous leur apprenons à parler, nous leur apprenons à lire, et qu'il faut par conséquent, frapper à la fois leurs yeux et leurs oreilles, nous conseillons de leur faire faire cet exercice en mettant sur le tableau toutes les diphthongues qu'ils produisent en mêlant les voyelles entre elles. Exemple : au lieu de mettre sur le tableau

I

â, a, e, é, è, ê, i, ô, o, u, ou, an, on, in, un, — on écrira l'*i* devant chaque lettre, comme ici :

i â, i a, i e, i é, i è, i ê, i ô, i o, i u, i ou, i an, i on, i in, i un.

Cinquième exercice.

Placer chaque voyelle devant chaque consonne. Ex. :

âp, ap, ep, ép, èp, êp, ip, ôp, op, up, oup, anp, onp, inp, unp.

âb, ab, eb, éb, èb, êb, ib, ôb, ob, ub, oub, anb, onb, inb, unb.

âm, am, em, ém, èm, êm, *im*, comme dans *hymne*, ôm, om, um, oum, anm, onm, inm, unm.

âf, af, ef, éf, èf, êf, if, ôf, of, uf, ouf, anf, onf, inf, unf.

âv, av, ev, év, èv, êv, iv, ôv, ov, uv, ouv, anv, onv, inv, unv.

âr, ar, er, ér, èr, êr, ir, ôr, or, ur, our, an, onr, inr, unr.

âl, al, el, él, èl, êl, il, ôl, ol, ul, oul, anl, onl, inl, unl.

ân, an, en, én, èn, ên, in, ôn, on, un, oun, ann, onn, nn, unn.

àt, at, et, ét, èt, èt, it, òt, ot, ut, out, ant, ont, int, unt.

àd, ad, ed, éd, èd, êd, id, ôd, od, ud, oud, and, ond, ind, und.

àk, ak, ek, ék, èk, èk, ik, ôk, ok, uk, ouk, ank, onk, ink, unk.

âg, ag, prononcer *g*, *gue*, eg, ég, èg, êg, ig, ôg, og, ug, oug, ang, ong, ing, ung. Ici le *g* est dur.

àch, ach, ech, éch, èch, èch, ich, ôch, och, uch, ouch, anch, onch, inch, unch.

âj, aj, ej, éj, èj, êj, ij, ôj, oj, uj, ouj, anj, onj, inj, unj.

âs, as, es, és, ès, ês, is, ôs, os, us, ous, ans, ons, ins, uns.

âz, az, ez, éz, èz, èz, iz, ôz, oz, uz, ouz, anz, onz, inz, unz.

âx, ax, ex, éx, èx, êx, ix, ôx, ox, ux, oux, anx, onx, inx, unx.

âgn, prononcer *agne*, agn, egn, égn, ègn, êgn, ign, ôgn, ogn, ugn, ougn, ang, ongn, ingn, ungn.

âill, prononcer comme *aille*, aill, eill, éill, èill, èill, iill, ôill, oill, uill, ouill, anill, onill, inill, unill.

H expiré : hâ, ha, he, hé, hè, hê, hi, hô, ho, hu, ouh, han, hon, hin, hun.

Après avoir placé toutes les voyelles devant les consonnes, placer toutes les consonnes devant les voyelles.

Ex : Pâ, pa, pe, pé, pè, pê, pi, pô, po, pu, pou, pan, pon, pin, pun.

Continuer par B, M et toutes les consonnes. Pour les grandes personnes, le tableau d'exercices que nous offrons ici est complet, il l'est aussi pour les enfants qui savent lire; mais pour ceux auxquels on voudra apprendre à lire en même temps qu'à parler, il faudra faire figurer sur le tableau toutes les lettres que nous avons retranchées des exercices pour éviter d'inutiles répétitions. Ces lettres sont : la gutturale *g*, *c* et *ch* durs, la chuintante *g* douce, la sifflante *c* douce, *h* muet et *y*. On les mettra chacune à la place que son nom lui désigne. Mais sitôt que l'enfant aura compris l'identité de son, d'articulation de ces dernières lettres avec celles de la même nature qui se trouvent dans nos exercices, et qu'il les connaîtra bien, on pourra les retrancher du tableau pour lui épargner une perte de temps.

Sixième exercice.

Nous n'avons point de règles précises pour cet exercice; nous conseillons de le composer des voyelles que l'on prononce le moins bien, des consonnes qui offrent le plus de difficultés à l'articulation.

Les Méridionaux, par exemple, sur quinze voyelles simples et composées en prononcent mal onze. Les voici : â, e, é, ê, î, ô, û, an, on, in, un ; ils font l'*é* ouvert fermé : ils font trop entendre l'*e* muet à la fin d'un mot; ils font des brèves de toutes les longues; ils nasillent les quatre nasales. Il faut donc, pour les corriger de semblables défauts, qu'une personne habituée à une bonne prononciation, les entende émettre ces différentes voyelles, et les reprenne, jusqu'à ce que leur oreille soit devenue assez délicate pour établir la différence entre le son vicieux et le son juste. Pour cela, on composera des exercices avec différentes lettres que nous signalons. Ex. :

Pan, pon, pin, pun, pâ, pan, pon, pin, pun, pe, pan, pon, pin, pun, pé, pan, pun, pin, pon, pê, pan, pon, pin, pun, pî ; et ainsi de suite jusqu'à la fin des voyelles vicieuses. Quand on arrive à la dernière, on reprend, en remplaçant le P par le B, ensuite par le M, le F, le V, le R, jusqu'à la dernière consonne. Pour économiser le temps, nous faisons faire à nos élèves l'exercice que nous conseillons ici, en y mêlant les consonnes qu'ils articulent mal. Admettons que l'élève ait grasseyé, sifflé, blaisé, et chuinté, nous ajouterons à l'exercice ci-dessus un Z, un J, un T et un R. Exemple :

Ptran, ptron, pzin, pjun, treize, jâ, ptran, ptron, pzin, pjun, treize, je, ptran, ptron, pzin, pjun, treize, jè. Continuer en passant en revue toutes les voyelles vicieuses. Lorsqu'on arrive à la dernière, on recommence, en mettant à la place du P le B, puis le M, jusqu'à ce que toutes les consonnes aient été mises en tête de cet exercice. Il est bien entendu que ce modèle de combinaison de lettres ne peut être utile qu'aux personnes qui, aux défauts de la prononciation méridionale, joindraient ceux du sifflement, du chuintement, du blaisement et du grasseyement, et que l'on composera les exercices selon la défectuosité de l'articulation et de la prononciation. Nous avons, par cet exemple, voulu donner une idée des étranges combinaisons qu'on peut faire pour réunir toutes les difficultés, afin de les combattre toutes à la fois et de les vaincre du même coup.

En effet, en disant cinq mots, nous nous trouvons six fois en face d'elles, tandis que dans une conversation, dans une lecture (moyens conseillés jusqu'ici) on peut parler longtemps, lire plusieurs pages sans les rencontrer. Quelle perte de temps! Et puis, la lecture et la conversation ont quelquefois assez d'attraits pour captiver l'attention, au préjudice du but que l'on se propose.

Nous l'avons déjà dit, les exercices doivent être faits avec un très-grand soin. Alors même qu'on n'aurait aucun défaut d'articulation, nous conseillons quelques assemblages des lettres les moins faciles à former : on ne saurait trop donner de souplesse aux lèvres, à la langue, à la luette. On commencera d'abord sur le ton ordinaire de la voix parlée, laissant la même distance entre chaque lettre ou chaque syllabe. Ce n'est qu'après quelques jours d'exercices qu'on descendra insensiblement la voix jusqu'à la note la plus basse et qu'on la fera remonter vers la plus haute. On précipitera aussi l'émission des lettres, mais en observant toujours la même mesure, la même justesse de prononciation, la même précision d'articulation ; on s'attachera enfin à articuler plus ou moins chaque syllabe, et cela en exprimant tous les sentiments humains, la colère, la haine, l'amitié, etc., etc., sur tous les tons, et dans tous les mouvements, dans tous leurs degrés de développement, et en donnant chaque inflexion ; ces inflexions sont au nombre de vingt-deux.

L'affirmative, l'interrogative, la subjonctive, l'exclamative, l'ironique, l'hyperbolique, la litotique, la significative, l'an-

tithétique, la gradative, la prolepsitique, la suspensive, la restrictive, la corrective, la concessive, l'épiphonémique, la prétéritive. Il est bon aussi de donner les différents tons qui conviennent au discours ; on en compte huit propres aux *arguments*, à l'*exorde*, à la *proposition*, à la *narration*, à la *confirmation*, à l'*exemple*, à la *réfutation*, et à la *péroraison.* Il faut également s'habituer aux tons qui conviennent au *pléonasme*, à la *répétition*, à la *disjonction*, à l'*apostrophe*, à la *prosopopée*, à l'*obsécration*, à l'*imprécation*, à l'*hypotypose*, à l'*éthopée*, au *caractère*, au *portrait*, à la *chromographie*, à la *topographie*, à l'*affection*, à la *démonstration*, à l'*accumulation*, à la *périphrase*, à la *comparaison*, à la *communication*, et à la *licence.* — Nous comptons, donc, 22 figures de rhétorique qui ont des inflexions qui leur sont propres ; nous en comptons 20 autres qui exigent un ton particulier chacune. Avec les huit tons propres aux huit parties du discours, nous avons 28 tons. Il faut se familiariser avec tous, et pouvoir les donner facilement, sans jamais les confondre ; il en est de même des inflexions et des sentiments. Il faut arriver à jouer avec tout cela avec la plus grande facilité, rien qu'en faisant les exercices, c'est-à-dire en n'articulant que des syllabes. Ainsi préparé, se figure-t-on l'aptitude que l'on aura à toutes sortes d'interprétations ? — Lorsque l'on voudra interpréter une œuvre quelconque, soit comme lecteur, comme interprète, amateur ou de profession, on aura au moins le talent faute de génie et d'inspiration.

Nous avons commencé par la voix, nous avons continué par les sons, voyelles simples et composées, longues et brèves ; par les consonnes de toute nature, labiales, dentales, etc.; nous avons formé toutes les diphthongues, toutes les syllabes de la langue française, nous en avons prononcé et articulé chaque mot en détail, dans tous les tons, dans tous les mouvements, dans tous les degrés de force, en exprimant tous les sentiments humains, tous les mouvements de l'âme et en donnant chaque inflexion, chaque ton; nous avons pris pièce à pièce le mécanisme de la parole; nous avons étudié chacune de ces pièces en particulier; nous les avons fait fonctionner isolément; nous avons la certitude que chacune d'elles est dans les meilleurs conditions possibles: que nous reste-t-il à faire maintenant, si ce n'est de mettre en mouvement ce sublime appareil, de faire jouer ce magnifique instrument de la parole humaine, le plus complet, le plus varié et le plus puissant de tous. C'est ce que nous allons faire.

Jusqu'à présent, nous ne nous sommes servi de lui que pour former des sons, en général vides de sens, avant de nous en servir pour l'articulation des mots, qui, comme nous l'avons dit ailleurs, sont de neuf espèces; avant de dire le rôle que chaque espèce joue dans le discours, nous avons à nous occuper de l'action physique.

DE L'ACTION PHYSIQUE.

Vous le savez, nous la divisons en quatre parties: en attitudes, en mouvements, en gestes et en expressions.

DES ATTITUDES.

Les attitudes révèlent aux regards un état ou un élan de l'âme.

L'attitude de Napoléon assis à califourchon sur une

chaise devant un feu de bivouac, la veille de la bataille d'Austerlitz, le menton appuyé sur ses deux mains réunies, révèle un homme dans une profonde méditation, à la suite de laquelle il s'est endormi.

La magnifique figure du génie de la guerre, par Rude, dans le bas-relief de droite de l'arc de triomphe de l'Étoile, par l'impétuosité de son mouvement, n'exprime pas qu'un état de l'âme, elle en exprime un élan.

L'attitude du Spartacus de Foyatier révèle une âme pleine d'énergie et de fermeté, également apte à la méditation et à l'action.

Il faut étudier les attitudes, c'est le verbe qui parle aux yeux, verbe qui ne procède point du mot à mot comme la langue ordinaire; non, vif, précis, caractéristique, tout en lui est phrase, période, état, situation, élan, et jamais l'auditoire ne doit pouvoir s'y tromper. Qui se tromperait, je le demande, sur la nature des sentiments de deux hommes dont l'un serait assis, aurait la tête haute, la main droite fermée et fortement appuyée sur le genou de la jambe droite ployée en équerre et dont la gauche presserait énergiquement le bras du fauteuil, tandis que l'autre homme serait à deux genoux devant lui, le corps allongé en avant, la tête inclinée et les mains jointes ; qui pourrait douter que le premier résiste aux prières, aux supplications du deuxième ? A-t-on besoin de les entendre parler pour cela ?

Comme l'âme est susceptible de traverser tous les états imaginables, le corps peut prendre toutes les attitudes correspondantes ; par conséquent, tous les interprètes ont à se préoccuper de cette étude, mais à des degrés différents. Nous en avons fait ressortir toute l'utilité en parlant de la langue des muets et de la rectitude de leurs expressions diverses. Le lecteur en a moins besoin que le causeur, celui-ci moins que l'orateur et ce dernier moins que l'interprète de profession qui a constamment à en changer. Il y a une marche régulière à suivre pour cette étude; la voici : Tous les états et tous les mouvements du corps sont en rapport constant avec les états et les mouvements de l'âme. Il y a donc à se demander quel est l'état ou le mouvement que l'on veut représenter; cet état ou ce mouvement connu, on y conformera ses attitudes. Si cet état est incertain, une attitude très-accusée n'en donnerait qu'une idée inexacte; si, au contraire, il est très-accusé, une attitude indéterminée le dénaturerait. Du reste, il est deux arts qui peuvent fournir d'admirables exemples d'attitudes, la peinture et la sculpture. Nous n'en finirions pas si nous voulions rappeler ici le nombre considérable de celles que nous avons admirées dans les tableaux et les statues de nos musées. C'est même dans ces sanctuaires de la méditation et de l'admiration, qu'il faut aller s'inspirer de la puissance de cette partie de l'action physique et puiser des impressions, des souvenirs, qui, plus tard, à l'improviste et à notre insu, viennent, sous forme de réminiscences, c'est-à-dire, en ajoutant au sentiment d'autrui notre sentiment personnel, viennent nous servir puissamment, disons-nous, dans cette partie de l'interprétation.

DES MOUVEMENTS.

Les mouvements annoncent les changements d'état de l'âme. Napoléon se levant, le génie de la guerre de Rude fermant la bouche, laissant reprendre à ses deux bras leur place naturelle près du corps, et Spartacus relevant la tête et agitant son glaive, annonceraient que l'état de l'âme change. Eh bien ! les mouvements des bras et du corps se renouvelleront, se multiplieront jusqu'à ce que l'âme, frappée, préoccupée d'une nouvelle pensée, reprenne un nouvel état, alors l'attitude s'accentuera de nouveau.

Des mouvements fréquents révèlent une personne légère, inconséquente, irréfléchie et généralement de vulgaire éducation, ou par trop nerveuse. La sobriété et la grâce des mouvements sont, au contraire, la preuve visible d'une âme réfléchie, bonne, affectueuse.

Soit que les yeux soient plus habitués à voir que les oreilles à entendre, ou qu'il soit plus difficile de feindre par l'action physique que par l'action orale des sentiments que l'on n'a point, l'âme se révèle plus exactement, plus involontairement par les attitudes et les mouvements que par le langage, surtout aux personnes illettrées.

DES GESTES.

On prend trop souvent pour des gestes des mouvements de bras. Nous entendons, par le mot geste, le concours que les bras et l'expression des mains prêtent à la parole pour l'aider dans la communication d'une pensée, dans l'expression d'un sentiment, et cela en ajoutant à la signification de l'une ou de l'autre : lorsque le geste n'ajoute rien, il perd son nom et ne mérite plus que celui de mouvement.

Doit-on étudier les gestes? Telle est la question qui nous a été souvent faite. Nous répondons : tels que nous les comprenons, les gestes doivent être étudiés. Expliquons-nous bien ; il est des mouvements naturels et habituels des bras, de certaines positions familières que l'on donne à ses mains en en faisant mouvoir gracieusement les doigts pour accompagner agréablement la parole et détruire l'immobilité du corps, qui ne doivent et ne peuvent point être étudiés en détail, séparément ; d'abord, à cause de leur peu d'importance, ensuite en raison de leur multiplicité, enfin parce qu'ils perdraient en agrément ce qu'ils gagneraient en étude ; mais il faut, par des exercices gymnastiques, l'escrime, la danse, donner de la souplesse au corps et aux membres pour les rendre élégants, précis et acquérir la certitude qu'ils n'auront jamais de mouvements brusques, heurtés, offusquants. Cette certitude acquise, on pourra se livrer à son sentiment avec la persuasion d'être heureusement servi par cette espèce de gesticulation familière, qui est presque à la parole ce que la mesure, légèrement, imperceptiblement marquée, battue, est à la musique ; dans ce cas, cet accompagnement physique sera naturel, harmonieux et suffisamment expressif.

Mais le geste, tel que nous le comprenons, le geste entrant en collaboration avec la parole, et venant à son secours comme un puissant auxiliaire pour compléter l'image, la démonstration qu'elle laisserait incomplète, ou pour la grandir, la rendre plus saisissante, et la graver plus profondément dans la mémoire par le spectacle de l'action ; le tableau qui parle aux yeux en même temps que le mot frappe l'oreille et saisit l'esprit, oui, ce geste-là doit être étudié ; car l'étude peut ajouter à ce qu'il aurait de naturel plus de précision, de souplesse ou d'énergie, de grâce ou de force. En voici des exemples : Dans les imprécations de Camille, lorsqu'elle dit, en parlant de l'Italie : « que l'Orient contre elle à l'Occident s'allie, » le geste ici, désignant ces deux points opposés, complète pour les yeux l'image qui est déjà dans l'idée et la rend plus saisissante.

Dans ce même passage, le quatrième vers prête à un geste très-significatif, d'un très-grand effet. Camille dit à Horace :

Rome, enfin, que je haïs...

Au mot haïr, Horace se retourne plein d'une juste indignation contre cette ennemie de Rome, et Camille répond à ce mouvement en lui jetant à la face, avec un geste indicatif très-accentué, et le bras tendu au niveau de l'œil de son frère :

parce qu'elle t'honore.

Horace ne sait plus que penser, que dire. Il reste d'abord confondu ; mais, revenant de sa confusion, il passe à une colère qui s'exalte à chaque nouveau vers de sa sœur, laquelle a encore l'occasion d'un geste très-expressif sur le verbe *déchirer* du vers suivant :

Et de ses propres mains *déchire* ses entrailles.

Ici, en effet, en raison surtout de l'état où se trouve le personnage, l'actrice peut joindre un geste imitatif à l'action orale, faire image et en grandir la puissance.

Nous pourrions multiplier énormément nos citations. — On comprend fort bien que, dans tous les cas que nous venons de remarquer, les gestes doivent être étudiés, et cela à différents points de vue : premièrement, sur le moment de les commencer et de les finir ; secondement, sur la manière de les rendre le plus caractéristiques possible ; troisièmement, pour s'assurer que leur énergie n'ôtera rien à la distinction du personnage et qu'ils seront parfaitement en harmonie avec les trois autres actions.

Les gestes de Camille ont accru la signification des mots articulés. Mais son frère, qui n'a rien à dire en entendant cette longue imprécation d'une jeune fille, folle de désespoir, ne saurait rester en face d'elle immobile, impassible, indifférent. Il ne reste point tel, en effet, puisqu'il s'exalte au point de perdre le sens moral et de tuer sa sœur. Et voyez, Messieurs, quelle transformation s'est opérée en lui, et combien il faudra que son action physique, dans les derniers vers de cette émouvante scène, ait été intelligible pour que l'auditoire ait pu comprendre, en la suivant, le mouvement ascensionnel de sa progressive surprise se transformant en indignation, en indomptable courroux, lequel lui suggère l'horrible idée de tuer sa sœur, idée qu'il repousse, d'abord, mais à laquelle il s'habitue si vite, si vite, qu'à peine née, elle se change en action. Il tue Camille ! La pantomime d'Horace, dans cet acte, doit être une des plus expressives de notre théâtre.

DE L'EXPRESSION DES TRAITS.

La mobilité des traits est un don de la nature ; on la développe par le travail ; on ne peut l'acquérir. Elle est une conséquence de la sensibilité. La nature n'a pas cru devoir donner la faculté d'exprimer à qui ne sent pas. Il est des êtres qui ne peuvent rendre que des pensées et jamais exprimer des sentiments; car, bien qu'on ne soit pas obligé d'éprouver une passion pour la bien interpréter, faut-il encore, pour cela, ne pas être étranger aux émotions du cœur. Il en est de la faculté de sentir comme de la faculté de comprendre : si l'on comprend peu, l'on explique mal, quelque attention que l'on mette à ce que l'on dit. Au contraire, si on comprend bien, on rend sa pensée sans effort. Ce que l'on sent vivement se réfléchit naturellement sur notre visage ; mais le visage d'une personne insensible ne peut point réfléchir des sentiments tendres.

On ne peut établir des règles précises, absolues, pour développer l'expression des traits.

Il est utile de connaître parfaitement le caractère de sa physionomie comme les sentiments qu'elle est apte à exprimer avec plus de facilité, et le degré de contraction qu'elle est obligée de donner à ses muscles pour l'expression. Cette connaissance est la meilleure garantie que l'on puisse avoir contre l'exagération. L'expression outrée, c'est la grimace.

Si l'on ne peut établir de règles particulières pour développer l'expression des traits, une étude intelligente peut la régler et la rendre plus exacte et plus intelligible ; cependant, comme toutes les autres parties des quatre actions, celle-ci est soumise aux lois de l'harmonie qui existe entre l'âme et le corps, et elle ne saurait s'y soustraire sans la détruire et sans blesser la vue.

Ainsi, le génie de la guerre, dont nous avons parlé plus haut, a la bouche et les yeux tout ouverts, les sourcils froncés, les lèvres frémissantes, les angles de la bouche inclinés; il a l'air de pousser, à toute une armée, à tout un peuple, une exhortation à la vengeance, à marcher en avant, entendue de centaines de mille hommes, et de défier une nation d'ennemis. Laissons-lui la même attitude, qui prouve un élan de l'âme; ôtons-lui le glaive, qui prouve la colère et donne une idée de mort; relevons-lui les angles de la bouche, les sourcils du côté des tempes; et mettons dans sa main droite un verre de champagne, au lieu du génie de la guerre vous aurez une bacchante, buvant à une jeunesse dépravée, ivre de toutes les ivresses des peuples païens.

Vous le voyez, nous n'aurons pour opérer cette étrange métamorphose changé que deux traits à la grande figure qui nous sert d'exemple, et remplacé un glaive par un verre. Mais il nous suffirait de lui faire fermer la bouche pour détruire l'harmonie qui existe entre son attitude, son expression et l'élan supposé de son âme, ou plutôt de celle du grand sculpteur qui a mis la sienne dans son œuvre, et l'a ainsi immortalisée.

Nous ne saurions trop appeler votre attention sur l'infaillibilité de notre principe fondamental et vous engager à vous y conformer sans cesse, en toutes circonstances, pour n'importe quelle partie des quatre actions; comme à le consulter chaque fois que le doute entrera dans votre esprit, il le dissipera en vous éclairant et en vous dirigeant.

NEUVIÈME ET DERNIER ENTRETIEN.

DE L'APPLICATION DE NOTRE MÉTHODE ET DE L'ÉTUDE DU RÔLE D'AUGUSTE.

MESDAMES, MESSIEURS,

Nous avons reconnu en commençant qu'il n'y a rien de plus difficile, que de bien commencer et que de bien finir un travail de l'intelligence. Dans le nôtre, cette difficulté était plus apparente peut-être que dans tout autre, parce que toutes les parties du sujet que nous avions à traiter se présentent à la fois à l'esprit et semblent, tout d'abord, occuper le même rang et avoir la même importance. En y réfléchissant, on arrive cependant à découvrir quelques différences entre elles, qu'elles n'occupent point toutes le même plan, qu'il en est qui sont dans l'ombre, et que quelques-unes ne sont que les conséquences de quelques autres. Cette conviction acquise porte l'esprit à les examiner en détail, à les comparer, à les choisir et à les classer. C'est ce que nous avons fait. Dès notre second entretien, nous vous avons exposé rapidement, à vol d'oiseau, toute notre théorie, pour que vous puissiez l'embrasser dans son ensemble, en juger, et voir si elle répondait à toutes vos prévisions, à toutes vos aspirations, et pour nous efforcer en même temps de mériter et de nous gagner votre confiance. Dans les entretiens suivants nous vous l'avons développée logiquement, croyons-nous, mais à coup sûr patiemment, joignant toujours une démonstration à l'appui de chaque nouvelle chose que nous avancions, comme preuve irréfragable.

Nous avons cru devoir procéder ainsi que nous l'avons fait, pour suivre notre méthode, non-seulement depuis le commencement jusqu'à la fin, mais encore pour remonter aux sources où nous en avons puisé les principes. Si ce lent et progressif développement a eu le grand avantage de nous permettre de tout voir, de tout éprouver, il ne nous a point permis encore de juger de l'application générale et presque simultanée de toutes les choses que nous avons dites. C'est de cela que nous allons nous occuper aujourd'hui.

Nous avons étudié l'homme sous toutes ses faces, sensuellement, intellectuellement, sentimentalement, oralement et physiquement. Nous avons vu les modifications que les tempéraments, l'instruction et l'éducation produisent en lui. Nous savons son but dans notre art. Nous savons ce que c'est que l'art, par conséquent il nous est permis de supposer qu'un élève qui aura exactement suivi nos conseils n'aura aucun vice d'articulation, aucun défaut de prononciation, et, pardonnez-nous cette expression, qu'il pourra jouer de l'homme comme un habile instrumentiste joue de son instrument. C'est à ce point qu'il faut arriver pour pouvoir à son gré mettre en action tous les genres littéraires, car chacun de ces genres a son ton et son mouvement particuliers. On en compte vingt-trois : l'*épopée*, l'*ode*, l'*élégie*, l'*épître*, la *fable*, la *ballade*, l'*épigramme*, l'*épithalame*, le *rondeau*, le *triolet*, le *sonnet*, l'*hymne*, toujours en vers, la *tragédie*, toujours en vers aussi ; la *comédie*, le *drame* et le *conte*, tantôt en vers, tantôt en prose ; le *vaudeville*, le *plaidoyer*, le *discours*, le *sermon*, la *conversation*, la *leçon*, l'*histoire* et le style *épistolaire*, toujours en prose. Voilà donc vingt-trois tons à joindre aux huit du discours, aux dix-huit autres tons et aux vingt-deux inflexions des quarante-deux figures de mots et de pensées que nous avons reconnues dans notre dernière conférence, ce qui porte le nombre des modifications analysables de la voix à soixante-quinze. Mais il y a une différence encore entre les tons inhérents aux vingt genres littéraires, et ceux inhérents aux figures et aux parties du discours, c'est que les premiers dominent les derniers et les règlent, les régissent constamment. Ainsi, une argumentation placée dans une tragédie ne pourrait point être mise en action avec le ton léger qui convient au conte ou à la conversation ; il faut la développer avec le mouvement et sur le ton propre au genre dans lequel elle se trouve placée, ce qui s'applique à l'argumentation s'applique à toutes les autres parties de la rhétorique : nous croyons inutile de multiplier les preuves.

Il est une question qui pourrait maintenant nous être faite, c'est celle-ci : Quel est le ton qui convient à chaque genre ? Mais, que disons-nous ? Non, cette question ne saurait nous être adressée par quiconque se rappelle notre principe fondamental. En effet, supposons que l'on veuille se rendre compte du ton qu'il faut donner à l'élégie. Il n'y a qu'à se demander la nature d'idées et de sentiments qui sont le fond de ce genre littéraire. S'il tient plus de l'esprit que du cœur ; quel est l'état et quels sont les mouvements de l'âme de la personne mise en scène dans l'élégie, et l'on trouvera naturellement le ton qui lui est inhérent. Supposons qu'il s'agisse de la *Chute des feuilles*, de cette élégie si touchante, de cette succession d'accents mélancoliques si pénétrants. Une simple lecture révélera le ton et le mouvement qui conviennent à son interprétation. Nous nous rappelons avoir entendu dire cette pièce de vers par un monsieur, grand, sec, à la figure sans expression, aux gestes anguleux, à l'accent normand, et à la voix nasillarde. Une dame des plus distinguées nous dit : Ce monsieur m'a fait autant de mal que si j'avais entendu chanter la messe des morts sur un ton badin. J'admire ce petit chef-d'œuvre ; il me l'a dénaturé ; cela m'a d'autant plus affligée que j'ai connu Millevoye et que chaque fois que j'entends ces vers je me le rappelle tel qu'il s'y est peint lui-même. Ce monsieur en a ridiculisé la douleur qui en déborde, et il a eu d'autant plus tort que la douleur comme la prière a son côté touchant, respectable et sacré.

Nous ajouterons même que la douleur a quelque chose de plus touchant, de plus respectable et de plus sacré que la prière ordinaire, parce que lorsqu'elle est humblement acceptée et religieusement subie, elle est la prière en action, silencieusement accomplie en raison de l'éternel souvenir de la grande douleur de l'Homme-Dieu.

Eh bien! si la douleur est touchante, respectable et sacrée dans l'enfance, faiblesse ; dans l'homme mûr, force ; et dans la vieillesse, débilité, n'est-elle pas quelque chose de plus dans la jeunesse et la grâce, dans l'homme de vingt ans, comme cela est dans la *Chute des feuilles*?

N'y a-t-il pas dans cette situation une circonstance aggravante? Si, n'est-ce pas? Et lorsque nous ajouterons encore à cette circonstance celle-ci, que le mélancolique chantre de ces accents de l'âme n'était pas dans le pays des fictions quand il chantait ou plutôt lorsqu'il soupirait, lorsqu'il gémissait, lorsqu'il pleurait ainsi; mais que ses soupirs, ses gémissements et ses larmes s'échappaient de son cœur attendri sur son propre sort, dont il pressentait déjà la triste fin, ne sentirons-nous pas, en réfléchissant à ces différentes et attendrissantes considérations, notre sensibilité s'accroître et une certaine crainte respectueuse s'emparer de notre âme au moment d'ouvrir la bouche pour dire les paroles de cette élégie, pour exprimer les sentiments dont elle est pleine? Et ne serait-ce pas vraiment une profanation du cœur, une offense à la douleur, un outrage à la mémoire du jeune poëte qui a mis dans ces derniers vers son navrant désespoir, que de les faire tourner au burlesque par une ridicule interprétation?

Messieurs, ce n'est pas avec le flageolet, les pipeaux rustiques, le fifre et les castagnettes que l'on interprète les grandes et suaves inspirations religieuses de nos illustres compositeurs, pas plus que ce n'est avec une voix glapissante ou nasillarde que l'on doit interpréter une élégie, sublime chant du cygne d'un jeune poëte mort, hélas! à l'âge où l'on commence à vivre!

A part les différents tons dont nous venons de parler, inhérents à chaque genre et régissant les tons propres aux huit parties du discours, et ceux des figures de rhétorique, il y a encore à faire une étude toute particulière de l'auteur que l'on doit interpréter, parce que chacun d'eux a sa manière de concevoir, de disposer, et de formuler ses idées et ses sentiments. Ainsi Molière, Beaumarchais, Marivaux et Regnard sont des auteurs comiques; mais quelle différence dans leur procédé !

Molière a tout: la puissance de conception, la subtilité d'invention, l'habileté dans l'ordonnancement des parties, le naturel des situations, l'observation juste, le raisonnement simple et passionné au besoin, le mot vrai, l'esprit facile, la franchise d'un paysan du Danube, le sentiment délicat, tendre ou débordant comme dans *Alceste :* c'est le génie et la raison étroitement unis et échauffés jusqu'au rayonnement par la chaleur d'un cœur plein de flamme.

Regnard conçoit péniblement, il est pauvre d'invention; son action est rarement progressive, excepté dans le *Joueur ;* il instruit peu en ne corrige pas ; ses actions, comme dans le *Légataire*, ne sont pas toujours comiques; mais il a une grande facilité de versification, le vers très-franc, emporte-pièce, de la verve, de l'esprit, de la bonne humeur et une certaine désinvolture toute française qui nous le fait aimer et placer au premier rang des auteurs de second ordre, tellement les qualités qu'il a sont développées. C'est un grand seigneur de son temps s'amusant à faire des comédies et y réussissant malgré de nombreux défauts. Il n'a pas le génie de son art, mais il en a tout l'esprit.

Beaumarchais n'était point né auteur comique, il s'est fait tel par la volonté; mais la volonté portée à ce point, pour n'être pas le génie, y ressemble beaucoup, et il faut bien les connaître tous deux pour ne pas s'y tromper et les confondre. Il était né satirique ; c'est un Juvénal révolté, non indigné; l'indignation l'aurait fait poëte, et au lieu de parler, de persifler, de railler et de fustiger ceux qu'il prend à partie, il aurait chanté, maudit et anathématisé ; au lieu d'avoir un fouet à la main, il aurait eu une lyre, dont toutes les cordes auraient vibré au diapason de celles qui eussent vibré dans son cœur. Il a le courage audacieux, l'attaque féline, l'esprit méchant ; il est habile, mais non puissant ; il manque de sentiment, de passion, de générosité ; il irrite, amoindrit et désespère ; il se montre vaillamment l'ennemi du mal, mais jamais l'ami du bien ; il attaque bien l'insolent et le superbe, mais il ne révèle pas l'humble et ne console pas le malheureux. Le masque scénique doit rire d'un côté et pleurer de l'autre, il n'a que le profil gai, et encore son rire mord et a quelque chose qui tient de la grimace, car il n'est ni franc ni communicatif ; son esprit est travaillé, cherché, mais, il faut l'avouer, il le trouve toujours ; et il n'est point de pièces dans notre théâtre français qui en renferme autant que le *Barbier de Séville* et le *Mariage de Figaro*. L'action de chacune d'elles est heureusement conçue et subtilement développée. Il y montre plus d'habileté que d'intuition ; de connaissances acquises que de sentiment inné, n'importe ! comme charpente scénique, ses deux œuvres existent, et, grâce à la vie qui les anime, elles sont immortelles. C'est un auteur comique à part, et ce n'est pas son moindre titre à l'admiration et à l'immortalité.

Marivaux est fin et tendre à la fois ; il a de l'esprit et du cœur, de la raison et du sentiment. Mais tout cela est réduit à de petites proportions, rien n'y est saillant, saisissant, tout y est amoindri par une certaine mesure qui ne manque pas de goût et de distinction, mais qui tient trop de la convention et pas assez de la nature. Il me fait l'effet d'un individu qui déguste et qui n'ose pas boire; d'un homme qui, après m'avoir conduit dans un charmant paysage me donnerait envie d'aller plus loin et qui se refuserait à me conduire. Je suis toujours prêt à lui crier : Allons ! avancez ! marchez donc ! Sa réserve, qui n'est pourtant pas de la pauvreté; sa timidité, qui n'est pas de l'insuffisance; son style fin, mais maniéré et par trop visiblement travaillé quoique réussi, le rangent parmi les auteurs de deuxième ordre.

Après ce que nous venons de dire de la manière de procéder de ces quatre auteurs comiques, on conçoit aisément que l'interprétation qui convient en général à l'un ne saurait convenir également aux trois autres. Au théâtre, tel homme de talent dans les œuvres de Molière, n'est quelquefois qu'ordinaire dans les œuvres de Beaumarchais. Cela tient à ce qu'il a pour jouer le premier des qualités qui répondent mieux au génie qui en anime les œuvres, et qu'il manque, pour le second, du degré d'articulation dont il a besoin, de la voix claire et pénétrante, propre à l'esprit caustique; qu'il manque d'audace, nous pourrions dire presque, d'effronterie.

Notre observation sur Molière, Regnard, Beaumarchais et Marivaux s'étend à tous les auteurs, aux profanes comme aux sacrés. Bossuet, Bourdaloue, Fléchier, Massillon et Fénelon, sont loin d'avoir le même style. Quelle différence entre la manière d'écrire de Labruyère, de Larochefoucauld, de Saint-Simon et de Montesquieu;

entre Corneille, Racine et Voltaire ; entre Victor Hugo Lamartine, de Musset, Augier, Ponsard, Alexandr Dumas et Eugène Sue, George Sand et Sandeau, Sainte Beuve et Jules Janin ! Chacun de ces hommes a son style sa personnalité. L'interprète doit savoir la découvrir pou la leur conserver précieusement et chercher en lu quelles sont les qualités qui lui conviennent. Ainsi, à quo servirait une voix douce, suave ; une physionomie expressive et affectueuse pour lire Boileau, ce disséqueur de la pensée, qui fait de la poésie un pénible travail de patience une œuvre de volonté ? jamais un jet, jamais un élan pas de sentiment, d'enthousiasme, de passion, d'inspiration. Quelle est celle de ces œuvres qui perdrait quelque chose à être mise en prose ? quelle est celle qui n'y gagnerait beaucoup ? C'est le poëte. Non, l'auteur le plus facile à lire ; avec une intelligence ordinaire on le comprend ; comme il n'a pas de cœur, on n'a pas besoin d'en avoir pour l'interpréter ; ses vers n'étant jamais que du bon sens rimé, l'expression des traits serait superflue.

Il n'en est pas ainsi de Racine, de Molière, de Lamartine, de Victor Hugo, de Soumet, de Musset, et de tous ceux que nous citons plus haut ; il faut pour eux, pouvoir rendre et exprimer au même degré, et posséder toutes les ressources de notre art, comme, à des degrés différents sans doute, ils possèdent toutes les ressources du leur.

Voici comment il faut étudier un rôle : Supposons un interprète de profession voulant jouer Auguste dans *Cinna*.

Le sujet est historique, il appartient à l'histoire romaine. Il doit acquérir une connaissance entière de l'époque où se passe l'action, encore cette connaissance lui serait-elle insuffisante; en effet, s'il ignorait l'histoire de la Rome des Tarquins, des consuls, et des Empereurs, il ne parviendrait point, faute de cette connaissance, à se faire, par comparaison, une juste idée du siècle d'Auguste, en si grande opposition avec les autres. Il doit donc connaître l'histoire de ce peuple, non-seulement l'histoire des faits, mais surtout celle des mœurs, des usages, des habitudes et des coutumes, sans cela il s'exposerait à être ridicule. Voyez-vous d'ici, Maxime et Cinna mandés par Auguste, lui faisant, parce qu'il est empereur, un triple salut chacun, comme Colbert et Turenne en faisaient à Louis XIV? Ou venant jouer leur rôle avec un habit de nos jours, un chapeau tuyau de poêle à la main, ou seulement même Auguste portant toute sa barbe et les cheveux longs qu'il ne porta ainsi qu'en signe de deuil, à l'occasion de la défaite de Varus par Arminius, ou bien encore revêtu d'une toge blanche au lieu d'une toge pourpre? — Cette étude préliminaire, vous en jugez, est indispensable. Maintenant il connaît l'histoire de ce peuple; il en a suivi depuis son modeste point de départ jusqu'à Constantin, par exemple, les phases diverses, et il ne saurait confondre un Romain de la royauté avec un Romain de la république, de l'empire naissant, ou du bas-empire. Il peut donc s'occuper du sujet de l'œuvre, du moment même où se passe son action, de ce qu'il y a d'historique en elle, de ce que le poëte y a ajouté, de la position sociale de chaque personnage, des rapports qu'ils ont entre eux. Pas un ne doit être négligé. Alors il relit la tragédie pour voir la part que l'auteur y donne à chacun dans son œuvre; s'il a été fidèle à l'histoire, non-seulement au point de vue du sujet, mais du langage, des sentiments. S'il a négligé quelque chose, il doit se préoccuper de l'y introduire par son interprétation, ou s'il s'est trompé, de le corriger encore par elle s'il le peut. Ce travail le contraint à s'occuper du style particulier à l'auteur. Il remarquera que Corneille raisonne beaucoup; on sent toujours en lui l'avocat, que disons-nous? l'orateur, et quel orateur, encore! Calme, simple, vrai, puissant sans effort, pathétique quand il veut, irrésistible souvent, sublime quelquefois! Ses saillantes qualités frapperont l'interprète, il les porte si haut et dans toutes ses œuvres qu'elles ne peuvent point lui échapper! Il les trouvera dans *Émilie*, dans *Cinna*, dans *Maxime*, comme dans *Auguste*, dans son rôle, qu'il doit maintenant étudier plus particulièrement.

D'où vient Auguste? qui était-il? qu'a-t-il fait? qui l'a conduit à l'empire? comment s'y est-il maintenu? quel âge a-t-il dans la pièce? quelles sont ses habitudes? est-il lettré, illettré, bon, méchant, sincère, hypocrite, généreux? Cherchons. Neveu et fils adoptif de César, après l'assassinat de ce grand homme, qu'il apprend à Apollonie, il quitte cette ville, débarque à Brindes, où les vétérans du dictateur viennent au-devant de lui. Il y est instruit de la résolution du sénat, qui ratifie le testament de son oncle, et de la colère du peuple. A la tête des vétérans qui s'attachent à sa fortune, il se dirige vers Rome, y arrive et la trouve divisée entre deux partis, l'un démocratique, l'autre aristocratique. Antoine et Lépide sont à la tête du dernier; le premier, homme considérable, le second, nul, sous le prétexte de venger César, ne cherchent réellement qu'à s'élever au-dessus des lois.

Octave, qui a déjà pris le nom de son père adoptif, visite Cicéron pour se gagner son puissant appui. Toute sa famille veut s'opposer à son entrée dans Rome sous le prétexte qu'il y court un grand danger. « Plutôt mourir que de laisser la mort d'un ami sans vengeance! » s'écrie-t-il, et il suit son projet. Les magistrats, les citoyens influents, le peuple viennent au-devant de lui. Malgré son inimitié contre Antoine, il le visite, lui demande l'argent que son oncle a laissé pour exécuter ses dernières volontés. Il lui est répondu que tout est dépensé. Il vend ses biens, ceux de sa famille et de quelques amis dévoués, pour remplir les dispositions testamentaires de César. Se gagne ainsi l'estime et la faveur publique; finit par s'unir à Antoine; se brouille avec lui; le combat; se réconcilie; s'en sépare de nouveau et se fait nommer consul malgré son opposition, et cela par acclamation du peuple, à l'unanimité des suffrages; obtient la révocation des décrets portés contre Antoine et Lépide et les engage à revenir en Italie. Il va au-devant d'eux, ils se rencontrent dans une île du Rhenus (Reno), près du Pô. C'est là qu'ils jetèrent les bases du second triumvirat dont le principe était une égale distribution du pouvoir suprême entre les trois chefs. Leur union fut cimentée par d'horribles proscriptions, d'épouvantables massacres; se sacrifiant leurs mutuels amis : Cicéron est livré par Octave à Antoine, qui, en reconnaissance, lui livre son oncle, tandis que Lépide leur immole son frère! A leur rentrée à

Rome, la ville fut inondée du sang de ses plus illustres citoyens. Si Octave hésita plus longtemps que ses deux amis à entrer dans cette sanglante coalition, il alla plus loin qu'eux après s'y être aventuré. C'est sous cet horrible gouvernement que Brutus et Cassius, ces deux chefs des conjurés, assassins de César, furent défaits en Orient, dans les plaines de Philippes, où ils avaient conduit leur armée, par Antoine, d'abord, par lui encore et Octave au second combat, car celui-ci ayant été malade n'avait pu assister au premier. Il insulta aux restes de Brutus. Sa santé le contraignit de retourner à Rome, où il eut à lutter contre un puissant parti qui voulait s'opposer au partage des terres des soldats vaincus entre les soldats vainqueurs. Lucius, beau-frère d'Antoine, se met à la tête des mécontents et se retire avec eux à Pérouse ; il y est poursuivi, attaqué et vaincu par Octave. Il y fit mourir trois cents sénateurs; il poussa l'inhumanité jusqu'à ne répondre à ceux qui lui demandèrent grâce que ces trois mots : Il faut mourir. Il se rapproche encore d'Antoine. Ce rapprochement eut pour conséquence le partage de l'empire en trois parties. Antoine eut l'Orient, Octave Rome et les provinces de l'ouest, Lépide l'Afrique. Les proscriptions cessèrent alors, on laissa rentrer les proscrits, on les exhorta à cela, et Rome commença à jouir des bienfaits de la paix inconnus à la génération d'alors. L'imprudent Lépide se rangea du parti du fils de Pompée ; il fut vaincu avec ce parti et dédaigné par son vainqueur, son ancien collègue au pouvoir, qui lui fit grâce de la vie, par pitié plutôt que par générosité. Voilà Octave maître de l'Ouest, de l'Afrique et de Rome, de Rome dont le monde depuis si longtemps est habitué à recevoir des lois ; il domine Antoine et se déclare de plus en plus contre lui à mesure qu'il gagne dans la faveur publique; il finit par le rendre odieux en lisant publiquement le testament dans lequel cet amant de Cléopâtre, reconnaissait pour héritiers les fils qu'il avait eus de cette princesse. Il déclare la guerre à la reine d'Égypte, s'avance vers le golfe d'Ambricie, rencontre la flotte d'Antoine à Actium, et, secondé par son amiral, Agrippa, remporte une victoire qui le rend maître du monde romain (31 ans avant J.-C.). Il poursuivit son rival en Egypte ; se moqua de la sotte proposition qu'il lui fit faire de terminer leurs différents par un combat singulier en lui répondant *« qu'il pouvait bien trouver un autre moyen pour mourir. »* Il meurt, en effet. Après sa mort et celle de Cléopâtre, il leur fit faire de magnifiques funérailles, et n'en fit pas moins mourir un fils de cette reine, appelé Césarion, parce qu'elle l'avait eu de César, et un fils d'Antoine et de Fulvie. Rentré à Rome, après deux ans d'absence, son triomphe dura trois jours. Maître unique de l'univers, il hésita à se prononcer sur le mode de son autorité future. Agrippa, le vainqueur d'Actium, lui conseillait de renoncer à l'empire ; Mécène était de l'avis contraire, et, sans doute, comme il flattait l'inclination d'Octave, c'est ce dernier conseil qu'il suivit. Plusieurs fois il a feint de vouloir quitter la suprême puissance, s'étudiant à faire croire qu'il n'y tenait point, et s'efforçant de cacher son autorité sous les noms les plus propres à la faire accepter. Il reçut le titre d'Auguste ; il fut nommé proconsul, tribun perpétuel, censeur, souverain pontife ou chef de la religion, et enfin, on ajouta à toutes ces prérogatives le nom vénérable de père de la patrie, qui l'autorisait à considérer son peuple, c'est-à-dire le genre humain, comme sa famille. Il conserva les anciens noms et les anciennes formes dans l'administration, limita lui-même son pouvoir à dix ans, laissant aux événements le soin de les renouveler.

Il protégea les lettres, fut l'ami de Virgile et d'Horace, voulut avoir ce dernier poëte pour secrétaire. Celui-ci refusa ; il ne s'en fâcha point ; il faisait lui-même des vers charmants. Après avoir fermé les portes de Janus pour la quatrième fois, il s'occupa d'embellir Rome, la prit de briques et la laissa de marbre, comme il se plaisait à le dire souvent. Le goût des arts se développa beaucoup sous son long règne, l'éducation des gens riches y fut des plus recherchée. On ne se contentait plus d'être un Romain distingué, ni des premiers maîtres latins, il fallait être Grec, il fallait aller s'inspirer à Athènes, sur cette terre encore toute fraîche de souvenirs, des grandes leçons de Socrate et de Platon. Il fallait parler la langue de Démosthène et d'Alcibiade aussi purement que celle de Cicéron ; il fallait connaître le Parthénon aussi bien que le Capitole, l'Académie aussi bien que le Portique, et avoir autant d'atticisme que d'urbanité, et c'était Auguste qui encourageait ces goûts, qui les flattait et les récompensait ; c'est lui qui dominait tout, ayant en main tous les pouvoirs, le spirituel et le temporel.

Tel est l'homme, on pourrait presque dire le demi-dieu, en raison de son immense puissance, que Corneille a mis en scène. Après ce que nous connaissons de son histoire, il n'est pas possible de se méprendre sur le caractère de cet homme qui se sert pour marchepied au trône du cadavre de ses meilleurs amis, de la tête de Cicéron, et qui en descend en quittant la vie et en entrant dans la mort, en demandant à ceux qui l'entourent : « N'ai-je pas bien joué mon rôle? » et en ajoutant, après leur réponse affirmative : «Battez donc des mains, la pièce est jouée,» *Plaudite, acta est fabula!* plaisanterie parodiée quinze siècles plus tard par le curé de Meudon. « Tirez le rideau, la farce est jouée. » Il dut à ce scepticisme d'être toujours calme, maître de lui en tout temps, en tout lieu, ayant le regard fixé sur son but et marchant vers lui à travers toutes les lâchetés, tous les courages, dans le sang et les larmes, dissimulant son ambition derrière une hypocrite indifférence, qui trompe tout le monde. Même maître de l'univers, n'ayant plus rien à redouter de personne, il affecte encore un superbe dédain pour le suprême pouvoir qu'il adore et feint de vouloir abdiquer. Il consulte Agrippa et Mécène qui sont trop intéressés à être l'ami de l'empereur pour lui conseiller de devenir simple citoyen. Corneille a-t-il compris Auguste et l'a-t-il représenté tel qu'il a été? Telle est la question que doit s'adresser l'interprète qui étudie ce rôle. Nous répondrons oui. En effet, il nous le montre dans son entrée en scène, jouant sa comédie d'abdication, parce qu'il sait très-bien que ses deux conseillers, Cinna et Maxime, ne manqueront pas d'en parler, et le retentissement pénible qu'elle aura dans Rome, dans l'humanité, troublée, alarmée par l'incertitude du plus prochain avenir; parce qu'il sait que cela retrempera sa popularité et lui rattachera les poltrons, si nombreux de tout temps, et tous ceux qui possèdent et aiment à jouir tranquilles. Or, Rome alors n'était guère remplie que de ces gens-là.

Avec quel art le poëte le fait parler dans cette admirable scène ! Comme Cinna et Maxime se laissent bien prendre à sa feinte lassitude, à son hypocrite abnégation. Nous n'osons croire que Corneille ait été dupe de lui-même, comme on semble trop le croire en supposant qu'il a fait Auguste sincère. Ce serait, comme nous venons de le voir, un démenti donné à toute la vie de cet empereur. Enfin, qu'il en soit ainsi ou autrement, cela ne change rien au mode d'interprétation qui lui convient. Le fait de conserver l'empire pour le donner à Cinna qui a conspiré contre lui est historique. Voyez même comme sa politique le sert ! Dans la pièce, son plus terrible ennemi, le chef de la conspiration, en est ému, renonce à son projet et le laisse vivre. Sans l'entretien mis en scène par Corneille, Auguste était exposé à périr. Voilà le premier aspect de ce grand personnage.

Au quatrième acte il apprend le complot d'Emilie, de Cinna, de Maxime et des autres, tramé contre ses jours. Quand il est instruit de tout et qu'il reste seul en scène, nous le trouvons dans le monologue tel qu'il fut, ce n'est pas un Auguste de théâtre, non, c'est l'ami de Virgile, et d'Horace, vieilli sur le trône, se rappelant tout son passé, toutes les horreurs de la guerre civile, son sanglant triumvirat, et se demandant, ne consultant plus que son intérêt, et non son cœur, s'il a plus à gagner à perdre ses ennemis qu'à leur pardonner; il se décide pour le parti le plus avantageux. Ses dispositions à la clémence ne s'y révèlent que comme une conséquence de l'amour du repos, si naturel aux hommes de son âge, et non comme un penchant de son âme. Le politique triomphe des dispositions de l'homme, et si sa décision les satisfait tous deux, c'est parce qu'il la croit profitable à ses vues. Tel est le second grand aspect de ce magnifique rôle.

Exemple : Auguste et Euphorbe entrent en scène:

AUGUSTE.

Tout ce que tu me dis, Euphorbe, est incroyable.

EUPHORBE.

Seigneur, le récit même en paraît effroyable;
On ne conçoit qu'à peine une telle fureur,
Et la seule pensée en fait frémir d'horreur.

AUGUSTE.

Quoi! mes plus chers amis! quoi! Cinna! quoi! Maxime!
Les deux que j'honorais d'une si haute estime,
À qui j'ouvrais mon cœur, et dont j'avais fait choix
Pour les plus importants et plus nobles emplois!
Après qu'entre leurs mains j'ai remis mon empire,
Pour m'arracher le jour l'un et l'autre conspire!
Maxime a vu sa faute, il m'en fait avertir,
Et montre un cœur touché d'un juste repentir.
Mais Cinna!...

Que ces paroles sont simples, naturelles! que ces nombreuses exclamations sont bien le langage d'une âme surprise, confondue, indignée, et qui, en raison même de la noirceur du crime, se refuse à y ajouter foi!

Les deux derniers vers seulement sont de trop, car ce n'est

pas après qu'entre leurs mains il a eu remis son empire qu'ils ont pensé à conspirer contre lui, c'est avant, car depuis, Maxime a prouvé son repentir en faisant tout divulguer, et l'auditoire connaît celui de Cinna, que son amour pour Emilie tient encore enchaîné à son projet, et porte à encourager les conjurés, ébranlés par le dessein d'Auguste de quitter le suprême rang. Cette persistance de Cinna accroît la confusion d'Auguste, et il s'écrie, comme lui peut s'écrier :

> Lui seul les encourage, et lui seul les séduit!
> O le plus déloyal que la terre ait produit!
> O trahison conçue au sein d'une furie!
> O trop sensible coup d'une main trop chérie!
> Cinna, tu me trahis!...

Le premier de ces vers est la dernière expression d'indignation d'un cœur affligé et qui commence à se révolter. Aussi l'injure suit de près, et dans les deux suivants il qualifie Cinna et sa conduite comme ils doivent l'être. Mais si maître que l'on soit de soi, on n'arrache pas de son cœur une vieille amitié sans quelque déchirement, sans quelques mots de regrets, sans quelques plaintes. Aussi, toujours fidèle à la nature, et cela sans calcul apparent, Corneille ajoute :

> O trop sensible coup d'une main trop chérie!
> Cinna, tu me trahis!

Nous n'avions vu jusqu'ici Auguste que penser, parler gravement, affectueusement, nous le voyons interroger avec curiosité, anxieusement; traverser tous les degrés de la plus affligeante surprise; sentir, souffrir, qualifier et se plaindre. Il est en action, en mouvement, toutes les parties vives de son être se manifestent en lui et décuplent pour un instant ses facultés intellectuelles et sentimentales, et lui permettent de concevoir de sa triste situation l'idée la plus juste, c'est-à-dire, l'impossibilité où elle le met de pouvoir compter sur qui que ce soit, de se faire des amis. Si séduisantes que soient les qualités intimes d'un souverain, elles le sont bien moins que les faveurs dont il dispose, et on lui prodigue bien plus de démonstrations d'affection en vue des dernières que pour les premières. Dispensateurs de tout, à leur gré, ils créent plus d'ingrats que tous les autres hommes et arrivent bien plus vite qu'eux à une complète désillusion. Leurs yeux, quelque fois tout à coup dessillés, leur permettent de voir le vide affreux qu'ils se sont créé autour d'eux en s'élevant trop haut au-dessus de tout le monde, et ne sachant sur qui s'appuyer quand ils se sentent chancelants, ni à qui se fier quand ils ont besoin d'épancher leur cœur, ils laissent, comme le vieil Octave, se retrouvant seul après la sortie d'Euphorbe, s'échapper de leur âme nâvrée cette vérité pleine d'enseignements :

> Ciel ! à qui voulez-vous désormais que je fie
> Les secrets de mon âme et le soin de ma vie ?

Qu'y avait-il de mieux à dire? La situation rend sublime ces deux vers. Suivons :

> Reprenez le pouvoir que vous m'avez commis,
> Si donnant des sujets, il ôte les amis;

Si tel est le destin des grandeurs souveraines
Que leurs plus grands bienfaits n'attirent que des haines,
Et si votre rigueur les condamne à chérir
Ceux que vous animez à les faire périr.

Comme il faut qu'il aime son indigne favori, pour que la perte de cette amitié le porte à préférer celle de sa couronne! C'est par là qu'il se rend intéressant, cher à son auditoire, et qu'il prépare l'effet si puissant du cinquième acte. Reprenons, il s'agit des grandeurs souveraines.

Pour elles rien n'est sûr; qui peut tout doit tout craindre.

Que cela est vrai! Voilà le premier mouvement de la philosophie et du sentiment à la fois, celle-ci grandissant celui-là, mais recevant en passion ce qu'elle lui donne en grandeur. La raison va avoir son tour, la réflexion succède à l'élan, la concentration à l'expansion. Auguste, tout à coup :

Rentre en toi-même, Octave, et cesse de te plaindre.
Quoi! tu veux qu'on t'épargne, et n'as rien épargné!

Quel exemple! quel long sermon servirait mieux la morale que cette exclamation?

Songe aux fleuves de sang où ton bras s'est baigné,
De combien ont rougi les champs de Macédoine,
Combien en a versé la défaite d'Antoine,
Combien celle de Sexte, et revois tout d'un temps,
Pérouse au sien noyée, et tous ses habitants;
Remets dans ton esprit, après tant de carnages.
De tes proscriptions les sanglantes images,

Où toi-même, des tiens devenu le bourreau,
Au sein de ton tuteur enfonças le couteau,
Et puis ose accuser le destin d'injustice,
Quand tu vois que les tiens s'arment pour ton supplice,
Et que, par ton exemple à ta perte guidés,
Ils violent des droits que tu n'as pas gardés !
Leur trahison est juste, et le ciel l'autorise :
Quitte ta dignité comme tu l'as acquise ;
Rends un sang infidèle à l'infidélité,
Et souffre des ingrats après l'avoir été.

Est-ce l'accent de la conscience, cela? de cette voix intime, divine, qui parle incessamment en nous? Les souvenirs de ses cruautés, de ses crimes passés se pressent en foule dans sa mémoire avec accompagnement de cris et de sanglots, surnageant sur des flots de sang et de larmes; et maintenant qu'il n'a plus la passion de la jeunesse qui aveugle; l'ambition qui égare ; la lutte qui étourdit ; le mouvement ascensionnel du succès qui donne le vertige ; les partisans qui encouragent et applaudissent; les rivaux qui fuient et déblaient le chemin ; maintenant qu'il est fatigué du pouvoir, désireux du repos, navré du vide de son cœur, la voix de sa conscience, à laquelle il était resté sourd, ne prêtant l'oreille qu'à celle de son ambition, finit, enfin, par se faire entendre; il l'écoute..... Oh! surprise! oh! terreur! elle l'accuse, le condamne et lui fait considérer comme un juste châtiment l'horrible complot tramé contre ses jours par ses meilleurs amis! Quelle effrayante justice! Mais la longue habitude de la politique ne lui permet pas une complète et soudaine résignation, une entière défaillance. Aussi reprend-il de suite :

Mais que mon jugement au besoin m'abandonne !
Quelle fureur, Cinna, m'accuse et te pardonne?
Toi, dont la trahison me force à retenir
Ce pouvoir souverain dont tu me veux punir,
Me traite en criminel, et fait seule mon crime,
Relève pour l'abattre un trône illégitime,
Et, d'un zèle effronté couvrant son attentat,
S'oppose, pour me perdre, au bonheur de l'État?
Donc jusqu'à l'oublier je pourrais me contraindre !

Voici Octave qui reprend le dessus :

Tu vivrais en repos après m'avoir fait craindre !

Ah ! vraiment, Octave, tu auras commis tous les crimes, et parce qu'on t'aura fait trembler, trembler seulement d'en être puni, il faudra dissiper ton frisson de frayeur dans un bain de sang humain encore chaud de la circulation et de la vie ! Oh ! tyrannie, que je te reconnais ! Et toi, Corneille, que je t'admire !!! qu'immense est ta conception ! que clairvoyante est ta pénétration ! que juste est ta raison ! heureuse ton expression, et que rationnellement naturelles sont tes évolutions ! Toute la vie de ce premier des Césars est dans ce monologue ! Il ne veut pas avoir impunément frissonné à l'image de la lame glacée du poignard déchirant ses chairs, non ; écoutons-le :

Non, non, je me trahi moi-même d'y penser :
Qui pardonne aisément invite à l'offenser ;

Punissons l'assassin, proscrivons les complices.
Mais quoi! toujours du sang et toujours des supplices !

L'homme reparaît, mais non, ce n'est pas l'homme, c'est le politique. La preuve :

Ma cruauté se lasse, et ne peut s'arrêter ;
Je veux me faire craindre, et ne fais qu'irriter.
Rome a pour ma ruine une hydre trop fertile ;
Une tête coupée en fait renaître mille.

Voilà un vers de situation ! jamais dans Corneille, dans Racine et dans Molière, le poëte ne se met à la place du personnage pour déclamer pompeusement, comme cela se fait trop dans notre théâtre moderne, une foule de vers, souvent fort beaux sans doute, mais qui ne sont point dans les conditions de rang, d'instruction, d'éducation et d'habitudes du personnage en scène ; chez eux l'auteur se cache si habilement, qu'il n'apparaît jamais. Ainsi, ce vers, dans la bouche de notre sujet :

Une tête coupée en fait renaître mille !

ne peut être conçu, à moins d'être Corneille, que par un homme dans la situation d'Auguste. Il en est de même de tout ce qui précède et qui suit :

Et le sang répandu de mille conjurés
Rend mes jours plus maudits, et non plus assurés.
Octave, n'attends plus le coup d'un nouveau Brute ;
Meurs, et dérobe-lui la gloire de ta chute ;
Meurs ; tu ferais pour vivre un lâche et vain effort,
Si tant de gens de cœur font des vœux pour ta mort
Et si tout ce que Rome a d'illustre jeunesse
Pour te faire périr tour à tour s'intéresse ;

Meurs, puisque c'est un mal que tu ne peux guérir ;
Meurs, enfin, puisqu'il faut ou tout perdre ou mourir,
La vie est peu de chose, et le peu qui t'en reste
Ne vaut pas l'acheter par un prix si funeste ;
Meurs, mais quitte du moins la vie avec éclat,
Eteins-en le flambeau dans le sang de l'ingrat,
Et toi-même en mourant immole ce perfide ;
Contentant ses désirs, punis son parricide ;
Fais un tourment pour lui de ton propre trépas,
En faisant qu'il le voie et n'en jouisse pas ;
Mais jouissons plutôt nous-même de sa peine ;
Et si Rome nous hait, triomphons de sa haine.

Comme tous ces vers, se contredisant les uns les autres, prouvent bien l'irrésolution de cette malheureuse âme et peignent bien le comble de sa poignante perplexité. Ceux qui suivent font encore plus image et complètent le tableau :

O Romains ! ô vengeance ! ô pouvoir absolu !
O rigoureux combat d'un cœur irrésolu
Qui fuit en même temps tout ce qu'il se propose !
D'un prince malheureux ordonnez quelque chose.
Qui des deux dois-je suivre, et duquel m'éloigner ?
Ou laissez-moi périr, ou laissez-moi régner !

Y a-t-il rien de plus digne de pitié que de voir un homme pouvant tout sur les autres, en arriver à ne pouvoir plus rien sur lui-même, perdre momentanément son libre arbitre, et se livrer aux événements comme on livre aux caprices des flots une barque sans nautonnier ! Le poëte nous laisse incertain de ce qui suivra et accroît par là l'intérêt de l'action. C'est un ingénieux artifice.

La marche que nous venons de suivre pour l'étude de cet acte est la même pour tous, et, vous en pouvez juger; elle exige une tension d'esprit qui, plus longtemps prolongée, pourrait lasser votre bienveillante patience. Lorsqu'un exemple est concluant, il suffit; on s'en souvient mieux que de plusieurs. Or, le nôtre nous paraissant tel, nous nous y tenons.

Voyons si nous avons oublié quelque chose d'essentiel dans notre étude du rôle d'Auguste. L'ensemble du souvenir de l'histoire romaine, en nous permettant d'établir une comparaison entre les différentes époques de ce grand peuple, nous a servi à mieux comprendre celle qui nous intéresse le plus particulièrement, à saisir la différence des mœurs, des usages, des caractères et du langage qui l'en distingue. Une première lecture de la pièce nous a prouvé que, sous ce rapport, l'auteur est resté fidèle à l'histoire.

Cinna conspira contre Auguste, son bienfaiteur; la conspiration fut découverte et Cinna pardonné.

Le fait est historique ; la tragédie l'est aussi.

Au cinquième acte, il nous apparaît accablant Cinna sous le long récit de ses nombreux bienfaits, afin de lui faire mieux sentir toute la noirceur de son ingratitude, l'horreur de son crime, et pour donner plus de prix au pardon qu'il va lui accorder tout à l'heure ainsi qu'à Émilie et à Maxime. A quelle hauteur ne s'élève pas le poëte français dans la dernière scène de son œuvre! lorsqu'Auguste, entouré d'ennemis, élevant la politique jusqu'au sublime du sentiment, et sentant combien il a à se faire pardonner, donne lui-même l'exemple du pardon; tend une main amie à une main déjà armée pour le frapper, change en affection la haine de deux cœurs égarés, récompense cet heureux changement par une union qui comble leurs vœux, et le don d'un empire!

Qu'il est simple, grand, digne et éloquent le langage de cet empereur! et qu'Émilie, Cinna et Maxime, qui nous semblaient d'abord de grandes figures, sont rapetissés ensuite par le voisinage d'Auguste! A combien de coudées n'est-il pas au-dessus d'eux! C'est dans ces grandes situations que le génie de Corneille rayonne dans toute sa splendeur et qu'il apparaît dans toute sa puissance, saisissant l'âme humaine en la grandissant, et distançant tous les génies qu'on rapproche du sien.

Nous comprenons fort bien que le grand Condé ait pleuré en écoutant cette scène. Combien de spectateurs n'avons-nous pas vus émus jusqu'aux larmes chaque fois que nous avons assisté à la représentation de ce chef-d'œuvre! Il n'est point une scène dans aucun théâtre comparable à celle-ci.

Prométhée, dans Eschyle, se révoltant contre les dieux; la terre outrageant le ciel; la créature apostrophant son créateur et voulant lui dérober sa puissance, cela peut être trouvé grand dans le paganisme, avec la croyance moderne ce serait le sublime du blasphème.

La fatalité attachée aux Laius et aux Atride, les deux fables d'Oreste et d'Œdipe, sont moins audacieuses que la fable de Prométhée, mais elles sont plus humaines, plus intéressantes, plus théâtrales. Dans la première, le héros proteste, enchaîné, jusqu'à la mort. Si c'était contre un tyran, nous applaudirions à sa protestation, nous l'admirerions et nous le plaindrions; mais contre Dieu!...

Oreste et Œdipe cherchent à se dérober à leur sort, et tout ce qu'ils font pour cela en hâte le terrible accomplissement. Ils sont innocents des crimes qu'ils commettent et dont ils sont punis, cela est horrible; aussi sont-ils les deux types les plus intéressants de l'antiquité.

Lear, maltraité de ses deux gendres, mais secouru par sa fille et aveugle d'esprit, est l'Œdipe à Colonne, aveugle des yeux, chassé de Thèbes par Étéocle et Polynice, guidé et consolé par la douce Antigone.

Hamlet est un Oreste dépaysé, avec le culte du souvenir paternel de plus et la fatalité de moins, gagnant en douleur ce qu'il perd en infortune, par conséquent rapetissé, et passant à chercher l'introuvable le temps qu'Oreste passe à fuir l'inévitable.

Mais il n'y a dans ces œuvres, admirables pourtant, rien de comparable à la scène d'Auguste. Ici, c'est l'homme tout-puissant, maître du monde, qui, calme, dans toute la plénitude de ses facultés, ayant le droit de punir, le devant peut-être, s'y trouvant encouragé par l'exemple, sans qu'aucune influence divine ou humaine le contraigne, inclinant même à la vengeance, finit, par une force de volonté qui impose, en raison de ce qu'elle a de surprenant, et qui attendrit par ce qu'elle a d'humain, finit, disons-nous, par se vaincre lui-même et obtient cette victoire avec la conscience de tout ce qu'il y a de grand en elle.

Prométhée se révolte et succombe; c'est triste, mais religieusement juste.

Œdipe et Oreste s'esquivent et meurent, c'est navrant!

Lear est une victime du laid de l'humanité; il apitoye, afflige, contriste, et donne à certains pères la peur de vieillir!

Hamlet cherche et ne trouve pas; fait mourir, se venge, tue... et dégoûte de la vie!

Auguste seul pardonne; ramène des cœurs égarés; se rattache à l'existence en y rattachant d'autres, et *triomphe de lui comme de l'univers!*

Prométhée est un mauvais exemple.

Œdipe et Oreste, innocentes victimes de la fatalité, accusent le paganisme et font aimer le christianisme.

Lear est une infortune bourgeoise qui se passe sur les marches d'un trône.

Hamlet est un avertissement à l'adresse de Pascal et de tous ceux qui trouvent le... *peut-être!* en cherchant le *pourquoi?* et la folie en cherchant trop loin la sagesse.

La clémence d'Auguste est la plus grande, la plus efficace et la plus consolante leçon qui ait jamais été donnée aux peuples et aux rois. Tout s'y trouve: la philosophie, la politique, la morale et le sentiment; c'est-à-dire toute l'humanité dans ce qu'elle a de plus profond, de plus habile, de plus respectable et de plus touchant. La sublime grandeur de ce premier des Césars est contagieuse comme la chaleur; elle gagne l'auditoire, l'échauffe, le transporte et l'améliore. Qui frapperait un ennemi en sortant de la représentation de *Cinna*?

Déjà celui-ci prie les dieux de retrancher de sa vie pour ajouter à celle de son magnanime bienfaiteur.

Tel est Auguste; tel notre interprète doit le concevoir.

Il en possède les grandes lignes, les parties saillantes ; qu'il en cherche les secondaires et se préoccupe des moyens de faire ressortir les unes et les autres.

La conception première, nettement accusée et formulée dans l'esprit, il passe à la composition de son rôle qui pourrait être faite, comme nous allons le prouver, par tout autre que lui, parce qu'il faut, pour cela, des aptitudes exceptionnelles ; plus que de l'intelligence, il faut du génie, oui, du génie ; beaucoup de personnes nient que le comédien en ait besoin, et donnent pour raison que le génie est utile pour créer seulement, et que le comédien ne crée pas. Cela est juste pour le chanteur, et ne l'est point pour le grand comédien. Le premier n'a qu'à exécuter la musique écrite : l'auteur lui a donné la situation, la pensée, le sentiment et le mot ; et le compositeur lui a donné le ton, la note, le mouvement et les repos. Malgré cela, on ne peut nier, cependant, en se rappelant la manière parfaite dont tel opéra a été exécuté par Lablache, Rubini, Grisi et Tamburini, que ces chanteurs ne possédassent merveilleusement leur art, et que le sens attaché au mot talent, suffisant pour désigner le mérite de ceux qui viennent après eux, ne soit insuffisant à qualifier le leur, et, ne pouvant pas les confondre, quel mot peut donner une juste idée de la distance énorme qui les sépare ? Nous disons énorme, quoique venant immédiatement après eux, parce qu'il en est du mérite, dans les arts, comme de la grosseur pour le diamant dont le prix ne double pas seulement en doublant de grosseur, mais se quadruple et même se centuple arrivé à certain point.

Les artistes dont nous parlons avaient un talent *diamant* d'une exceptionnelle grosseur et d'un ébouissant éclat, scintillant et rayonnant comme le génie. C'est le génie lui-même. Ah! il faut y venir, il faut le reconnaître, ils ont eu le génie de l'exécution dans le chant, comme Listz l'a sur le piano, et comme Paganini l'a eu sur le violon.

Jusqu'à ce qu'un homme spécial, doué pour cela, ait fait sur notre grand répertoire, sur chaque pièce, sur chaque acte, sur chaque scène, sur chaque période, sur chaque phrase, sur chaque vers, sur chaque mot, le travail du compositeur sur un scenario, le grand interprète n'aura pas besoin que du génie de l'exécution seulement, il lui faudra encore celui de la composition. Qui pourrait en douter? En veut-on une preuve?

Mademoiselle Rachel n'avait point le génie de la composition; mais qui a possédé au même degré qu'elle celui de l'exécution? J'en appelle au témoignage de tous ceux qui l'ont connue, à celui de toute la Comédie-Française, juge infaillible en cette matière. Qui lui composait donc les rôles qu'elle jouait si bien? allez-vous nous demander. Questionnez M. Samson. M. Samson est donc, pensez-vous déjà, un grand compositeur de rôles tragiques?

Nous ne le croyons pas; c'est un homme instruit, fin, spirituel; au goût éclairé et sûr; de beaucoup d'expérience; d'un grand talent de diction; connaissant et possédant entièrement toutes les ressources de l'articulation; comprenant tout, découvrant tout, saisissant tout, et mettant parfaitement en relief tout ce qu'il a compris, découvert et saisi; mais il conçoit peu, ne sent pas, n'exprime point. C'est l'homme du mot, non du sentiment. Pauvre de comique, de gaieté, de bonne humeur; dépourvu d'entrain, d'imprévu, d'originalité, d'ampleur et de puissance. Amoureux de son art au suprême degré, le pratiquant et le professant avec passion, et portant avec un noble orgueil le titre de comédien, quoiqu'il ait été fort longtemps pour lui un obstacle à une distinction qu'il méritait à trois autres titres : comme littérateur, comme professeur de diction et comme professeur d'histoire et de littérature au Conservatoire. S'il a si bien dirigé Mlle Rachel, c'est qu'il a vu jouer tous les rôles où elle s'est distinguée, par de grandes actrices de l'école de Le Kain et de Talma; qu'il s'est tout rappelé, grâce à une prodigieuse mémoire, et qu'il n'a indiqué à son élève que ce qu'il avait le plus admiré en ses illustres devanciers; la servant à la manière d'un *Trial* qui enseignerait à une grande chanteuse d'admirables airs d'opéras oubliés ou ignorés de tous, mais qu'il se rappelle, qu'il indique et qu'il serait impuissant à créer et à chanter comme ils doivent l'être et le seront par celle à qui il les enseigne, grâce au génie d'exécution dont elle est douée.

Qui oserait contester la puissance créatrice de Frédérick Lemaître, et affirmer qu'en lui l'exécution est au niveau de la conception?

Que sont devenus les grands effets de Talma et de Mlle Mars dans tels et tels rôles? Pourquoi ces effets ne sont-ils pas reproduits chaque fois que ces rôles sont joués de nouveau? Croirait-on que ceux qui les remplacent sont sans intelligence, sans talent? Ce serait une erreur. Toutes les personnes attachées à la Comédie-Française ont du talent; quelques-unes en ont beaucoup; plusieurs sont éminemment intelligentes, et il en est de fort instruites. Mais une grande instruction, une intelligence éminente et beaucoup de talent ne remplacent pas le génie. Voilà pourquoi Talma et Mars ne sont point remplacés.

En quoi consiste donc la création de l'interprète de profession? Nous allons le voir, puisque nous en sommes arrivés à ce point de notre étude du rôle d'Auguste. Nous en connaissons déjà le caractère, les grandes lignes. C'est quelque chose, pas tout. Nous l'avons suivi acte par acte, nous avons à le suivre scène par scène.

C'est dans l'acte deuxième qu'il paraît pour la première fois; il l'occupe presque en entier. Comme toute scène bien faite, celle-ci finit autrement qu'elle n'a commencé. Il feignait en entrant l'intention de quitter l'empire; il feint un grand effort pour se résigner à le garder, mais il le garde. Son interprétation aura dû subir cette métamorphose. Cette évolution de son esprit aura-t-elle été soudaine, imprévue? Non, elle a été provoquée, préparée et déterminée par la double argumentation de Maxime et de Cinna. Son action physique et son action orale auront dû se conformer à la marche ascendante de ce revirement. Quelques mots, quelques vers de ses interlocuteurs auront plus particulièrement ébranlé sa première résolution, d'autres auront hâté la dernière. Il faudra marquer par des gestes, des mouvements du corps, des hochements de tête, des expressions de figure, l'effet que ces mots, que ces vers font sur lui. Il devra écouter Cinna avec plus de complaisance que Maxime, parce qu'il flatte ses vues secrètes, que l'intérêt s'en accroît, puisque c'est le plus acharné des deux à sa perte, et qu'il ne lui conseille de garder la couronne que pour avoir un motif de le frapper. A cause de cela même, de ce raffinement de cruauté, Auguste doit s'efforcer d'être le plus débonnaire possible, lorsqu'il s'approche de lui et lui adresse ces deux vers :

> Cinna, par vos conseils je retiendrai l'empire,
> Mais je le retiendrai pour vous en faire part.

Comme il est regrettable, pour l'effet de ces affectueuses paroles, qu'on ignore encore dans quel but Cinna lui a conseillé de ne pas abdiquer! Et s'il n'est pas impossible à l'acteur chargé de ce rôle de le faire comprendre, cela est au moins fort difficile, surtout de le montrer d'une manière évidente, sans équivoque : pas un vers ne s'y prête dans tout ce qu'il dit ; pas un mot de Maxime ne lui permet un geste d'intelligence à cet égard.

L'accent de l'hypocrisie instruirait le public, c'est vrai, mais Auguste ne s'y laisserait point prendre ; et l'accent propre à le persuader égare l'auditeur qui n'est pas dans la confidence de Cinna.

Auguste était entré absorbé, comme un homme en proie à une importante préoccupation, il sort avec une idée arrêtée. La longue habitude du pouvoir, celle de déguiser sa pensée, d'être toujours et quand même maître de toutes les situations, ne permettent pas de marquer par un grand contraste la différence d'interprétation du commencement de l'acte de celle de la fin. Il ne faut pourtant pas qu'elle soit la même ; ce n'est pas un contraste qu'il faut, c'est une nuance ; la tête un peu plus haute, plus sobre de mouvements, le regard plus posé, l'air souriant, calme et satisfait d'un homme qui a conscience de sa puissance, de l'action qu'il vient d'accomplir et qui en jouit intimement.

C'est simplement, sur un ton sombre qu'il a dit en entrant :

> Que chacun se retire, et qu'aucun n'entre ici.
> Vous, Cinna, demeurez, et vous, Maxime, aussi.

Une fois entré et assis, il doit révéler ses projets d'abdication avec une voix calme, grave, puissante, d'une facile émission, propre au ton parlé d'une noble conversation.

Nous ne pouvons nous rappeler cette scène sans nous rappeler, en même temps, la majestueuse ampleur que M. Beauvallet donnait à chacun de ses vers. Il était inimitable dans cette partie du rôle d'Auguste aussi bien que dans le cinquième acte. Du reste, la nature a mis au service de sa rare intelligence une voix si admirable pour l'interprétation de tous les sentiments contenus et de toutes les nobles et graves pensées ! Nous ne connaissons qu'un autre comédien qui ait un *medium* comparable au sien, c'est M. Dumaine. Sans le moindre effort, sa voix, nettement articulée, en sortant de sa bouche, se répand dans toutes les parties de la salle et arrive toujours ample à l'oreille de chaque auditeur ; on sent en l'écoutant, l'art infini avec lequel il joue de l'instrument vocal. Il en tire tous les accents, toutes les inflexions qu'il veut. Nature souple par excellence, il sait revêtir toutes les personnalités les plus réelles comme les plus excentriques. Il l'a prouvé dans *le Fils du diable* comme il le prouve encore dans *les Treize*. Après l'avoir vivement applaudi dans ces transformations si diverses, nous n'avons pas été moins agréablement surpris de la manière remarquable dont il nous a dit, un jour, certains passages du rôle d'Auguste. Il fut complet dans la dernière partie du deuxième acte, où il sut unir à la dignité tragique une affectueuse urbanité, surtout dans ces derniers vers à Cinna. Il s'agit d'Emilie :

> Voyez-la de ma part, tâchez de la gagner :
> Vous n'êtes point pour elle un homme à dédaigner ;
> De l'offre de vos vœux elle sera ravie.
> Adieu : j'en veux porter la nouvelle à Livie.

Toute sa personne exprima une courtoisie de la meilleure compagnie, une grande finesse d'esprit, beaucoup d'aménité ; il accompagna le mot *adieu* d'un geste de la tête et de la main à Maxime et à Cinna, plein d'une cordiale familiarité, d'un prix si relevé pour les êtres sensibles, surtout lorsqu'elle est, comme ici, dispensée de souverain à sujet, et qu'il s'en émane ce je ne sais quoi qui, loin de combler la distance des rangs, l'accuse encore, mais la fait aimer par le second chez le premier, lorsqu'il s'en voit particulièrement distingué.

Nous retrouvons Auguste au quatrième acte. Nous savons dans quelles dispositions affectueuses pour Maxime et Cinna nous l'avons quitté à la fin du second, et l'aveugle confiance qu'il avait en eux. Aussi quelle surprise est la sienne quand il apprend la conjuration qu'ils ont osé tramer contre lui! Ses premières paroles peignent bien l'état de son esprit :

Tout ce que tu me dis, Euphorbe, est incroyable!

Notre notice sur la vie d'Auguste nous le fait bien connaître. En relisant la pièce, nous voyons que l'auteur en a respecté le caractère, en le grandissant encore, par la manière dont il le met en scène et l'y fait agir et parler. Cette lecture nous a permis d'en saisir le grand aspect d'ensemble, d'abord, et par la réflexion, ensuite, les trois côtés saillants du second, du quatrième et du cinquième acte de l'œuvre ; et enfin, une étude particulière de chacun de ces actes, nous a mis à même de suivre les différents mouvements de son cœur et de son esprit, et d'observer les pensées et les sentiments qui en sont la conséquence.

Si nous ne sommes pas entré dans un examen minutieux de chaque vers de la longue première scène, c'est qu'elle ne contient rien qui ne frappe l'intelligence la plus ordinaire; cependant nous n'avons pas négligé de faire ressortir la différence d'état de l'âme d'Auguste à son entrée et à sa sortie; de dire que cette opposition tenait plutôt de la nuance que du contraste, et de quelle manière il fallait la faire ressortir; nous avons même indiqué le ton général sur lequel il faut dire les derniers vers. Si nous nous sommes plus appesanti sur le quatrième acte, c'est qu'il est plus riche d'idées et de sentiments, et que nous avons cru utile de démontrer, par un exemple, comment on doit s'appliquer à les distinguer tous pour ne pas les confondre et pour les faire valoir par l'interprétation. Si nous n'avons rien dit de l'inflexion qui leur convient, c'est que nous l'avons cru superflu après l'étude que nous avons faite de tous les tons et de toutes les inflexions sur toutes les parties de la rhétorique, et le conseil que nous avons donné de faire des exercices de voix, de prononciation, d'articulation sur certaines syllabes rebelles, et de les faire sur tous les tons, dans tous les mouvements et en s'appliquant à donner toutes les inflexions connues, et cela en exprimant encore tous les sentiments dans tous leurs degrés de développement.

Ce n'est même qu'après avoir acquis la facile pratique de cette partie toute mécanique de notre art, que nous conseillons de s'appliquer à l'interprétation d'une œuvre quelconque. Comment, en effet, pourrait-on espérer réussir, si l'on ne savait parfaitement prendre et diriger sa voix, articuler peu, beaucoup, lentement ou vivement; prononcer régulièrement, varier les tons, donner juste toutes les inflexions, les bien séparer ; exprimer exactement, sans exagération et sans grimaces. A procéder autrement, nous tomberions dans la routine dont nous avons parlé dès notre second entretien. La marche que nous conseillons est naturelle, logique; en la suivant on peut acquérir du talent, à coup sûr, servir merveilleusement son génie, si l'on en est doué, et cela sans se faire la copie de personne. Dans l'enseignement routinier, jamais le professeur ne demande à l'élève de faire le travail de composition que nous venons de faire sur Auguste; il lui dit d'apprendre tel rôle, et le lui fait répéter sans lui avoir demandé aucune explication préalable sur son côté historique, politique, poétique, littéraire, national, moral, religieux, social, etc., etc.; enfin sur rien de ce qui tient à la composition et à la mécanique de son art; et lorsqu'il ne sait ni prendre ni diriger sa voix, comment voulez-vous qu'il donne une inflexion, qu'il soutienne un ton, qu'il exprime un sentiment? Supposons que le professeur, grâce à une longue routine, ait fait un grand effet d'articulation sur un mot, que l'élève en ait été frappé, il ne saura pas même distinguer en quoi il consiste, il ne pourra l'indiquer que d'instinct et non le reproduire, ou, en admettant qu'il soit merveilleusement doué pour l'imitation, il le reproduira, mais il ne sera alors qu'une servile copie. Il ne faut pas donner d'abord des inflexions à l'élève, il faut les lui faire chercher et le diriger pour les trouver; or, comme il les connaît toutes, il trouvera toujours celle dont il aura besoin en toutes circonstances. Exemple : Nous avons dit : l'inflexion interrogative se termine la voix en l'air, la main suit le mouvement de la voix lorsque le geste accompagne le débit; croyez-vous que l'élève, qui se sera habitué à donner cette inflexion sur tous les tons, dans tous les mouvements, aura besoin que le professeur la lui reproduise lorsqu'elle se présentera?

On range l'exhortation dans les interjections, nous l'en séparons, et nous avons dit que la voix devait être poussée en avant et le mot très articulé. Un élève familiarisé avec cette expression d'un mouvement de l'âme la reconnaîtra toujours et toujours aussi il la réussira. Il en est de même de tout le reste; qu'il étudie séparément chaque chose, ce n'est qu'en les possédant toutes en détail qu'il pourra arriver à un ensemble satisfaisant, à avoir du talent, plus ou moins, en raison de la possession plus ou moins complète qu'il aura de notre théorie et de l'habitude plus ou moins longue qu'il aura de son application.

Un élève arrivé au point que nous indiquons pour interpréter n'importe quelle œuvre, donnera exactement l'inflexion, le ton, l'articulation, la prononciation, le mouvement qui conviennent à chaque vers du quatrième acte d'Auguste, comme à tous les autres, à moins qu'il ne soit dépourvu d'intelligence; or, comme notre art n'est qu'une distraction d'élite, qu'un luxe d'éducation, qu'un puissant auxiliaire de l'éloquence, de la causerie, nous n'avons point à nous occuper de gens inintelligents, il n'est point fait pour eux.

Si nous ne vous donnons pas des exemples de petites pièces de tous les genres littéraires, aux divisions préalablement faites, et encadrées, aux mots soulignés, c'est que nous considérons cela comme une puérilité. Nous avons posé un principe qui prévoit tout, s'applique à tout et répond à tout ; vous vous le rappelez, car nous avons pris le soin de vous en entretenir plusieurs fois pour bien le fixer dans votre mémoire.

Consultez-le pour la voix, le ton, l'inflexion, l'articulation, le mouvement du débit, les attitudes, les gestes, les mouvements du corps et les expressions ; pour les vers comme pour la prose, pour le mot comme pour la phrase, les périodes et l'ensemble des œuvres. C'est un guide infaillible, que nous consultons nous-même sans cesse, non-seulement pour chercher, mais pour contrôler ce qu'une longue habitude de l'interprétation nous porte à interpréter sans réflexion, de sentiment. Si nous ne disons pas qu'il peut servir de guide pour la prononciation, c'est que cette partie de la parole est toute conventionnelle, qu'elle relève de l'usage et non de la nature.

Mais, Messieurs, s'il est sage de consulter le principe dont nous parlons et de s'y conformer, et de s'occuper séparément de tous les détails des deux actions orale et physique pour arriver à une exacte interprétation, il est surtout essentiel de se familiariser avec toutes les règles que nous avons posées, de s'en rendre l'application aussi facile que possible ; sans cela, au lieu de nous aider, elles nous gêneraient constamment, et seraient autant d'entraves à ces heureux mouvements de l'âme dont nous avons dit quelques mots en parlant du comédien type en état d'inspiration. Leur parfaite possession donne la confiance, et quelle confiance, la confiance éclairée, née de la certitude de ne pas mal faire, et de la possibilité de faire très-bien et peut-être admirablement, si, pris par la situation, séduit par la beauté de la langue que l'on parle, le cœur s'échauffe, se met de la partie et nous transporte. Autant il faut les étudier exactement pour se les bien approprier et s'appuyer sur elles quand l'émotion ne nous prend pas, autant, lorsqu'on s'est habitué à les bien appliquer, comme malgré soi, il faut savoir les oublier lorsque l'émotion s'empare de nous; alors ne craignons rien. Une heureuse application des règles d'un art, servie, passionnée, guidée par l'émotion! connaissez-vous rien de plus heureux ? C'est à ce but élevé qu'il faut viser et atteindre.

La nature seule donne les qualités qui rendent possible la réalisation de cette espérance, mais l'ignorance des règles est un obstacle au développement de ces qualités et à leur manifestation. Comme toutes nos aptitudes, elles doivent être cultivées, dirigées, réglées; c'est l'office que doit remplir notre méthode, car il en est d'elle comme de toutes les autres. La meilleure ne nous fait jamais que l'effet d'une charpente d'un feu d'artifice : pour juger de ce que peut être celui-ci, il faut y mettre le feu ; pour juger de ce que peut être l'autre, il faut la passionner, l'échauffer, l'enflammer. Mais un artificier ignorant les règles de son art, qui mettrait le feu à toutes les pièces à la fois, aussi bien à celles destinées au bouquet qu'aux autres, causerait une affreuse confusion au milieu de laquelle on ne pourrait rien distinguer. La plus belle voix, la plus exquise sensibilité, la plus grande aptitude à l'expression, se manifestant sans règles, sans principes, sans ordre, ne produiraient pas une confusion moins grande.

Nous le répétons, il faut posséder sa méthode jusqu'à l'appliquer sans y penser, presque jusqu'à pouvoir l'oublier, afin que, dans l'émotion, elle ne nous guide plus que sous forme de réminiscence ; alors seulement elle peut servir les dispositions à l'inspiration et la hâter par la confiance qu'elle développe en nous. En voici un exemple que nous tenons à mettre à la fin de notre travail et qui confirmera ce que nous avançons avec une conviction que nous voudrions bien vous voir partager.

Le Porpora, l'un des plus illustres maîtres de musique de l'Italie, avait pour élève un jeune chanteur auquel il portait un intérêt vraiment paternel, lui ayant reconnu une grande aptitude. Il lui demanda un jour s'il se sentirait le courage de suivre la route qu'il se proposait de lui tracer, quelque ennuyeuse qu'elle pût lui paraître. L'élève répond affirmativement ; aussitôt le maître note sur une page de papier réglé des gammes diatoniques et chromatiques, ascendantes et descendantes, des sauts de tierce, des quartes et des quintes, des trilles et des groupes, des appogiatures et des traits de vocalisation les plus compliqués. La première année est consacrée à l'étude de cette feuille; l'élève qui croyait la savoir depuis longtemps, s'attendait à la voir changer au moins à la seconde: point. A la troisième, pas davantage. L'élève commence à murmurer; mais le maître lui rappelle sa promesse, et le jeune homme se soumet encore. La quatrième année s'écoule ainsi; la cinquième est consacrée à l'étude de l'éternelle feuille. L'élève se persuade qu'il est dupe d'une mystification; et, la sixième année, il se disposait à rompre à tout prix avec le professeur, quand celui-ci, sans lui faire quitter la feuille en question, y joint des leçons d'articulation, de prononciation et de déclamation. A la fin de cette année, l'élève, qui se croyait encore aux éléments, fut surpris quand le maître lui dit : « Va, mon fils, tu n'as plus rien à apprendre ; tu es le premier chanteur du monde ! » Il disait vrai, car ce chanteur était Caffarelli.

Telle est, en effet, l'importance des exercices et le précieux résultat final qu'ils doivent produire dans un art où la partie mécanique joue un si grand rôle.

Si nous ne nous occupons point particulièrement de la poésie, de la manière de la dire, c'est que nous n'avons point à faire un traité de versification, que nous ne devons point sortir de notre sujet et qu'il n'y a point, comme on le croit trop, et à tort, une diction qui lui soit propre et qui diffère de celle qui convient à la prose; car les œuvres qui ont cette forme peuvent être plus poétiques que des œuvres en vers, il ne faut jamais se préoccuper que de la nature de la figure pour savoir si elle est vive, simple, imagée, progressive, véhémente, entraînante, etc., etc., et la rendre telle qu'elle est, n'importe sous quelle forme, en faisant ou en ne faisant point sentir la rime, selon qu'elle a ou qu'elle n'a pas d'importance. Enfin, à l'occasion de ces deux vers tant cités :

Les vers sont enfants de la lyre ;
Il faut les chanter, non les lire,

nous vous dirons : qu'on doit les chanter ou les dire, selon qu'ils sont simples, naturels, familiers, ou lyriques, épiques, mystiques. Le vers de théâtre doit presque toujours être parlé. Quel déplorable effet ne produirait point l'argumentation de Cinna et de Maxime, si elle était déclamée, et combien perdrait la sublime clairvoyance de Joad, dans la scène de l'inspiration, dite sur le ton froid propre au raisonnement ! C'est dans ces choses-là surtout que le goût et la sensibilité sont les guides les plus sûrs et les seuls qu'on doive consulter, quand on ignore nos principes, notre méthode.

FIN.

TABLE DES MATIÈRES.

CINQUIÈME ENTRETIEN.

SIXIÈME ENTRETIEN.

SEPTIÈME ENTRETIEN.

HUITIÈME ENTRETIEN.

NEUVIÈME ET DERNIER ENTRETIEN.

Paris. — Imprimerie de E. Donnaud, rue Cassette, 1.

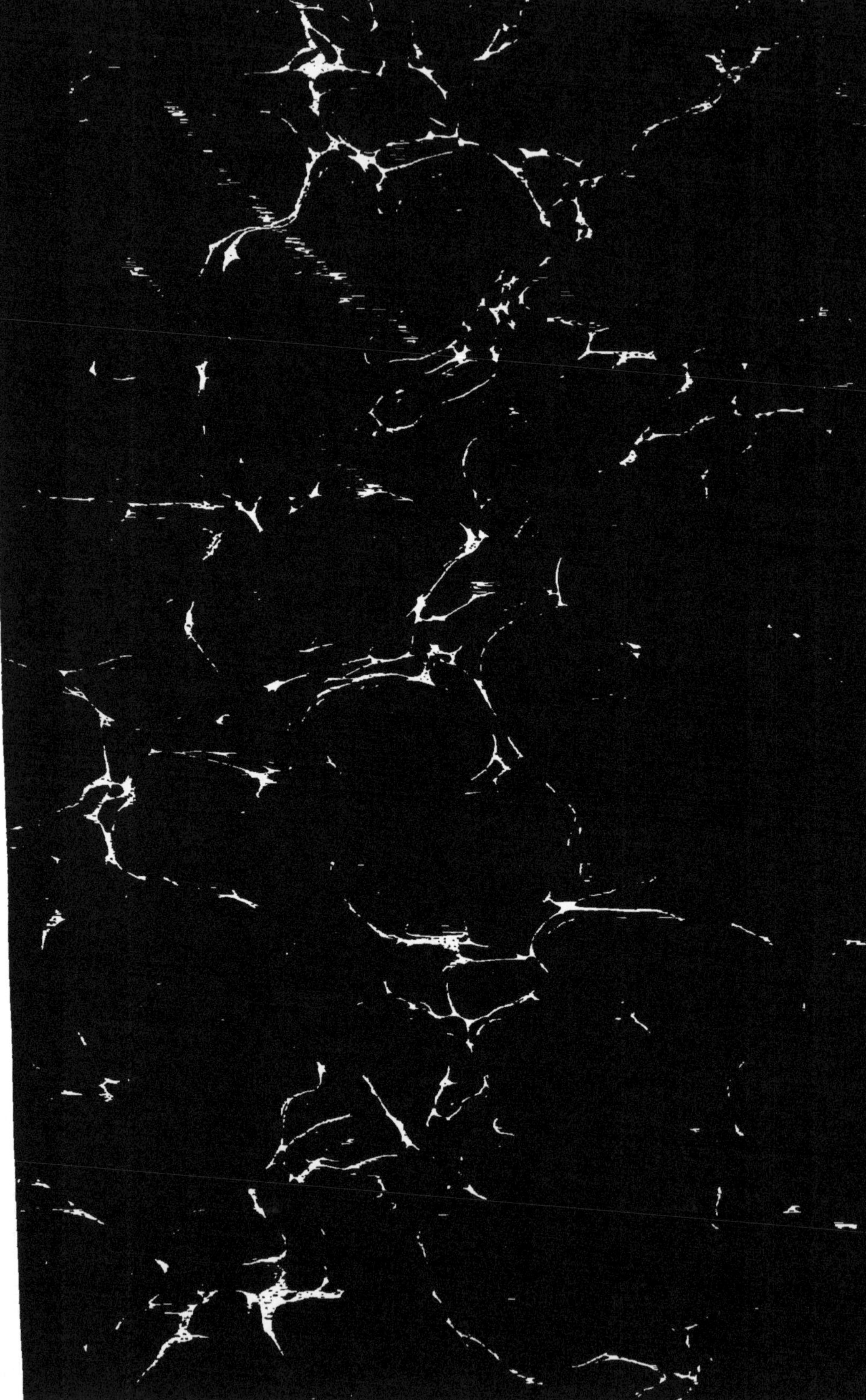

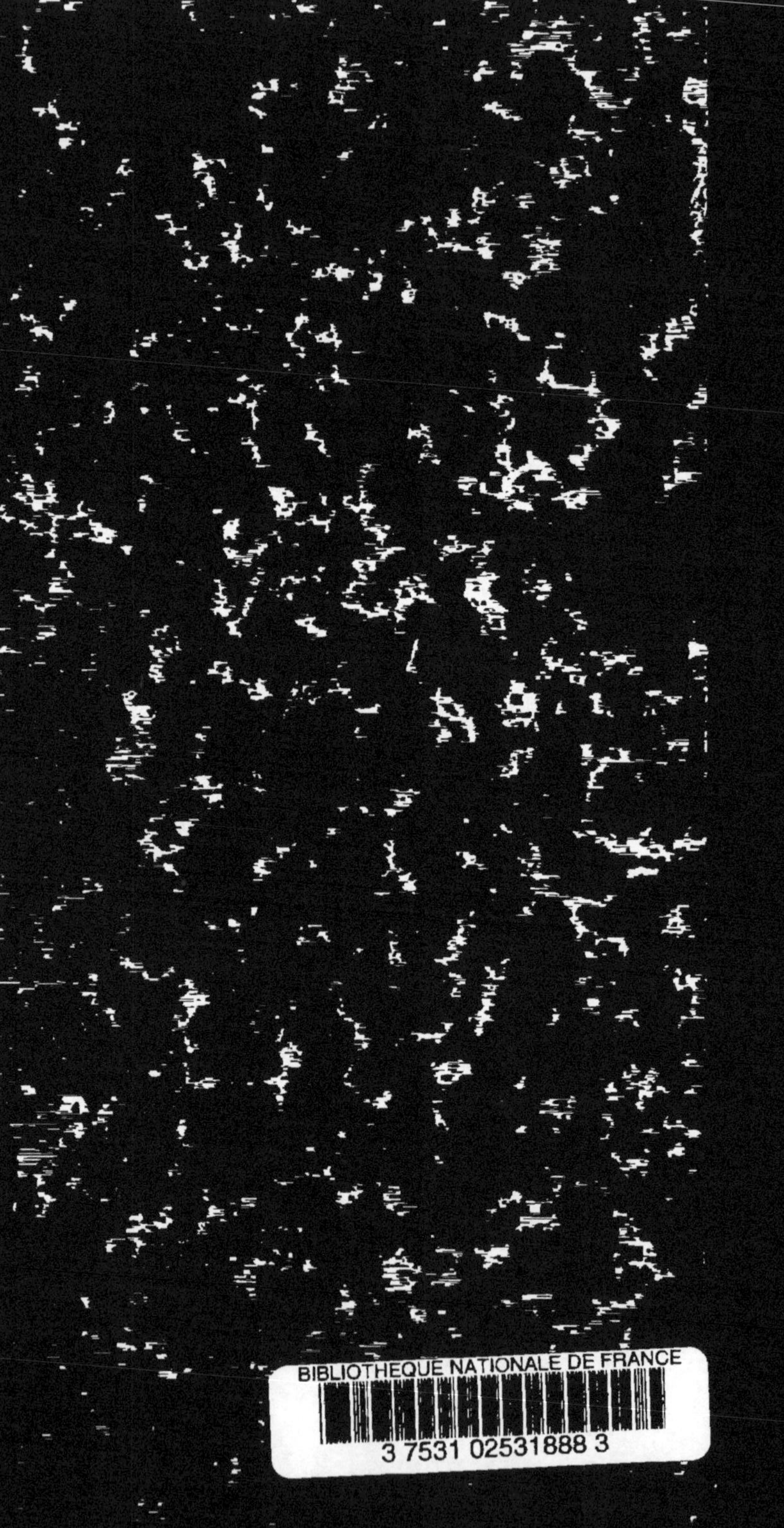

www.ingramcontent.com/pod-product-compliance
Ingram Content Group UK Ltd.
Pitfield, Milton Keynes, MK11 3LW, UK
UKHW021903260726
13966UKWH00006B/294

9 782012 959828